# 노인교육론

김진숙 · 여익구 · 박희숙 · 김미숙

KNOWLEDGE COMMUNITY 공동체

# Preface

인생 100세 시대를 넘어 120세를 향한 가파른 초고령사회의 진입이 2026년 이내 도래될 것으로 보이는 이즈음, 제4차 산업혁명은 인공지능(AI), 빅데이터, 사물인터넷(IOT), 모바일 등 지능진보기술이 기존 산업과 서비스에 융합되거나, 나노기술, 생명공학, 로봇공학, 자율주행차 등 여러 분야의 신기술과 결합하거나, 인체정보를 디지털 세계에 접목하는 기술인 스마트워치나 스마트밴드를 이용하여 모바일 헬스케어를 구현하거나, 가상현실(VR)과 증강현실(AR)도 물리적 세계와 디지텔 세계를 접목함으로써 공간적 제한 없이 친지들과 생생하게 대화를 하고, 또 의학적 교육이나 상담을 받는 데 사용될 수도 있는 시대에 와 있다.

이에 노인들의 교육은 제4차 산업혁명 기기들의 활용법을 어르신들이 어떻게 배우고 익히는가에 있다.

또한 정보양극화 또는 정보소외는 앞으로 풀어야 할 숙제이다.

우리나라의 장노년층 인터넷 이용률은 48.5%로 전체 국민의 82.1%보다 33.6% 낮은 수준이며, 장노년층 내의 고연령 및 저소득층의 인터넷 이용률은 더욱 낮다는 보고가 있다. 고령층의 정보화 교육은 시, 군, 구 주민자치센터, 종합사회복지관, 노인복지관, 노인문화센터, 노인대학 등 공공기관에서 이루어지고 있으나 사업을 위한 예산 마련에 어려움을 겪고 있

을 뿐만 아니라 학습인원이 제한적이므로 실생활에 이용할 만큼 학습수준을 끌어 올리기에는 역부족이다. 따라서 공공기관의 정보화교육은 사업을 확대해야 한다.

이에 노인교육론 1부 노인교육의 이해에서는 인구고령화의 개념과 의미, 노인의 정의 및 성공적 노화, 노인교육의 개념 및 과제, 노인교육의 원리와 방법에 대하여 기술하였으며, 2부에서는 지속적으로 성장하고 있는 실버산업에 대한 개념을 알아보고, 이에 따른 고령친화산업의 육성전략은 어떻게 진행되고 있으며, 고령친화산업 중에서 실버교육산업, 실버여가산업 및 일자리 사업, 노인 정보화 교육, 실버금융산업의 각각의 필요성과 활성화 방안에 대하여 알아보고, 마지막 3부에서는 노인교육이 어떻게 운영되는지 노인 평생교육 프로그램과 은퇴교육, 생의 마무리 교육을 통해 알아보고, 앞으로의 노인교육의 전망과 시사점 및 정책과제에 대해서 알아보고자 한다.

정부는 생산가능인구의 1/3을 차지하는 인구추계 1,340만 명인 5060세대, 즉 50세부터 72세까지의 YO(Young Old) 세대를 노인, 고령자 등 대신 '신중년'이라고도 하며, 정부 최초의 신중년 인생 3모작 기반 구축계획을 마련하였다.

# Preface

기대수명이 증가하면서 신중년 세대의 노동시장 참여 희망연령도 증가하고 있으며, 50세 전후 가지고 있던 주된 일자리를 퇴직한 이후에도 72세까지 소득 또는 보람 있게 지내려고 노후를 위한 일자리나 일거리를 희망하고 있는 것이다.

이 시기는 신체적·정신적으로 건강하여 단순히 먹고 마시고 즐기는 것만으로 행복한 삶을 사는 것이 아니라는 생각을 가지고 있어 이들에 대하여 2017년 8월 정부는 5060세대를 '신(新)중년'으로 규정하고 이를 위한 맞춤형 대책을 내놓았다. 이름해서 '신중년 인생 3모작 기반 구축 계획'이다.

그동안은 55세 이상인 사람을 고령자로 65세 이상인 사람을 노인으로 칭해왔는데 이러한 호칭은 은퇴한 사람이라는 부정적 이미지를 초래하는 경향이 있어 신중년 세대라는 호칭으로 정부에서 명하게 하였으며, 이를 기반으로 3모작 개념도와 같이 주된 일자리(1모작) → 재취업 일자리(2모작) → 사회공헌 일자리(3모작)로 이어지는 인생 3모작 기반 구축을 위한 종합계획을 정부 최초로 발표한 것으로, 이번 대책은 그동안 정책대상에서 상대적으로 관심을 받지 못하였던 신중년 세대들이 성공적인 인생 3모작을 준비하기 위해 필요한 도움을 줌으로써 활력 있는 노후(active ageing)생활을 할 수 있도록 가교역할을 할 것으로 보인다.

이는 향후 평생교육정책 이행, 재정, 참여, 질 관리 영역에 따라 정책 방향, 전략, 과제들을 제언하였다. 먼저 글로벌 환경 변화와 고령사회 대응을 위한 평생교육정책의 네 가지 방향으로서 첫째, 인적자본과 사회적자본의 균형 있는 발전을 위한 평생교육정책 수립 및 이행 공고화, 둘째, 재정 건전성·효율화에 기반한 평생교육 재정 확충, 셋째, 다양한 수요에 대한 평생교육의 접근성 극대화, 넷째, 평생교육 진흥 차원의 질 관리 체제 확립 및 학습결과의 효용성 확보가 제시되었다.

4차 산업혁명은 경제·사회시스템의 혁명적 변화는 물론 인간이 살아가는 방식에서부터 사고하는 방식에 이르기까지 삶의 전반에 걸쳐 획기적 변화를 초래할 것으로 예상되며, 미래의 인재 양성을 담당하고 있는 교육체제에 대한 혁신적 변화를 요구하고 있다. 이러한 맥락에서 평생교육 영역의 교육개혁은 미래 지능정보사회의 혁신적 변화를 주도할 수 있는 교육역량과 체제를 구축함으로써 글로벌 교육경쟁력의 선진화를 견인할 수 있는 창조적이고 도전적인 지향성을 가져야 할 것이다.

이러한 변화에 대한 정책적 대응으로 향후 국내 평생교육정책에서 중요하게 다루어져야 할 미래 전망 의제를 여섯 가지로 정리하면 초개방형 평생학습체계 강화, 학습복지 결합형 평생교육의 확대, 제3의 학습 대응,

# Preface

소규모 행정단위 학습지원 확대, 전문영역별 평생교육 전문화, 평생교육 변화에 대응·선도하는 정부체계 변화 등이 포함된다.

본 서는 4차 산업에 맞추어 교육수준이 높아진 신중년층을 기반한 노인들의 기본적인 욕구에서 한걸음 더 나아가 자기개발을 하며 자아실현을 하는 노인들의 행복한 삶을 살기 위한 주인공으로 거듭나기 위해 새로운 노년의 설계방향을 제시하는 데 역점을 두고 집필하였다.

이 책이 나오는 데 도움을 준 관계자 분들께 고마움을 전합니다.

2018년 3월

저자 일동

# Contents

■ 머리말 _ 3

## PART 01 노인교육의 이해

Chapter 1. 고령화사회와 노인교육의 패러다임 15

1. 고령화의 개념과 의미 ····· 15
2. 글로벌 고령화의 특징 ····· 17
3. 사회변화와 인구고령화의 관계 ····· 20

Chapter 2. 노인의 정의 및 성공적 노화 29

1. 노인의 정의와 특성 ····· 29
2. 노화의 개념과 특성 ····· 39
3. 성공적 노화 ····· 52

Chapter 3. 노인교육의 개념 및 과제 61

1. 노인교육의 개념 ····· 61
2. 노인교육의 역사 ····· 71
3. 노인교육의 과제 ····· 72

Chapter 4. 노인교육의 원리와 방법 79

1. 노인교육의 원리와 필요성 ········ 79
2. 노인교육의 방법과 유형 ········ 86
3. 노인교육의 범위 ········ 94

## PART 02 실버산업의 이해

Chapter 5. 실버산업의 개념 101

1. 실버산업의 개념 ········ 101
2. 고령화 5대 기본계획 ········ 114
3. 브릿지플랜 2020 ········ 116
4. 실버산업의 특성 및 한계점 ········ 119

Chapter 6. 실버교육산업 125

1. 노인교육의 성격과 내용 ········ 125
2. 실버교육산업의 현황 ········ 128
3. 실버교육산업 활성화 방안 ········ 137

Chapter 7. 실버여가산업 및 일자리 사업 145

1. 실버여가산업 ………… 145
2. 일자리 사업 ………… 154

Chapter 8. 노인 정보화 교육 167

1. 노인 정보화 교육 개념 및 현황 ………… 167
2. 노인 정보화 교육의 과제와 위험관리 ………… 175

Chapter 9. 실버금융산업 199

1. 실버금융산업의 개념 ………… 199
2. 실버금융산업의 유형 및 현황 ………… 202

PART 03 노인교육의 현황

Chapter 10. 노인 평생교육 프로그램 223

1. 노인 평생교육 프로그램 개념과 필요성 ………… 223
2. 노인을 위한 교육 프로그램 실제 ………… 230

Contents

Chapter 11. 은퇴교육 243

1. 은퇴 개념 및 교육의 필요성 ······ 243
2. 은퇴교육 프로그램 ······ 250
3. 은퇴교육 프로그램 현황 ······ 256
4. 은퇴교육의 과제와 전망 ······ 265

Chapter 12. 생의 마무리 교육 271

1. 생의 마무리 교육의 개념 ······ 271
2. 죽음준비교육의 필요성 ······ 274
3. 생의 마무리 교육의 목적 ······ 277
4. 생의 마무리 교육의 실제 ······ 282

Chapter 13. 노인교육의 미래 299

1. 미래사회의 노인교육 ······ 299
2. 교육개혁의 전망 ······ 305
3. 평생교육정책 시사점 및 정책과제 ······ 312

■ 참고문헌 _ 318

# Part 01

# 노인교육의 이해


Chapter 1 고령화사회와 노인교육의 패러다임

Chapter 2 노인의 정의 및 성공적 노화

Chapter 3 노인교육의 개념 및 과제

Chapter 4 노인교육의 원리와 방법

# Chapter 1

# 고령화사회와 노인교육의 패러다임

**학•습•목•표**

1. 고령화의 개념과 의미에 대해 설명할 수 있다.
2. 글로벌 고령화의 특징에 대해 설명할 수 있다.
3. 사회변화와 인구 고령화의 관계에 대해 설명할 수 있다.

## 1. 고령화의 개념과 의미

### 1) 고령화의 개념

인간을 포함한 모든 생물체는 시간의 경과에 따라 육체의 생체조직 및 정신이 쇠퇴하는 과정인 고령화의 과정을 경험하게 된다. 고령화가 연령에 비례하여 정신과 육체가 노화되어 가는 과정을 의미한다면, 고령인구의 비율이 점점 높아져 가는 사회를 고령화사회라고 할 수 있다. 고령화는 개인 간의 차이가 있을 수 있지만 모든 사람이 경험하게 되는 보편적 과정이며 인간발달 과

정의 한 부분으로서 최종단계이다. 특히 고령화는 성인기를 통해 인간의 심신에 대한 신체·생물학적 변화, 지적·심리적·정신적 변화, 인식·지위·기대 등의 사회적 변화를 포함한다(Atchley, 2000 : 8).

애칠리(Atchley)에 따르면, 고령화는 단일과정이 아니라 다양하고 복합적인 양면성을 지니고 있다. 고령화 과정에서 인간은 경험과 지혜의 축적, 기술과 지적 수준의 향상 등과 같은 긍정적인 결과를 얻을 수 있는 반면에 신체적 노쇠, 정신적 감퇴, 친구나 배우자의 죽음 등과 같은 부정적인 결과도 만나게 된다(Atchley, 2000 : 11).

즉, 고령화는 육체적·생리적 기능의 감퇴와 심리적 변화로 인해 자기유지 기능 및 사회적 기능이 감소되어 가는 과정이라고 정의할 수 있다.

기존 사회 구성원에서 고령자의 비율이 증가된다는 것은 그 사회의 물리·문화적 기반 자체가 변화된다는 것을 의미한다. UN에서는 국가의 전체 인구 중 65세 이상의 구성원이 차지하는 비율이 7% 이상일 때 고령화사회(aging society), 14%를 넘어서게 되면 고령사회(aged society), 20% 이상일 때 초고령사회(superaged society)라고 지칭하고 있다. 의료기술과 과학의 발달, 경제의 성장, 생활의 개선 등으로 인해 인간의 기대수명이 100세 이상으로 급속하게 증가하게 되었으며, 이로 인해 현대사회가 고령화되어 가는 것이다. 고령화는 동서양을 막론하고 전 세계적으로 진행되고 있는 현대사회의 특징이다.

### 2) 고령화로 인한 문제점과 과제

고령화로 인한 퇴직은 직업상실과 더불어 사회적 역할의 상실을 의미한다. 이는 생계유지 역할 상실로 가정의 유대감에 부정적인 영향을 주며 자아정체성 또한 상실하게 된다. 따라서 노인들의 역할 상실로 인한 불안감, 소외감, 고독감, 박탈감으로 야기되는 생계형 절도, 자살 등의 잠재적 사회문제에 대한 대안적 역할이 연구되어야 할 것이다.

# 2. 글로벌 고령화의 특징

## 1) 글로벌 고령화

UN의 '2015년 세계인구전망(World Population Prospects : the 2015 Revision)'에 따르면, 향후 수십 년간 전 세계적으로 60세 이상 노년층이 급격히 늘어날 것이며, 증가 속도도 지속적으로 가속화될 전망이다. 2015년 9억 100만 명이었던 60세 이상 인구는 2030년 약 14억 명(56% 증가)으로 증가할 것이며, 2050년엔 2015년의 2배 수준인 21억 명에 이를 것으로 추정된다. 80세 이상의 "초고령" 노년층은 더 빠르게 불어나 2050년에 그 수가 4억 3,400만 명(60세 이상 노년층의 20%)에 달해 오늘날 수준(1억 2,500만 명, 60세 이상 노년층의 14%)의 세 배로 늘어날 전망이다(그림 1-1 참조).

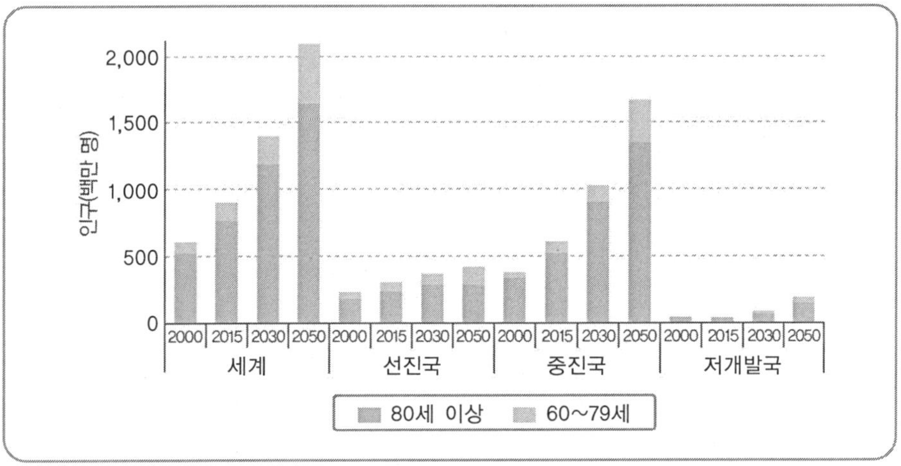


|그림 1-1| **연도별 · 지역별 60~79세, 80세 이상 노년층 비율**

출처 : United Nations(2015). World Population Prospects : The 2015 Revision.

지역적으로는 향후 15년 동안 60세 이상 노년층의 수가 남아메리카와 지중해 연안 지역에서 60세 이상 노년층 인구의 71% 증가로 가장 빠르게 늘어날 것이며, 아시아(66%), 아프리카(64%), 오세아니아(47%), 북아메리카(41%), 유럽(23%)이 뒤따를 것으로 전망되고 있다.

여성이 남성보다 평균수명이 길었지만, 2015년 기준으로 여성이 60세 이상 인구의 54%, 80세 이상 인구의 61%를 차지하는 것으로 나타났고, 초고령 노년층에서의 성비가 2050년이 되면 80세 이상 여성의 비율이 58%로 줄어든다는 전망을 보면 남성과 여성의 평균수명 차이가 줄어들고 있음을 알 수 있다. 또한 노년층 증가 현상은 도시가 농촌보다 더 빠르게 일어나고 있다. 2000년부터 2015년까지 농촌지역의 증가율은 25%에 그친 것에 비해 도시의 60세 이상 인구 증가율은 68%였으며, 2000년 기준 51%였던 60세 이상 인구의 도시 거주 비율이 2015년에는 58%로 증가했다. 도시에 사는 초고령 노년층인 80세 이상 인구도 2000년 56%에서 2015년 63%로 증가하였다. 2030년이 되면 60세 이상 인구가 0~9세 유년층 규모를 넘어설 것이며(14억 명 대 13억 명), 2050년에는 10~24세 청년 인구까지 넘어설 것으로 전망된다(21억 명 대 20억 명)(그림 1-2 참조).

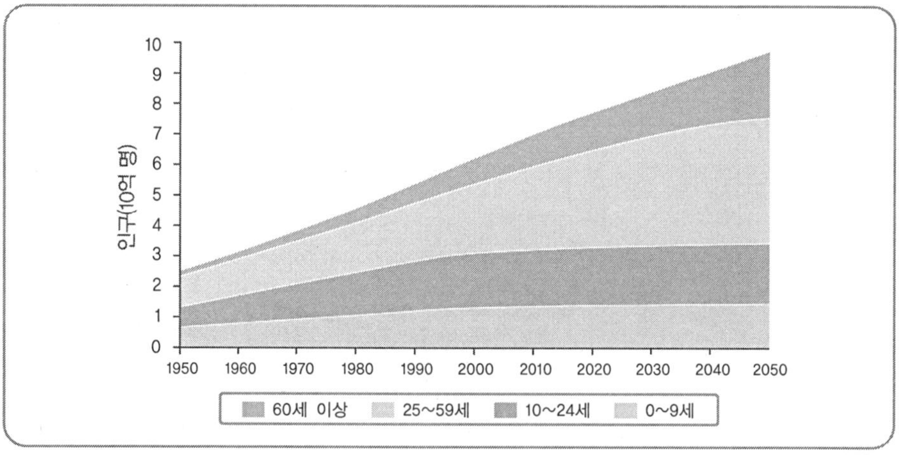


|그림 1-2| **연도별 인구구조 변화**

출처 : United Nations(2015). World Population Prospects : The 2015 Revision.

인구고령화는 전 세계적으로 나타나고 있는 현상이지만 노화과정은 지역에 따른 차이를 보이고 있다. 선진국에서는 1세기 전부터 노화가 시작된 반면,

개발도상국에서는 최근에 노화가 급속도로 진행되고 있다. 2011년 60세 이상 인구비율이 높은 10개국은 모두 선진국이었다. 그러나 2050년이 되면 쿠바가 등장하고 핀란드와 스웨덴은 빠지는 양상으로 바뀌게 될 전망이다.

일본은 세계에서 가장 노화된 국가이다. 2015년 기준으로 60세 이상 인구가 전체 인구의 33%를 차지한다. 그 뒤를 독일(60세 이상 인구 28%), 이탈리아(28%), 필란드(27%)이다. UN에서는 60세 이상 인구비율이 2050년에는 지금의 일본보다 높은 국가가 42개국이 될 것으로 전망하고 있다(표 1-1 참조).

〈표 1-1〉 **2011년과 2050년 60세 이상 인구의 비율(%)이 가장 높은 10개국**

(단위 : %)

| 2011년 | | 2050년 | |
|---|---|---|---|
| 일본 | 31 | 일본 | 42 |
| 이탈리아 | 27 | 포르투갈 | 40 |
| 독일 | 26 | 보스니아 헤르체고비나 | 40 |
| 핀란드 | 25 | 쿠바 | 39 |
| 스웨덴 | 25 | 한국 | 39 |
| 불가리아 | 25 | 이탈리아 | 38 |
| 그리스 | 25 | 스페인 | 38 |
| 포르투갈 | 24 | 싱가포르 | 38 |
| 벨기에 | 24 | 독일 | 38 |
| 크로아티아 | 24 | 스위스 | 37 |

출처 : 유엔인구국(2011).

### 2) 우리나라의 고령화

우리나라는 1990년 65세 이상 노인인구가 전체 인구의 5.1%였으나 2000년 7.2%로 고령화사회에 진입하였고, 2018년에는 노인인구 비율이 14.3%로 고령사회에 진입할 예정이며, 2026년에는 20.8%가 되어 초고령사회가 되고, 2060년에는 40.1%로 증가할 전망이다(통계청, 2010). 특히 2015년 기준으로 65세 이상 인구가 전체 인구의 13.2%(657만 명)이고, 5가구 중 1가구는 고령자 가구로 조사되고 있을 만큼 고령화의 속도가 빠르다(통계청, 2016).

고령화사회에서 초고령사회로 넘어가는 데 일본 36년, 독일 77년, 프랑스는 154년이 걸린 것에 비하면, 고령화사회에서 불과 26년 만에 초고령사회로 진입하는 대한민국은 초고령사회를 준비하는 국민의식, 정책, 복지 등 대비를 할 시간이 부족하다. 가장 큰 문제점은 OECD 34개국 중 합계출산율이 가장 낮아 초저출산 현상이 지속적이고, 회복의 가능성이 매우 낮다는 것이다.

## 3. 사회변화와 인구고령화의 관계

고령화사회를 준비하는 것의 가장 큰 관심은 '어떻게 건강하게 살아갈 것인가'라는 것이다. 다양한 노인성 질환과 경제력 감소에서의 장수는 축복이 아니라 재앙으로 느껴질 것이다. 또한 노인들이 개인적으로 건강한 삶을 유지한다고 하더라도 고령화사회에서 나타나는 아래와 같은 문제점을 정책적 · 제도적 · 장단기 대책을 마련하여 해결해 나가야 한다.

### 1) 노인부부가구 및 노인독신가구의 증가

우리나라는 대가족제도에서 핵가족제도로 사회가 변화하고 있으며, 노인들의 경우 노인독신가구와 노인부부가구가 증가하고 있는 것으로 나타났다.

한국보건사회연구원의 「노인의 가족형태 변화에 따른 정책과제 : 1994~2011

년의 변화」 보고서에 의하면, 우리나라는 1990년대 이후 노인가구 형태가 자녀동거 유형에서 노인부부 또는 노인 혼자만 사는 노인단독가구 형태로 변화하였다. 자녀세대와 동거하는 노인의 비율은 1994년 54.7%였지만, 2004년에는 38.6%, 2011년 27.3%로 빠르게 하락하고 있다. 한편 노인부부가구의 증가율은 1994년 26.8%, 2004년 34.4%, 2011년에는 48.5%로 20년이 채 되지 않은 기간 동안 21.7% 상승하였으며, 노인독신가구도 같은 기간 동안 13.6%(1994년)에서 20.6%(2004년), 19.6%(2011년)으로 늘어났다. 이는 |그림 1-3|에서 보는 것과 같이 2004년 이후 전체 노인의 20%가 노인독신가구라는 것을 알 수 있다. 이러한 변화는 가족의 가치관 변화, 노인부양 인식, 건강상태 및 경제수준이 양호한 노인들의 증가와 같은 다양한 영향으로 발생된 것으로 판단되고 있다.

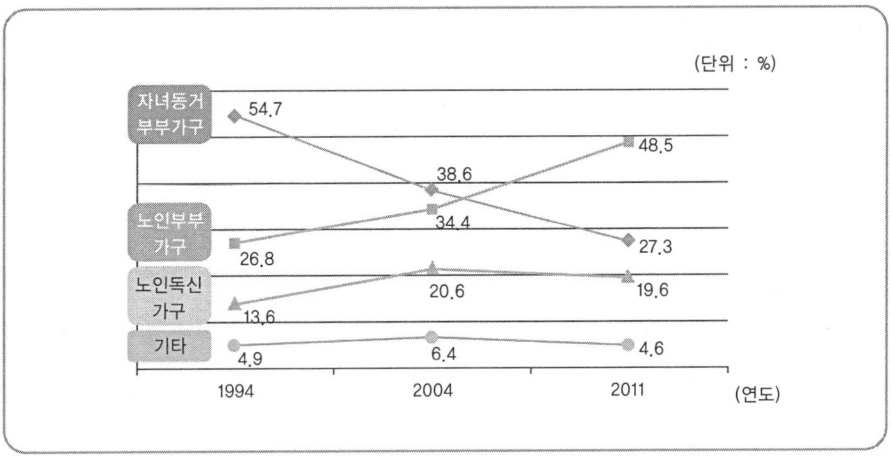


|그림 1-3| **노인가구 형태 변화**

* 기타는 친구 또는 친지끼리 모여 사는 노인가구, 조손가구 등 포함
출처 : 이윤경(2014).

한편 자녀와 동거하는 노인이 줄어들고 노인단독가구가 증가하는 등 우리나라의 노인이 자녀들과 공간적인 분리는 많아졌지만, 비동거 자녀들과 비교적 친밀한 관계를 유지하며, 함께 동거하는 가구와 비슷한 수준의 가족관계를 유지하고 있는 것으로 조사되었다.

## 2) 사회적 비용의 증가

노인이 되면서 대부분 경제활동이 없거나 줄어들게 되고, 노인성 질환 등 건강의 상실 또한 사회와 가족에게 사회·경제적 부담으로 작용하게 된다. 특히 치매와 중풍과 같은 질환은 당사자뿐만 아니라 가족 간에 케어부담과 불화를 일으켜서 가정파괴의 주요인으로 나타나고 있다. 이러한 노인성 질환 중에서도 단기 기억상실, 배회 등의 증상으로 인해 1:1 케어가 필요한 치매환자가 있는 가족들이 겪는 고통은 심각하며, 국가적인 차원에서도 치매환자에게 투입되는 의료비가 크게 증가하고 있다. 치매환자에 의한 의료비가 2011년에는 344억 원이었던 것이 2008년에는 3,817억 원으로 10배 이상 증가하였으며, 지속적으로 증가하고 있다. 또한 2008년부터 노인장기요양보험제도가 시행되어 국가적인 차원에서 노인돌봄정책을 추진하고 있으나 지원되고 있는 장기요양 이용료(등급자의 경우 재가 85%, 시설 80% 국가지원)와 노인인구 증가율에는 크게 부족하다.

한편 노인들은 고혈압, 당뇨병, 심장병, 고지혈증, 복부비만 등의 '대사증후군'에 노출되어 있다. 대사증후군은 만성질환임과 동시에 서서히 삶의 질을 떨어뜨리는 특성을 지니고 있어 '죽음의 5중주'라고도 한다. 이에 따라 우리나라 노인들의 의료비는 〈표 1-2〉에서 나타나듯 매년 증가하여 2010년에 14조 원을 넘어섰고, 연평균 18.1%의 증가율을 나타나고 있다.

〈표 1-2〉 **노인의료비의 연도별 증가현황**

| 구 분 | 2005년 | 2006년 | 2007년 | 2008년 | 2009년 | 2010년 | 연평균 증가율(%) |
|---|---|---|---|---|---|---|---|
| 적용인구(천 명) | 47,103 | 47,392 | 47,820 | 48,610 | 48,614 | 49,907 | 0.5 |
| 노인인구(천 명) | 3,541 | 3,912 | 4,387 | 4,600 | 4,826 | 4,979 | 5.0 |
| 비율(%) (노인/ 적용인구) | 7.5 | 8.3 | 9.2 | 9.6 | 9.9 | 10.2 | – |

| | | | | | | | |
|---|---|---|---|---|---|---|---|
| 총 의료비(억 원) | 207,420 | 248,615 | 323,892 | 348,690 | 393,390 | 436,281 | 11.2 |
| 노인의료비(억 원) | 44,008 | 60,731 | 91,189 | 107,371 | 124,236 | 140,583 | 18.1 |
| 비율(%)<br>(노인/ 총 의료비) | 2.1 | 2.4 | 2.8 | 3.1 | 3.2 | 3.2 | – |

출처 : 김진수(2011) 재인용.

연령대별 의료비에서 71세 이상이 31%, 2,422만 원으로 가장 높았으며, 다음으로 60대가 25%(1,903만 원), 50대는 15%(1,126만 원)였다. 이는 전체 의료비의 70% 이상이 50대 이상의 중년층의 의료비임을 알 수 있다(그림 1-4).

실질적으로 노인들에게 가장 중요한 것은 안전하고 건강한 생활을 영위하는 것이라고 할 수 있는데, 의료복지 수준, 연금 및 노후보장이 아직 열악한 우리나라의 경우에는 이러한 노인의료비로 인해 가정이 파괴되는 경우들이 있다. 특히 모든 국민이 의료보장 혜택을 받고 있지만 유럽의 국가들보다 10% 정도 높은 수준의 건강보험료 본인부담률은 생각해 볼 문제로 남아있다.

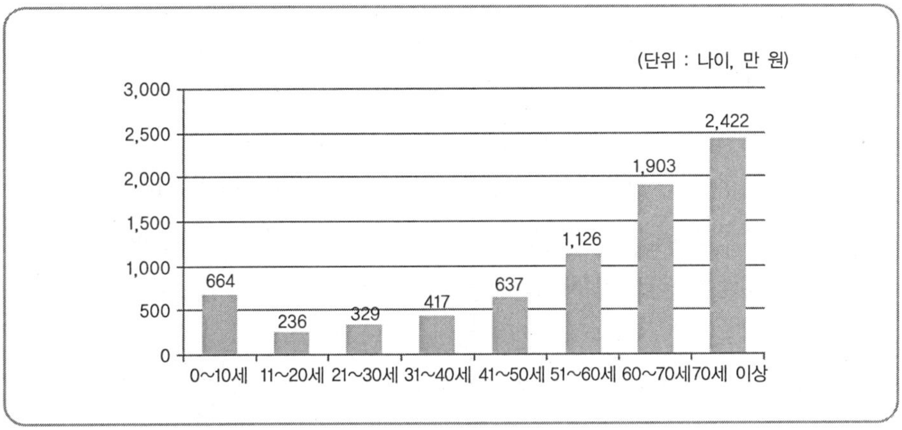


|그림 1-4| **연령대별 의료비**

### 3) 경제적 비용 증가

노인들은 경제력이 없거나 감소하기 때문에 경제력을 담당하고 있는 젊은 세대들과 갈등을 겪게 된다. 영국의 인구학자인 폴 윌리스(Paul Wallice)는 고령사회의 세대 간의 간격을 지진에 비유하여 Age Quake라는 용어를 사용하였다. 2020년경에 베이비붐 세대가 은퇴하게 되면 세계경제는 Age Quake로 인해 커다란 변화를 맞이하게 될 것이며, 이는 진도 9.0에 해당할 것이라고 전망하였다. 그 내용을 살펴보면 노인들은 투표권을 무기로 삼아 부양의무를 강요하게 되고, 젊은이들은 이에 반대하는 대립이 발생된다는 것이다. UN에서는 초고령사회에 접어들게 되는 국가들은 노인복지 비용의 증가, 노동력 부족과 같은 경제적 문제에 직면하게 된다고 경고하고 있다. 이런 맥락의 한편에서는 노인들의 과도한 연명치료를 줄이고 그 돈으로 어린아이들의 예방접종 등에 쓰자는 주장도 나왔다(우 정, 2010).

우리나라의 상황도 마찬가지이다. 아직까지 은퇴준비에서는 후진국에 속하는 우리나라는 현행의 복지시스템과 일반사회시스템만으로는 눈앞에 다가온 고령사회 문제들을 해결하는 데 한계가 있고, 고령화와 저출산 현상까지 더해져 노인부양 문제는 심각한 사회문제로 떠오르고 있다. 그동안의 인구보너스(demographic bonus) 시대에 있었던 우리나라도 조만간 생산연령인구 비중이 하락하면서 경제성장이 지체되는 인구오너스(demographic onus) 시대에 돌입할 것으로 예측되고 있으며, 제대로 갖춰지지 않은 공적연금제도로 인해 은퇴한 노인들이 생계를 위해 일을 해야만 하는 상황이 문제점으로 나타나고 있다. 연금제도가 성숙한 일본을 우리나라와 비교해 보면, 65세 이상의 일본 노인들의 1인당 월평균 수령액은 160만 원에 이르고 공적연금 수급률은 2012년을 기준으로 96.4%에 달하고 있지만, 우리나라는 같은 해 기준으로 1인당 월 평균액은 36만 원, 공적연금 수급률은 34.8%에 불과하였다. 또한 일본 노인들의 연금소득이 평균소득의 74%인 반면 우리나라 고령자들은 생활비의 53.1%를 근로·사업소득으로 채우고 있으며, 남성고령자의 경제활동참여율도 한국은 41.6%, 일본은 28.7%이다. 이처럼 노후소득보장 체계가 미흡한 한국에서는 노인들 중

상당수가 은퇴 이후에도 살기 위해서 일을 해야 한다는 것이다. 더구나 대다수의 노인들의 경제활동이 농림어업, 단순노무직들이라서 양질의 일자리 개발도 시급한 문제로 나타나고 있다.

### 4) 노인범죄의 증가

고령사회가 가속화되면서 노인인구가 증가와 함께 노인범죄도 급증하고 있다. 특히 성범죄, 방화, 살인 등 강력범죄 비율도 함께 높아지고 있다. 한동효(2008)가 조사한 22년(1985~2006년)간의 노인범죄의 추이를 살펴보면 노인범죄의 비중이 전체 범죄의 1.9%에서 4.2%로 늘어났고, 특히 강력범죄가 2.3%에서 7%로 눈에 띄게 증가한 것을 알 수 있다. 또한 고령화사회 진입이 시작된 2000년을 기점으로 노인범죄의 추이를 분석해 봤을 때 강력범죄 중 강간, 방화, 살인 등의 범죄가 뚜렷한 증가추세로 나타났다. 강간범죄의 경우에는 힘이 약한 아동과 판단능력이 떨어지는 정신지체여성을 표적집단으로 하고 있다는 점에서 사회적 문제의 심각성이 크다고 할 수 있다.

노인범죄에 대한 이러한 결과는 유지웅(2009)이 대검찰청 범죄데이터베이스를 1998년부터 2008년까지 분석한 연구와 유사한 것으로, 1997년을 기준으로 범죄자 수 증가율 평균을 연도별로 산출해 보면 2007년까지 전체 범죄자 수가 9.9% 증가한 것에 비해 노인범죄자의 수는 84.3%로 크게 증가한 것을 알 수 있다. 또한 전체 노인범죄자 수 증가율 평균이 84.3%(1997년 기준)였을 때, 절도 226%, 폭행과 상해가 각각 116%, 살인 113.4%, 강간은 107.3% 증가하였다. 전문가들은 이렇게 노인들의 범죄가 급격하게 늘어나고 흉악범죄가 증가한 원인이 노인인구의 증가와 이들의 각종 사회활동 기회가 늘어났다는 단순한 원인이기보다는 노인들이 생계를 위해 일을 해야 하고, 하고 싶고, 할 수 있는 데도 점점 빨라지고 있는 은퇴와 이에 따른 상실감, 자식들의 부양부족과 경제력 감소로 인한 빈곤의 심화, 현실에서의 소외와 깊어져 가는 괴리감으로 분노와 불만족이 쌓이면서 이를 조절하지 못하고 범죄와 같은 왜곡된 형태로 표출되는 점을 지적하고 있다. 특히 성범죄가 늘어난 이유는 발기부전 치료제의 개발과 같은 의료발달로 노인들의 성문화가 변화하였고, 노인의 성에 대한 인식도 급속도로 변했기 때문이라고 할 수 있다.

이와 관련하여 한동효(2008)는 노인범죄에 실업률과 노인부양비 등의 다양한 요인의 영향이 있기 때문에 노인의 경제활동참가율이 높아지면 재산범죄, 형법범죄, 풍속범죄, 강력범죄에 마이너스적인 영향을 주어 노인범죄를 경감시키는 중요한 요인이 될 수 있다고 하였다. 따라서 정부는 노인범죄의 예방차원에서 이들을 대상으로 하는 신기술교육 프로그램 도입 및 재취업 지원체계를 지속적으로 개발하여 보급함과 동시에 노인 일자리 사업을 확대하여 운영해야 할 것이다. 또한 은퇴한 노인들로 '노인경찰대'를 구성하여 노인범죄가 많이 일어난 지역을 순찰 및 관리하도록 하는 제도를 운영하는 등의 노인문제의 예방적인 제도를 마련해야 할 것이다.

## 기·억·하·기

- 고령화는 육체적 · 생리적 기능의 감퇴와 심리적 변화로 인해 자기유지 기능 및 사회적 기능이 감소되는 과정이라고 정의할 수 있다.
- 향후 수십 년간 전 세계적으로 60세 이상 노년층이 급격히 늘어날 것이며, 증가속도도 지속적으로 가속화될 전망이다.
- 사회변화와 인구고령화사회에서 노인부부가구 및 노인독신가구, 사회적 비용, 경제적 비용, 노인범죄가 증가할 수 있다.

## 평가하기

**01. 고령화의 개념으로 틀린 것은?**

① 시간의 경과에 따라 육체와 정신이 쇠퇴하는 과정이다.
② 인간발달의 한 부분으로서 최종단계이다.
③ 애칠리(Atchley)에 의하면 고령화는 단일 과정이 아니라 다양하고 복합적인 양면성을 지니고 있다.
④ 고령화 과정에서 인간의 경험과 지혜의 축적, 기술과 지적 수준에도 등 모두 부정적인 결과를 가져온다.

**02. UN의 국가 전체 인구 중에서 65세 이상의 노인인구 비율에 따른 사회분류로 맞는 것은?**

① 4% 이상~7% 미만은 청년기사회
② 7% 이상~14% 미만은 고령사회
③ 14% 이상~21% 미만 고령화사회
④ 21% 이상은 초고령사회

**03.** 고령화에 따른 사회적 영향으로 틀린 것은?

① 자녀동거 가구의 증가
② 사회적 비용의 증가
③ 경제적 비용의 증가
④ 노인범죄의 증가

**04.** 글로벌 고령화의 특징에 대해 논하시오.

**05.** 고령화 사회의 문제점과 해결방안에 대해 논하시오.

정답 1. ④ 2. ④ 3. ①

# Chapter 2

# 노인의 정의 및 성공적 노화

**학•습•목•표**

1. 노인의 정의와 특성에 대해 설명할 수 있다.
2. 노화의 개념과 특성에 대해 설명할 수 있다.
3. 성공적 노화에 대해 이해할 수 있다.

## 1. 노인의 정의와 특성

### 1) 노인의 개념

노인은 나이가 들어 늙은 사람을 뜻하는 사전적 의미가 있으나 현재는 어르신이라는 단어를 사용하고 있다. 시니어, 늙은이, 실버, 고령자 등의 단어로도 사용한다. 노인이란 인간발달 과정의 최종단계로 정신적・신체적・사회적인 측면에서 각각 적응성과 능력이 퇴화되는 특징을 나타낸다. 또한 노인이란 개념은 단순히 몇 살이라는 숫자에 의해 규정될 수 있는 것이 아니라 심리적·생물학적·사회학적 측면과 연관된 복합적 개념으로 받아들여져야 한다.

1951년에 열린 제2회 국제노년학회(International Association of Gerontology)에서는 노인이란 노화과정에서 나타나는 환경적·심리적·생리적 행동의 변화가 복합적인 형태로 상호작용하는 과정에 있는 사람이라고 의학적인 견지에서 정의하고 이를 세분화하여 설명하고 있다.

① 환경변화에 적응할 수 있는 여러 기능과 기관에서 결핍을 가진 사람
② 자신을 통합하려는 능력이 감소되는 시기에 있는 사람
③ 인체의 조직, 기능, 기관 등에서 감퇴현상이 나타나는 시기에 있는 사람
④ 인생의 적응에서 정신적으로 기능이 감소되어 가고 있는 사람
⑤ 인체의 조직과 기능의 노화와 소모로 적응감퇴 상태에 있는 사람

브린(Breen, 1960)은 노화의 개념에는 생물학적·심리적·생리적 개념 외에 사회적 노화의 개념도 포함되어야 한다고 주장하고 있다. 그는 노인의 정의를 생물학적·생리적 측면에서 퇴화하고 있는 사람, 심리적인 면에서는 성격과 정신기능이 변화되고 있는 사람, 마지막으로 사회적인 면에서 지위 및 역할이 상실되어 가는 사람이라고 하였다.

우리나라의 전통에서 보면 만 60세가 될 때를 환갑이라고 하여 노인으로 인식하기 시작하였으며, 70세가 되면 고희라고 하여 장수를 기원하며 후하게 대접하였다. 현재 우리나라에서 법적으로 노인을 연령으로 정의하는 것을 살펴보면, 고령자고용촉진법은 55세 이상, 국민연금법에서는 만 60세 이상, 국민기초생활 보장법 및 노인복지법은 65세 이상인 자, 그리고 유료노인복지주택과 유료노인전문요양시설, 유료노인요양시설의 경우에는 60세 이상으로 연령에 따라 구분하고 있다. 특히 생활보호법 제3조에서는 65세 이상의 국민을 생활보호대상 노인으로 규정하고 있으며, 노인회에 가입할 수 있는 연령도 65세로 하고 있다.

또한 비생산적 연령(post-productive age)을 노인의 시작으로 보기도 하며 그 기준은 나라마다 각기 차이가 있다. 미국, 프랑스, 네덜란드, 스웨덴은 정년퇴직의 시기를 기점으로 하고, 정년퇴직이 60세 전후에 결정되고 있는 일본의 경우에는 다른 나라들보다 비교적 사회적 의미의 노년기가 일찍 시작되고 있다. 국가별로 노인의 규정이 다르다는 것은 단순하게 65세 이상이라고 하는 연령적인 구분보다는 퇴직과 실질적인 경제활동능력을 상실하는 사람들을 노인이라고 볼 수 있다는 것이다. 이러한 내용들을 살펴볼 때 노인의 기준은 연령뿐만 아니라 정신적 · 신체적 · 사회적 특성의 다양한 측면에서 그 개념을 찾아볼 수 있으며, 최종적으로 정신적, 신체적 및 사회적 역할과 기능의 능력이 감소하고 퇴화하는 현상을 겪고 있는 사람이라고 볼 수 있겠다.

### (1) 역연령에 의한 노인

출생 이후 달력상의 연령을 의미하는 역연력은 학교의 입학 및 졸업, 은퇴와 연금수령 등을 위하여 20세기부터 보편화된 연령의 제도화, 고정화가 보편화되면서 부각되었다. 노령연금을 가장 먼저 실시한 독일에서는 수급기준을 65세로 규정하였고, 이에 따라서 노인의 연령적인 규정도 65세 이상인 사람으로 되었다. 이것을 시초로 하여 다른 나라들도 일반적으로 노령연금의 지급개시 연령을 65세로 규정하여 실시하고 있다.

역연령에 대한 노인의 정의를 조금 더 살펴보면, 대체로 하한선의 기준을 60세 또는 65세의 노인으로 선택하는 나라가 많다. 우리나라의 경우에는 65세 이상의 국민을 노인복지법상으로 노인으로 규정하고 국민연금법상의 노령연금 급여대상자를 60세 이상을 노인으로 규정하고 있으며, 관습적으로는 60세를 '회갑'으로 부르며 노인으로 보고 있다. 그러나 일정 연령 이상을 노인으로 규정하는 역연령에 의한 정의는 개인 능력과 노화의 개인 차이를 무시함은 물론 30년 이상의 차이가 있음에도 불구하고 '노인'이란 하나의 집단으로 구분하여 세부적인 연령 차이 등에 따른 욕구와 문제의 차이 등을 무시하게 되었다는 문제점이 있다.

이러한 문제가 제기되자 노인이라는 집단을 세부화하는 노력이 나타났다. 노인층을 세부적인 연령에 따라 구분한 뉴가튼(Neugarten, 1974)은 55~74세를 연소노인, 75~84세는 중고령노인, 85세 이상을 고령노인으로 나누었고, 브로디(Brody, 1977)는 연소노인을 60~64세로, 중고령노인은 65~74세, 그리고 고령노인을 75세 이상으로 세분화하였다. 이 두 학자들의 주장을 받아들여 미국사회복지사협회는 연소노인을 55~64세, 노인은 65~74세, 고령노인 75~84세, 마지막으로 초고령노인을 85세 이상으로 구분하였다. 외국의 학계는 일반적으로 74세 이하를 연소노인으로, 75~84세를 고령노인, 그리고 초고령노인은 85세 이상으로 구분하고 있다.

법이나 정책, 행정적인 결정을 위해서나 연구 등을 위해 명확한 기준을 정할 필요가 있을 때는 이러한 연령에 의한 노인의 정의가 편리하고 용이하지만 한계점이 있다. 고령화에 따른 여러 가지 문제로 연금수혜의 연령과 은퇴의 연령이 나라에 따라서 65세에서 67세로 점차적으로 올라가고 있는 현상들이 역연령으로 구분하는 것의 한계점의 예라고 볼 수 있다.

### (2) 주관적 연령에 의한 노인

주관적 연령에 의해 노인의 기준을 정한다는 것은 사람들이 각자 스스로 노인이라고 생각하는 나이에 중점을 두는 입장이다. 현대사회에서는 자각연령이 갈수록 낮아지고 있으며, 일반적으로 활동이 왕성하고 건강할수록, 전문직 및 고학력일수록 주관적인 연령을 낮게 평가한다.

1994년 이가옥의 조사에 따르면, 우리나라 노인들 중에서 60~64세가 노인자각비율이 가장 높았다. 그러나 2005년 정경희의 연구에서는 70~74세 사이에 있는 사람들 중 어떤 사람은 누가 보아도 노인이라고 생각되는 연령, 사회적·가정적 위치에 있음에도 불구하고 아직 자신은 노인이 아니라고 인지하였다. 이러한 조사들을 볼 때 주관적 연령에 의한 노인의 구분은 개인 스스로의 주관적인 자각에 따라서 결정되는 것이기에 노인에 대한 개념이 사람에 따라 매우 달라질 수도 있다는 것을 알 수 있다.

### 2) 노인의 발달과업

노인은 감각기능이 쇠퇴하고 신체적 노화현상이 나타나는 시기로서 주로 65세 이상인 사람을 말한다. 이 시기에는 문제해결과 학습에 대한 반응이 느려지고 단기기억력이 감퇴되며, 성격의 변화 등으로 노인 특유의 성격 특성이 나타난다. 은퇴 이후의 생활에 적응하도록 노력해야 하고, 부모와 자녀, 친구, 배우자 등 주변 사람들과 유대관대를 강화하고 친밀감을 더 나누어야 하며, 배우자의 죽음 또한 준비하고 적응해야 한다. 또한 자아통합을 통해 다가올 자신의 죽음도 수용해야 하는 시기가 바로 노년기이다.

노년기에서 발생되는 고민의 시작은 퇴직·정년 등 직업상실로 인한 수입 감소와 이에 따른 상실감 등일 것이다. 수입감소는 늘어난 수명만큼 길어진 노후생활의 경제적 어려움으로 이어지고, 노화로 인한 신체적 질환과 신체기능 저하 등의 문제로 고민이 연결된다. 또한 자녀의 독립, 배우자의 죽음, 지역사회와 직장에서 가졌던 역할과 사회적 지위의 상실로 인한 사회적·심리적 고립감 등의 정신적인 문제도 나타날 수 있다.

노년기에 들어서는 것에 있어서 인지적인 측면에서는 자신의 기억력이 많이 나빠졌다고 느낄 때 자각을 시작한다고 한다. 그런데 최근 메타기억에 관한 연구에 따르면 이러한 기억능력에 대한 자기 자신의 평가와 객관적인 기억력과의 상관관계는 일치성이 떨어진다는 사실이 밝혀지고 있다. 일반적으로 우리가 알고 있는 기억은 단기기억, 장기기억, 감각기억의 세 가지 정도의 저장장치로 구성되어 있다. 단기 및 장기 기억보다 우리에게 덜 알려진 감각기억이라는 것은 단기기억으로 옮겨지기 전의 저장되는 일시적인 기억장치라고 할 수 있다. 여기에 축척되는 정보는 단기기억으로 옮겨지지 않으면 불과 1~2초에 사라져 버리게 되며, 기억되는 양도 2~4개의 단위로 매우 적다. 이러한 감각기억의 특성 때문에 주시능력이 매우 중요하다. 또한 단기기억도 일시적 기억이기 때문에 장기기억에 넘어가지 않으면 감각기능이 사라지는 것처럼 사라지게 된다.

우리는 일반적으로 노년기에 단기기억력이 떨어지는 것으로 알고 있지만 감각기억력도 함께 저하된다. 그래서 단기기억과 감각기억을 잘 활용하기 위해서는 새로운 정보에 대해 충분히 관심을 가질 수 있도록 노인들을 배려하고, 동시에 시간적 여유를 충분히 주어 장기기억으로 넘어갈 수 있도록 기다려 주는 것이 필요하다. 20대에서 50대까지는 단기기억에서 1회당 기억할 수 있는 양의 감소가 눈에 띄게 나타나지 않지만, 60대 이후부터 감각기억력과 함께 체감할 수 있을 정도로 줄어든다. 특히 노년기에 나타나는 기억력의 저하는 정보처리속도가 느려지는 것으로, 자극을 분석하는 초기 정보처리 과정에서 시간이 길어지면 기억의 유지 가능 시간이 극히 짧은 감각기능을 제대로 저장할 수 없게 되는 것이고, 이러한 감각기억력의 저하가 단기기억의 저하로 연결된다.

기억력 저하를 예방하는 방법으로는 기억하려고 하는 것을 눈으로만 보는 것이 아니라 소리 내어 읽어보는 리허설 연습, 기억하려 하는 것을 카테고리별로 구분하고 정리하는 조직화 연습, 그리고 단어의 정확한 의미를 종이에 적어서 그 의미를 확실하게 이해려는 이미지 연상 연습 등이 효과적일 수 있다.

### 3) 노인의 특성

노인이 된다는 것은 노화가 진행되어 간다는 것을 의미한다. 노인이 되어가는 과정인 노화에 관한 이론은 다음의 두 가지로 나누어 볼 수 있다. 첫 번째는 우리 몸 안의 어딘가에 생체시계가 있어 사람마다 미리 정해진 시간표에 따라 태어나서부터 죽을 때까지 신체의 성장 및 발달과 노화과정이 조절되어 노화가 진행된다는 것이고, 또 다른 하나는 외부환경과 주위 환경의 영향에 의해 세포나 신체기관이 마모 및 손상되어 몸이 점진적으로 제 기능을 잃어가는 과정이라는 것이다.

#### (1) 노인의 신체적 특성

노인은 연령이 증가함에 따라 신체를 구성하고 있는 세포조직의 재생능력이 퇴화하면서 신체적 기능이 저하된다. 이것은 여러 가지의 질병의 원인이 되기도 하고, 근육이나 골격이 위축되어 신장이 줄어들고 등이나 허리가 굽어지며 피하지방 또한 감소하여 전신이 마르고 체중도 줄어 주름이 많아진다. 신경계에서는 자극에 대한 반응도 늦어지고 내장기관도 면역력이 저하됨으로써 관절염, 고혈압, 당뇨병, 심장질환, 폐질환 등 만성질환의 질병에 대한 감염도도 높고 소화기의 기능도 떨어지게 된다.

노화가 진행되면서 신체적으로 겪게 되는 특징은 건강 관련 체력인 근지구력, 근력, 유연성, 심폐지구력 등과 더불어 전신반응 시간, 민첩성, 평형성 등의 기능과 관련된 체력 그리고 체지방량 증가 및 근육감소 등의 신체조성 차원의 변화가 급격하게 진행되며, 감각기능의 저하와 함께 체력손실 및 균형감각과 같은 자세 유지를 담당하는 중추신경계 기능이 저하되어 넘어짐을 경험하기 쉽다. 이러한 신체 노화현상과 활동의 저하로 인해 발생한 근력약화는 다시 노인의 운동성을 제한하게 되며, 이로 인해 노인의 근육과 골격은 더 빠르게 퇴화되고 이는 다시 근력 약화를 초래하는 악순환의 고리가 형성되어 노인들의 일상생활에 영향을 주게 되어 결국에는 삶의 질을 떨어뜨리게 된다.

신체는 내장 노화의 정도와 속도도 다르고 건강상태는 개인차가 있지만, 나이가 들어가고 노화가 진행됨에 따라서 시력·청력·언어기능 등에 각종 장애가 발생됨과 동시에 노인들은 전반적으로 약화되고 각종 질병, 특히 만성질환을 앓는 경우가 많다. 그리고 청장년기와는 달리 노년기에는 역할상실·노화현상 등의 이유로 낮잠과 휴식시간의 증대 등이 나타나고 야간에 수면시간이 단축되기도 한다.

노인건강 수준 및 실태조사인 질병상태 조사에서도 알 수 있듯이 노인의 88.5%는 만성질환이 있고, 만성질환이 2개 이상인 만성복합 이환율은 68.3%, 3개 이상은 44.3%로 우리 사회에서 노인들이 만성질환을 앓는 신체적 불편함과 함께 건강상의 문제가 가장 큰 문제인 것을 알 수 있다.

### (2) 노인의 심리적 특성

노인이 되면 노화, 체력저하 등의 신체적인 변화뿐만 아니라 정신적·심리적 변화도 함께 나타나게 된다. 활동성 감소와 인내력 부족, 정력부족, 흥미를 가지는 범위가 좁아지게 되고 자기중심적으로 변하기 쉽다. 특히 감각능력과 지각능력의 쇠퇴는 지적·인지능력의 감소원인이 되며 문제해결능력에 있어서도 영향을 미친다.

노인에게 나타나게 되는 심리성격에 대하여 살펴보면 다음과 같은 특성들이 있다.

첫째, 우울증 경향이 증가한다. 우울증은 어느 한 시점에 발생된다기보다는 노년기 전반에 걸쳐 발생 가능성이 증가하게 되는데 신체적 질병이나 배우자와의 사별, 경제능력의 약화와 가족·사회로부터의 소외 및 고립으로 인해 자기통제 기능 상실, 역할상실로 인한 상실감, 과거에 대한 회상 등 다양한 원인이 있다.

둘째, 수동성과 내향성이 증가한다. 노년기에는 자신의 감정 및 사고에 의존해서 사물과 사건들을 판단하는 일이 증가하고, 누군가의 도움을 받아 문제를 해결하려고 하는 의존적이고 수동적인 성향이 증가하게 된다.

셋째, 경직성이 증가한다. 새로운 환경에 대한 적응을 힘들어하고 이로 인해 학습능력 및 문제해결능력이 눈에 띄게 저하된다.

넷째, 조심성이 증가하게 된다. 노인은 본인의 의지로 변화보다 정확성을 중요시하는 경향이 늘어나기 때문에 조심성이 증가한다.

다섯째, 의존성이 증가하게 된다. 신체적·경제적으로 모든 부분의 기능이 저하되는 시기이기 때문에 여러 가지 상황에서 자신의 의지가 약해지고 타인, 특히 가족에게 의지하는 의존성이 증가한다.

여섯째, 사물에 대한 애착심이 강해진다. 자신이 오랫동안 사용한 물건이 과거에 대한 기억과 연결되어 마음의 안정을 준다. 애착이 심한 경우 물건을 사용하지 못할 정도가 되어도 집착을 버리지 못하는 경우가 있다.

마지막으로 노인은 유산과 업적을 남기려고 한다. 건강한 노인일수록 자신의 삶을 증명할 수 있는 업적이나 자손들에게 사후에 자기 자신을 추억할 수 있는 자취를 남기고자 하는 경향이 있다.

그 외에도 노인은 청력과 시력의 퇴화로 행동범위가 좁아지거나 외부자극이 적어지면서 고립화에 쉽게 노출된다. 그 결과 일방적으로 사물을 해석하려 하거나 의심, 또는 왜곡된 생각을 하기가 쉽다. 또한 만성퇴행성 질환의 증가로 건강에 대해 지나친 염려증이 나타나고 우울증 경향이 증가하며 내향성 및 의존성이 증가한다. 이러한 변화는 노인의 우울증 및 자살, 기능적 정신장애 등과 깊은 관련성을 가지고 있다.

## 4) 노인연령의 기준

### (1) 우리나라 노인연령의 기준

과거에는 60세면 노인으로 불렸으나 현재는 65~70세 이상이 되어야 노인이 된다. 우리가 흔히 노인의 기준으로 알고 있는 65세의 기준은 독일에서 찾아볼 수 있다. 1889년 세계 최초로 독일이 연금제도를 만들 때 독일인의 평균수명이 49세였으며, 65세를 수급연령으로 정한 것이 그 시작이다. 현대사회에서는 기대수명이 100세 정도에 이르게 되었지만 수급연령 60세임을 볼 때, 큰 변화가 있었음을 알 수 있다.

우리나라 법률에는 노인의 나이를 규정하는 명확한 정의가 내려져 있지는 않지만, 1961년 생활보호법을 만들면서 수급자 범위를 '65세 이상 노쇠자'라고 정한 것이 국내법상의 기준되었다고 볼 수 있다. 우리나라 노인 관련 연령의 기준은 법과 규범에 따라 상이하게 규정하고 있지만 〈표 2-1〉처럼 대부분 60~65세로 분류되어 있다.

〈표 2-1〉 **우리나라 노인 관련 연령기준**

| 구 분 | 연령기준 | 비 고 |
|---|---|---|
| 노인복지법 | 65세 이상 | 경로우대/ 생업지원 등 |
| 국민기초생활 보장법 | 65세 이상 | 근로능력이 없는 수급자 |
| 기초노령연금법 | 65세 이상 | 연금지급 대상자 |

| | | |
|---|---|---|
| 국민연금법 | 60세 이상 | 가입대상 제외자 |
| 노인장기요양보험법 | 65세 이상 | 적용대상 노인 |
| 공공근로 | 64세 이하 65세 이상 | 미대상 |
| 노인일자리 사업 대상 | 65세 이상 | – |
| 환갑잔치 | 60세 | – |
| 고령자고용촉진법 | 55세 이상 | 고령자 기준 |
| 노인복지회관 | 60세 이상 | 이용대상 |

출처 : 김형익(2013).

### (2) 노인연령의 UN 기준

의료기술의 발달과 고도의 경제성장으로 삶이 윤택해진 현대사회는 사람들의 평균 기대수명이 늘어나서 노인들의 인구비율이 높아지는 인구고령화 현상이 전 세계적으로 급속히 진전되고 있다. 경제적으로 바라볼 때 인구고령화란 의미는 젊은이와 같은 근로자 계층이 나이 든 근로자 또는 근로능력을 상실한 퇴직고령자로 변화하는 것을 의미하기도 한다.

외국 국가들도 노인 연령에 대한 명확한 규정을 정해놓지 않은 경우가 많이 있지만, 대부분의 국가들은 65세를 노인의 시작 기준으로 삼고 있으며, 이웃나라 일본도 노인복지제도의 대부분이 65세부터 적용되고 있다. 또한 OECD 국가 대부분은 연금수령 연령시기를 65세 혹은 67세로 상향 조정하였으며, 덴마크와 이탈리아는 69세로 상향 조정하였다(국민연금공단, 2012).

UN에서는 만 65세가 넘는 인구가 전체 인구의 7%, 14%, 20%를 차지하는 비율에 대해 세 단계로 고령화사회를 분류하고 있다. 전체 인구 중 노인인구의 비율이 7% 이상~14% 미만일 때를 고령화사회라 하고, 14% 이상~20% 미만인 사회를 고령사회, 마지막으로 65세 이상 고령인구 비율이 전체 인구 중 20% 이상을 차지하는 사회를 초고령사회라고 부르고 있다.

# 2. 노화의 개념과 특성

## 1) 노화의 개념과 특성

노화란 "나이가 들면서 나타나게 되는 생식력 및 생존능력의 저하, 성숙기 이후에 나타나는 저하현상으로 생리학적으로는 불가피한 변화의 총화를 말하며, 그 저하의 결과가 육체적으로 나타나는 현상"을 의미한다. 지구상의 모든 생물에게 공통적으로 나타나는 노화의 특징이 육체적인 노화라고 할 수 있지만, 우리 인간에게 있어서 노화현상은 생리적 측면만으로 접근하는 것에 대해서 반론들이 있다.

노화라는 단어는 전체 인구에서 65세 이상 인구비율이 증가하는 현상을 의미하는 '인구학적 노화', 가족 및 친구 등 주변 사람들과의 이별과 사별 등 인간관계가 축소되고, 경제적 능력이 저하되며, 정년퇴직을 포함하여 사회활동의 범위와 기회가 감소되는 것을 의미하는 '사회적 노화'로 구분되어 사용되는 경우도 있으나, 처음에 언급한 정의로부터 본다면 비유적인 사용방법에 불과하다고 볼 수 있다. 그러므로 노화의 개념은 여러 가지 상황을 고려하여 결정해야 한다.

일본의 金子仁(홍종인 역, 1986)은 다음의 네 가지 특성으로 노화를 정의하고 있다.

첫째, 노화는 병이 아니라 본질적인 일차적 변화이다.

둘째, 노화는 진행성의 특징이 있으며 진행되기 시작하면 후퇴하지 않는다. 노화가 언제부터 시작되었느냐에 대해서는 학자들 간의 다양한 의견 차이가 존재하지만, 일단 노화라는 쇠퇴증상이 발생하게 되면 그 전의 상태로의 회복은 불가능하다는 것은 공통적이다. 만약 어떠한 방법을 사용하여 몸이 노화의 전과 같이 될 수 있다면 그 증상 자체가 노화가 아닌 병으로 보아야 한다.

셋째, 노화는 인간의 몸에 부정적인 영향을 가져오는 장애성을 가지기 때문에 노화를 질병으로 혼동하는 경우가 많다.

넷째, 노화는 누구에게나 일어나는 보편적인 것이다. 모든 이에게 노화는 평등하게 나타나며, 다만 그 출현방식이 개인마다 다르다.

비버(Beaver, 1983)는 노화를 시간의 흐름에 따라 유기체의 세포, 기관조직, 또는 유기체 전체에 일어나는 점진적인 변화로서, 이는 인간의 정상적 성장과 발달과정 중의 한 부분이라고 정의하였다. 이와 유사한 개념으로 해리스와 콜(Harris & Cole)(최신덕 역, 1985)은 노화는 인간의 정상적인 성장과 발달과정 전체의 한 부분이며, 적어도 생물학적 노화, 심리적 노화, 그리고 사회적 노화의 세 가지 측면에서의 변화과정을 포함하는 것으로 이해되어야 한다고 주장한다.

여러 학자들이 정의한 노화의 특징을 정리하면 ① 노화는 모든 유기체에 내재되어 있는 필연적인 현상이고 인간이 태어나서 죽을 때까지 전 과정에 걸쳐서 일어나며, 노년기에는 그 속도가 더욱 빨라진다. ② 노화는 신체의 구조와 기능의 변화뿐만 아니라 인간의 행동과 적응에서의 변화유형도 포함된다. 즉, 노화는 생물학적 변화와 함께 사회적 변화, 심리적 변화의 과정까지도 모두 포함하는 복합적인 과정이라고 할 수 있다.

## 2) 노화의 원칙

### (1) 생물학적 노화

노화는 일반적으로 생물학적 노화를 의미할 때가 많지만, 실제로 이러한 생물학적 노화를 정확하고 명확하게 관찰하는 것은 매우 어렵다. 생물학적 노화는 인간 생명이 시작되는 태아기부터 사망에 이르는 전 생애 동안 신체적 및 생리적으로 해로운 변화가 축적되어 나타나는 과정을 의미하지만(Hampton, 1991), 더 상세한 개념은 스트레흘러(Strehler, 1977)가 제시한 다음과 같은 기준에 해당되는 것이라 할 수 있다(Atchley, 2004; Hooyman & Kiyak, 2008).

첫째, 생물학적 노화는 진행속도와 그 시작의 시기에는 어느 정도의 개인차이가 있을 수 있으나, 모든 사람에게 보편적으로 일어난다.

둘째, 생물학적 노화는 부정적인 영향을 신체기능에 미친다.

셋째, 생물학적 노화는 장기간에 걸쳐 점진적으로 일어난다.

이러한 신체적 변화에 대한 조건들이 곧 생물학적 노화라고 할 수 있다. 그러나 노화는 개인 내의 신체적 기관과 기능 사이에도 차이가 있고, 사람들 개개인 간에도 차이가 있다는 점을 명심하여야 한다. 생물학적 노화는 개개인의 면밀한 생물의학적 검사를 통하여 판단할 수 있는 것이기 때문에 사회조사를 할 경우에는 일반적으로 연령증가의 노화를 기준으로 측정하고 있다.

### (2) 신체적 변화

생물학적 노화가 진행됨에 따라 사람의 신체는 생명유지에 필요한 기능들이 쇠퇴되고, 세포노화의 촉진, 각각의 신체기관과 조직이 노화를 일으키게 되어 전반적인 신체의 기능 저하가 발생하게 된다.

신체 외형의 변화를 살펴보면 체중, 신장, 치아는 줄어들고 흰 머리카락의 증가, 피부의 주름살, 피부탄력 저하 등이 대표적이다. 그리고 체온유지능력이 떨어져서 추위를 민감하게 느끼게 되고 온도변화에 적응력이 떨어져 환절기 호흡기 질환에 노출되기 쉬우며, 갑작스러운 온도변화로 인해 쓰러지는 경우도 발생할 수 있다. 신체조직 구성성분 중 고형분과 수분은 줄어드는 반면 지방은 증가하게 되고, 뼈 속의 칼슘분이 고갈되어 뼈의 질량 감소, 골밀도가 낮아짐으로써 골다공증에 걸리기 쉬워진다. 중추신경계에서는 뇌의 크기가 약간 감소하고 뇌의 일부 기능들이 저하되기도 하지만, 뇌 기능 저하의 원인이 노화의 속도에 따라 비례적으로 나타난다는 확실한 증거는 아직까지 없다.

### (3) 감각계 변화

감각계에 노화가 미치는 영향의 공통적인 부분은 자극에 대한 민감성이 둔화되어 민첩하게 반응하지 못하며, 적절한 정보를 받지 못한다는 것이다.

① 촉각과 통각 : 피부 건조와 주름이 늘어서 거칠어지면서 촉감이 감소하며, 통증은 증가하지만 통증에 대한 민감성은 감소한다.

② 청각 : 노화의 진행에 따라 청력손실이 높아지며 남성이 여성보다, 저음보다 고음부터 청력손실의 영향을 받는다.

③ 시각 : 명암에 대한 시력은 떨어지고, 색깔변별능력 감퇴, 안압의 상승, 대개의 수정체, 각막, 망막, 조리개, 시신경의 약화가 초래되며, 백내장과 녹내장에 걸리기 쉽다.

④ 미각과 후각 : 미각은 후각의 영향을 받기 때문에 후각이 손상된 사람은 식욕이 떨어지게 된다. 특히 80세 이상에서는 5명 중 4명이 후각기능에 주요한 손상을 입고, 절반 이상은 전혀 냄새를 맡지 못한다.

⑤ 통각 : 식별능력 속도가 느려진다.

### (4) 심리적 노화

심리적 노화는 정서 및 정신 기능, 감각기능, 성격, 인지기능 등의 심리 내외적 측면과의 상호작용에 있어 유지 및 성숙과 퇴행을 동시에 내포하는 심리적 조절과정이라고 할 수 있다. 이러한 생물학적 · 심리적 노화의 관련성을 살펴보면, 생물학적 노화와 관련된 심리적 기능일수록 연령이 증가와 퇴행적 발달이 비례적으로 나타나지만, 경험과 밀접하게 관련된 심리적 발달과 기능은 유지 및 증가하는 특성을 보이고 있다. 또한 심리적 노화가 사회적 기능을 약화시킨다고 볼 수 있으나 예상과 다르게 촉진하는 경우도 나타나고 있으며, 오히려 사회적 노화의 진행이 심리적 노화에 있어서 긍정적 또는 부정적인 영향을 미칠 수 있다.

심리적 노화의 연구의 시작은 1825년 컴페르츠(Gompertz)의 연령과 사망률 사이의 상관성 연구로부터 시작되었다. 노화를 심리학적 측면에서 보면 1/4은 성장기간이고, 2/4는 일하는 기간, 그리고 1/4은 노후의 정리기간이라고 할 수 있는데, 인생의 마지막 1/4기간 동안에 나타날 수 있는 심리적 노화는 주로 퇴행성 발달의 의미가 강하다.

심리적 노화의 영역은 감각기능 지각과정, 심리운동 수행능력, 성격변화와 자아발달과 같은 발달적 특성, 정신건강과 장애, 정신 및 정서 기능 등의 심리적 기능으로 나누어 볼 수 있다. 최근에는 심리적 노화의 세 가지 영역 중에서 심리적 기능과 관련된 연구들이 중점적으로 진행되고 있다.

### (5) 인지 및 정신 기능 변화

지능이란 새로운 것을 학습하는 능력이며, 상황을 바르게 인식하고 적응하고 합리적으로 적용할 수 있는 종합적 능력이다. 지능은 70세 이후 감퇴하는 반면, 경험을 통해 후천적으로 획득한 어휘력, 추론능력 등의 결정성 지능은 60세 이후까지 증가하는 것으로 나타나고 있어 개인의 교육수준, 직업, 생활경험에 따라 60~70세에도 20대와 동일한 수준의 창의성과 지능을 발휘할 수 있다.

기억력은 감각기억과 단기 및 장기 기억으로 구분할 수 있는데 감각기억은 50대 이후에 감퇴하지만, 청각기억은 70대 이후에 감퇴된다. 단기기억은 5~10초 후에 회상해 내는 짧은 시간의 기억을 말하며, 1시간 또는 며칠 후에 기억해 내는 것을 최근 기억, 10년 내의 기억을 회상하는 내용을 장기기억, 그리고 10년 이상의 기억을 회상하는 것을 최고 기억으로 구분하고 있다. 기억능력은 노화의 진행에 따라 장기기억보다는 단기기억력을, 들은 것을 기억하기보다는 본 것을 기억하는 것을 어려워한다. 이는 배운 직후에는 많이 잊어버리지만 일단 장기기억으로 넘어간 것은 매우 오래 기억할 수 있는 특성을 의미한다. 반응시간이나 시각정보를 운동반응으로 전환하는 능력과 기억, 정보처리 및 문제해결능력 등의 다양한 측면에서 반응속도가 감소되지만 위에서 언급한 것처럼 개인차가 있으며, 지식과 실용능력을 결합한 개인의 능력인 지혜가 발달한다.

### (6) 정서 및 성격의 변화

성격이란 개인의 정신적 기능과 행동양식의 체계로서, 다른 사람과 함께 사회환경에 적응해 나가는 행동양식 및 사고방식이라고 정의된다. 노화에 따른 노년기의 특징적 성격 변화에 관해 윤 진의 10가지 성격변화를 살펴보면 아래와 같다.

### ① 노인들은 소외감과 고독감이 강하다

노년기에 들어서서 신체적 기능들의 저하 및 건강의 상실을 비롯해서 몸담았던 직장과 가정에서의 역할 및 지위의 상실, 그리고 이로 인한 친구 등의 타인들과의 관계 상실, 또한 정체성과 자신감의 상실감들이 노인들에게 매우 큰 스트레스를 안겨주며 소외와 고독감을 느끼게 한다.

### ② 소극적인 성향이 증가한다

노년기가 진행될수록 자신의 생각을 주장하는 일에 적극성과 지구력이 저하되고, 어떤 대상이나 상황에 있어서 자신의 주관적 생각 및 감정을 적극적으로 개입시키게 되지 않으며, 새로운 일이나 익숙하지 않은 일에 도전하는 것을 주저하게 된다. 따라서 문제적 상황에 대응하는 방식이 무사 안일하거나 매우 수동적이며 방임적이 되고, 기적과 같은 막연하고 신비로운 것에 의지하고 기대하는 경향이 있다.

### ③ 과거 지향적이다

노인이 될수록 현재나 미래보다는 과거에 대한 기억과 회상에 집착하게 되는 성향이 있다. 과거에 대한 추억과 회상은 오랜 시간을 살아온 노인에게 자신의 삶을 증명하고, 이를 바탕으로 현재와 미래에 잘 적응하도록 힘을 북돋아 주는 역할을 한다. 그러므로 노인들에게 과거에 대한 추억과 회상은 그들 삶의 본질이자 현실보다 더 실재적인 것으로 작용할 수 있다는 것을 이해할 수 있어야 한다.

### ④ 우울증 경향이 증가한다

노화와 신체적 질병, 경제사정의 악화, 배우자의 죽음, 일상생활에 대한 자기통제 불능, 가족과 사회로부터의 고립, 그리고 지나온 삶에 대한 회한 등의 이유들로 우울경향이 전반적으로 증가하며 감정적 무감각, 불면증, 체중감소, 증오심, 강박관념 등의 우울증 증세도 구체적으로 나타날 수 있다.

⑤ 성역할 자각의 변화가 나타난다

노인이 되어갈수록 호르몬, 환경변화 등의 이유로 성역할이 바뀌게 되는 경향이 있다. 남성은 유친성과 양육동기가 증가하여 여성적으로 변하고, 여성은 자기중심성 그리고 권위적 동기가 증가하여 남성적으로 변하게 되는 것이다.

⑥ 경직성이 증가한다

융통성과 반대되는 개념인 경직성은 자신에게 익숙한 방법을 계속적으로 고집하는 경향을 말한다. 특히 노인기에는 경직성의 증가로 학습능력의 저하 및 동작성 지능의 저하가 나타나게 된다.

⑦ 조심성이 증가한다

노인들의 조심성이 증가하는 원인으로는 노인들이 스스로의 의지로 정확성과 명확성을 중요시하여 조심성이 증가된다는 동기가설, 시각·청각 등의 감각기능과 신체·심리적 메커니즘 기능이 함께 감소하는 결과물로 자연스럽게 조심스러워지는 결과가설, 새로운 사건이나 결정을 함에 있어서 자신이 감당할 수 있을 정도의 높은 확실성이 있어야 반응과 결단을 내리게 된다는 실버맨(silverman) 가설 등이 있다.

⑧ 친근한 사물에 대한 애착심이 강해진다

노인이 되어갈수록 일정한 방향을 유지하려는 노력이 강해져서 자신이 오랫동안 사용해 왔거나 친숙한 물건에 대한 애착심이 증가하는 경향이 있다.

⑨ 유산을 남기려는 경향이 증가한다

자신의 업적이나 삶의 흔적을 죽기 전에 세상에 남기고 싶어 하는 것은 인간의 기본적인 욕구로서 심리학적으로 정상적인 노화과정의 일부로 받아들여지고 있다.

#### ⑩ 의존성이 증가한다

신체적 기능의 감퇴, 경제적 능력의 감소와 함께 스스로 자신의 일을 결정하기보다는 타인이나 가족과 같은 특정 대상에게 많은 부분을 의존하려는 성향이 증가하게 된다.

### (7) 사회적 노화

인간은 혼자 살아가는 것이 아니라 사회 안에서 사람들과 더불어 살아가는 사회적 동물이기 때문에 자신이 포함되어 있는 크고 작은 사회적 관계망 속에 있는 사람들과 지속적인 상호작용을 한다. 이러한 과정에서 사회의 규범을 배우고, 사회적 지위에 대한 역할을 수행하면서 사회화에 대한 요구에 순응하며 살아가는 것이다. 사회적 측면에서의 노화를 보다 정확하게 이해하기 위해서는 삶의 주기 중에서 노년기 전환과 함께 진행되는 개개인의 사회적 상황의 변화는 물론, 속해 있는 사회가 노인에게 끼치는 영향, 노인들로 인해 야기되는 사회적 변화라는 세 가지 측면을 모두 고려해야 할 것이다.

사회적 역할이란 권리와 의무의 집합체로서 어떠한 지위에 있는 사람에게 기대되는 행동을 의미한다. 사회적 역할의 의미에서 본다면 제도화된 정년퇴직으로 인해 사회가 노인들의 직업역할을 상실시키고 있는 것이므로 사회적 노화는 사회의 영향을 받으면서 서로 상호작용을 하고 있는 것이다. 즉, 노인들의 경제적 약화와 더불어 그들이 지니고 있던 권위, 지위 등을 약화시키는 것으로 사회적 노화를 발생시킨다.

사회적 관계망과 노인의 상호작용은 우선적으로 1차 집단인 가족과 자녀들과의 관계에서 발생되는 분가, 사별 또는 이혼 등의 이유로, 회사와 같은 2차 집단에서는 정년퇴직으로 인한 경제적 수입의 감소 및 권위와 지위의 약화와 같은 환경의 변화들로 사회활동에 대한 관심이 저하되고, 우울과 불안이 증가하며 분노하게 되는 등의 사회적 노화를 증폭시키는 요인으로 출현하고 있다.

또한 평균수명의 연장과 정년시기의 조기화, 청년층의 초혼 연령대의 증가로 부모기간이 길어졌다. 친구관계는 노년기에 가족만큼이나 중요하지만 새로운 친구 사귀기가 쉽지 않으며, 지역에 가깝게 사는 이웃 주민과도 경제적·건강적 상태가 동일해야 하는데, 퇴직 등의 이유로 주거지를 변경해야 하는 일들이 늘어나게 되어 지역사회 안에서의 관계망의 위축 및 상징적 지위의 상실이 나타나게 된다.

지위와 역할의 변화로 로소(Rosow, 1985)는 노년기에 사회적 지위는 잃기만 하는 것이 아니라 새로운 역할과 지위를 획득하기도 하고, 기존과 동일한 역할을 수행하는 경우에도 역할의 전환과 수행방법의 변화를 겪게 된다. 새로운 지위와 역할은 네 가지 유형으로 구분해 볼 수 있다. ① 제도적 지위와 역할(회장, 사장, 교수 등), ② 희박한 지위와 역할(명예총장), ③ 비공식적 지위와 역할(고문), ④ 무역할의 지위와 역할(사회적으로는 의미가 없는 지위) 등이다.

사회적 노화는 심리적 노화와 생물학적 노화를 제외한 다양한 측면들의 노화가 포함될 수 있지만, 여기서는 노년기 전환과 함께 나타나는 사회적 관계망과의 상호작용, 지위와 역할의 변화, 사회규범과 사회화로 한정하여 각각의 영역에서 노인들에게 나타나게 되는 변화에는 어떤 것이 있으며, 사회환경이 이러한 변화에 어떠한 영향을 미치는지에 대해 중점적으로 살펴보겠다.

### ① 사회적 관계망과의 상호작용

노년기에는 배우자와의 사별 및 친구들의 죽음과 같은 상실, 퇴직 등으로 인해 사회적 관계망이 줄어드는 것이 일반적이다. 또한 정년퇴직 등의 이유로 직장과 같은 2차 집단을 통한 사회참여도와 유대관계는 줄어들게 되어 노인들의 사회적 관계의 중심이 가족, 이웃, 친구 등의 1차 집단으로 이동하게 되며, 그중에서도 배우자나 자녀와의 관계가 핵심적인 관계축으로 변화하게 된다. 평균수명이 연장되고 있는 현대의 노인들은 여가시간이 증가하고 배우자 사망 이후 독신으로 생활하는 기간이 늘어나게 되며, 출산자녀 수의 감소로 자녀양육 기간은 줄어들게 된다. 그러므로 원만한 가족관계 및 부부관계의 유지가 노인들의 삶의 만족도를 유지하고 향상하는 데에 필수적인 요인이 된다. 이러한 원만한 부부관계와 가족관계를 유지하기 위해서는 노인들 자신의 건강 유지와 생활범위의 재조정 및 경제적 자립 등이 전제되어야 한다. 특히 일반적으로 여성이 집안에서 케어를 전담했었던 것에 익숙해진 남성노인의 경우에는 양성적 성역할을 미리 준비할 필요가 있다.

노년기가 지속될수록 지인들과 배우자의 사망이라는 심리적으로 커다란 상실을 경험하게 되며, 이러한 상황에 직면하게 될 때 대다수의 노인들에게 우울, 슬픔, 불면증, 불안, 분노, 비통, 식욕상실, 체중감소, 죄의식, 사회활동에 대한 관심 저하 등과 같은 감정과 이와 관련된 행동이 나타나게 된다. 이와 더불어 최근에는 노인들의 황혼이혼이 지속적으로 증가하고 있다. 또한 노년기 재혼은 경제적 자립생활능력의 결여와 자녀의 반대, 노인전문 결혼상담기관의 부족, 노인들의 보수적인 성 도덕관 등의 이유로 실제 재혼까지 성사되는 경우는 욕구에 비해 많지 않은 실정이지만 점점 증가하고 있으며 이에 대한 사회적 관점 또한 허용적 태도로 바뀌고 있다.

배우자 외의 1차 집단인 성인 자녀들과의 원만한 유대관계를 형성하는 것이 노년기의 삶에 중요하지만, 자녀와 노인들 간의 부양자의 지위에서 피부양자의 지위로의 전환과정에서 심리적·사회적으로 많은 어려움을 겪게 된다. 특히 소가족화, 핵가족화의 영향으로 자녀의 수가 적고, 자녀의 독립 등으로 별거하는 비율이 높아진 현대사회에서는 자녀와의 만남과 연락과 같은 접촉빈도가 낮다는 양적 관계의 변화뿐만 아니라 정서적 유대관계까지 소원해지는 질적인 관계까지 많은 변화가 나타나고 있다. 부모-자녀 간의 원만한 관계를 유지하기 위한 방법으로는 자신의 신체적 건강을 유지하고, 심리적인 안정, 안정된 소득기반의 조성을 통해 자녀에게 일방적으로 의존하지 않고 상호 지원적인 관계를 유지해야 한다. 평균수명의 연장으로 인해 조부모로서의 역할을 수행할 수 있는 기간은 늘어났지만, 대가족 체계가 주를 이루던 때처럼 조부모가 손자녀에게 주도적으로 삶의 지혜를 전달하는 역할을 수행하지 못하고 자녀의 생각이 중심이 되어 손자녀를 교육하는 것이 지금의 실정이다.

노년기의 친구관계는 가족관계만큼 중요한 의미를 가지고 있다. 성공적인 노년기 적응에 친구관계의 유지는 매우 긍정적인 역할을 하며, 중요한 정신적 지지기반이 된다. 정년퇴직으로 직장동료 관계와 같은 사회적 관계가 급격하게 축소되어 친구와 교류하는 지인의 수는 줄어들게 되고, 좁아진 사회관계망과 노년기 심리적 특성 등으로 새로운 친구를 사귀기는 점점 어려워진다. 새로운 친구를 만들게 되더라도 지역적으로 가까운 곳에 위치한 이웃들과 친구가 되는 등의 지역적인 특성이 나타나게 된다. 노년기의 친구관계를 친밀하고 지속적으로 유지하기 위해서는 건강상태가 양호해야 하고, 경제적으로 안정되어 있어야 하며, 동일지역에서 오래 거주하는 등의 준비가 필요하다. 일반적으로 대다수의 노인들은 주거지를 바꾸려 하기보다는 자신이 거주했던 집에서 오래도록 살고 싶어 하는 경향을 보인다. 노년기에 주거환경을 바꿀 경우 좁아진 사회적 관계망이 더욱 위축될 수 있으며, 새로운 이웃과의 관계형성 과정에서의 어려움을 겪게 되고, 지역사회에서의 상징적 지위를 상실하게 되는 등의 부정적 영향을 받게 된다.

② 연령규범과 사회화

사회화(socialization)는 사회적 상호작용을 통해 사회에서의 역할기대를 배우고 사회의 가치와 규범을 익혀서 사회생활에 필요한 다양한 사회적 기술들을 발전시키는 사회적 학습과정이라고 정의할 수 있다.

사회적 동물인 인간에게 있어서 사회화의 과정은 살아있는 동안 계속되는 것이며, 자기 주변의 사회적 관계망과 관계를 맺어가는 과정에서 타인의 행동과 태도는 구성원 개인의 행동방식에 많은 영향을 미치게 된다. 사회가 구성원의 일부인 자신에게 사회적으로 제한하는 것과 기대하는 것이 무엇인지를 배우고, 용인되는 행동과 그렇지 않는 것이 무엇인지도 알 수 있게 된다.

사회 구성원으로서의 노인들은 사회화에 대한 기대의 순응과 사회의 연령규범에 적응하고 행동해야만 적응적인 삶을 보낼 수 있다. 사회에서 구성원들을 구분하는 기준으로서의 연령규범이 명확하게 구분될수록 구성원들의 보다 쉬운 사회화 과정이 이루어질 수 있지만, 고령화가 천천히 진행된 외국의 사례와는 달리 급격한 변화를 경험하고 있는 우리나라는 아직까지 적합한 노년기

연령규범의 합의가 이루어지고 있지 않다. 즉, 우리 사회가 노년기를 바라보는 시점에 긍정적·부정적 시각이 혼재해 있고, 연령에 적합한 행동과 사회적 역할에 대한 사회적 합의가 아직까지 이루어지지 못하고 있는 실정이라는 것이다. 노년기와 관련된 명확한 연령규범의 부재로 발생되는 문제점 중 가장 큰 것은 중년기 이후에 연결되는 노년기를 사회화 과정을 거치지 못한 상태로 진입하게 되고 노년기의 적합한 지식, 행동, 기술, 가치 등을 사전에 학습해 볼 수 있는 기회가 없게 됨으로써 노후생활에 많은 어려움과 혼란을 경험하게 된다.

노년기가 시작되는 것은 개별차이가 있겠지만 사회적으로 명확한 연령규범이 없고 이로 인해 국민들이 노인을 대하거나 노인들 자신이 노년기에 적합한 행동을 수행하지 못하는 사회화 혼란이 증가하게 된다. 노인들이 연령에 적합하지 못한 행동, 소위 '나잇값을 못하는 행동'을 하게 되면 노인들은 사회구성원들로부터 인정을 받지 못하고, 비난이나 사회적 차별을 받게 될 가능성이 높아지게 된다(권중돈, 2007). 따라서 사회적 측면에서 명확한 노년기의 연령규범에 대한 합의가 이루어지지 않는 현재의 상황이 지속된다면 노인에 대한 여러 가지 사회적 차별은 더욱 심화될 소지가 있다.

### ③ 지위와 역할의 변화

개인의 일상생활은 그가 지닌 사회적 지위나 역할에 의해 주로 결정되는데, 여기에서 사회적 지위란 개인이 차지하는 계급이나 자리가 사회적 신분에 따라 달라진다는 것을 의미하며, 지위의 동적 표현인 역할은 특정한 사회적 지위에 상응하는 기대행동이다. 이러한 사회적 역할과 지위는 한 개인이 사회에 행사할 수 있는 영향력과 권력뿐만 아니라 삶의 질까지 결정하는 중요한 요소가 된다. 일반적으로 성인기까지는 사회적 지위와 역할을 획득하고, 노년기는 그것을 상실하는 경우가 많다고 볼 수 있다. 이러한 이유로 노년기를 역할 없는 역할(roleless role)의 시기 또는 상실의 시기라고도 하지만, 노년기에도 역할 수행에 있어서 업무의 중요도가 높아지거나 새로운 역할을 얻는 등의 다양한 역할전환을 맞이할 수 있다. 일반적으로 노년기에는 직업의 일선에서 물러나게 되어 가정을 유지하던 생계유지자의 역할에서 독신, 피부양자, 조부모로서의 역할로 전환된다. 그리고 2차 집단에서의 역할과 지위가 양적으로는 줄어들게 되지만 1차 집단 내에서의 역할과 지위에는 비교적 큰 변화가 없다.

성격 및 태도 변화의 측면에서 노인을 살펴보면, 노화에 따르는 건강악화, 사회적 소외감과 고립, 경제적 어려움 등으로 인해 자신이 늙어가는 것을 받아들이지 않으려고 하며 부정적인 시각으로 노화를 바라보게 되지만 노인이 되어갈수록 삶의 끝인 죽음에 대해서는 다소 긍정적인 태도로 접근할 수 있게 된다. 노화와 죽음을 순응하는 태도는 비교적 자신의 삶을 만족스럽게 느끼는 사람일수록 강하게 나타나고 있다.

한편 일본의 노인심리학자인 가네코 지로(金子仁郎)는 노인의 심리적 특성으로서 보수적이며, 의리적이며, 무리하다고 생각되는 일은 하지 않고, 자기 능력의 한계에 대해 두려움을 갖고, 과거의 일을 회상하며, 자신을 나타내려 하며, 자기가 제일이라고 자만하며, 남에게 우러러 보이기를 원하고, 오해를 잘하고, 비탄을 느끼며, 이해하기보다는 자기의 주장이 강하고, 성급하다는 것 등을 언급하고 있다. 또한 노화과정에서 발생하는 성격 특성에 대해 일본 정신신경학회에서는 노인은 일반적으로 완고하며, 이기적이고 보수적이며, 불평과 의심이 많고 변덕스럽고, 고독하며, 비관적인 사고와 태도를 갖는다고 하였다(하상락, 1972).

그러나 노년기의 역할 변화는 대부분 점진적으로 진행되기 때문에 노화에 대한 인식을 빨리할수록 자신의 역할 변화를 준비할 수 있는 심리적인 시간을 충분히 가질 수 있고, 많은 노인들이 역할전환에 성공적으로 적응하고 있으며, 새롭게 획득하거나 변화한 역할과 지위에 만족하고 있다.

## 3. 성공적 노화

### 1) 성공적 노화의 정의와 개념

#### (1) 성공적 노화의 정의

성공적 노화라는 단어는 1986년 미국 노년학회 연례회의에서 처음 소개되었고(Fisher, 1995), 로우어와 칸(Rower & Kahn, 1987)에 의해 그 개념이 부각되기 시작하였다. 이들은 객관적인 관점에서 전 생애과정을 통하여 성공적 노화에 접근하였고, 대인관계와 생산적 활동이 변화하는 방식을 설명하였으며, 보편적 노화와 성공적 노화로 구분하였다. 보편적 노화는 특별한 기능장애나 질병과 같은 문제점이 없이 연령이 증가함과 비례하여 장애 및 질병에 노출될 위험이 높아지는 것, 성공적 노화는 일반적 노화를 개인의 노력과 환경의 통제를 극복 및 지연시키는 것으로 정의하고 있다. 특히 성공적인 노화는 신체적 건강, 정신건강, 사회적 역할을 통한 만족을 통한 행복한 삶의 향유 등을 포함하여 성공적인 삶을 사는 과정을 의미하는 포괄적 의미를 내포한다.

#### (2) 성공적 노화의 개념

성공적인 노화에 대한 준거는 문화적·사회적 배경에 따라 각기 다양한 시각에서 볼 수 있다. 일반적인 노화는 생물학적으로 성숙되어 가는 모든 인간들에게 일어나는 규칙적인 변화로서, 신체구조나 기능상의 변화뿐 아니라 인간의 적응이나 행동에 있어서의 변화유형까지를 포함하는 변화로 정의된다(Harris & Cole, 1986). 즉, 우리가 일반적으로 사용하는 노화라는 단어는 생리적·외형적인 측면에 있어서의 변화뿐 아니라 심리·사회적인 변화의 측면을 모두 포함하는 복합적인 현상을 의미한다는 것이다. 이렇게 복합적인 의미가 있기 때문에 노화에 대한 것은 물론 노인에 대한 많은 오해와 편견이 남아 있다. 1963년 비렌 등(Birren et al.)이 주도한 국립정신건강기구(National Institute of Mental Health)의 11년에 걸친 합동연구에서, 이제까지 사람들이 노화라고 불러왔던 것들 중 많은 것들이 사실은 정상적인 노화의 현상이 아닌 질병으로 인한 것이었음이 드러났다(Butler et al., 1991; 한정란, 2000).

노화를 정상적인 노화와 병리적 노화로 구분할 때의 기준은 병리적 현상의 유무이다. 정상적 노화라는 것은 특별한 생리적인 질병과 정신적인 질환이 없는 상태에서 순수한 연령의 증가로 나타나는 노화를 의미하며, 일반적인 사람들에게 진행되는 대부분의 노화는 정상적 노화로 볼 수 있다. 특히 점진적으로 서서히 진행되는 정상적 노화는 대부분 스스로 인식하지 못하는 경우가 많다. 병리적 노화는 의학적 원인 또는 병적 증상에 의한 노화과정을 의미한다. 병리적 노화의 경우 치매나 우울 등의 정신적 증상과 더불어 한 가지 이상의 신체적 활동의 제한을 받게 되며, 사전예고 없이 진행되는 경우가 많고, 일상생활에 제약과 심각한 부적응을 동반하기도 한다.

성공적 노화는 정상적인 노화의 상태에서 본인의 노력과 희망에 의해 노화의 과정 속에서도 삶의 질을 높이려는 일련의 상태를 말하는 것을 의미하며 모든 사람이 원하는 노화의 과정일 것이다. 성공적 노화의 여부는 대개 수명, 정신적·신체적·생물학적 건강, 생활만족도 및 사회적 능력과 생산성, 개인의 통제력 등 삶의 질과 관련된 여러 가지 질적·양적 측면에서 평가될 수 있다(Baltes & Baltes, 1990). 성공적인 노화를 위한 삶의 질에 대한 분석은 QOL(Quality of Life) 척도를 개발하여 객관적으로 측정 평가하려는 의도이며, 노화의 과정을 신체적인 노화, 생리·의학적 노화를 중심으로 분석하는 학문분야에서 측정평가의 과학적인 접근법에 의해 시도되었다. 그러나 성공적 노화의 기준은 사회의 가치나 문화에 따라 달라질 수 있으며, 이는 인간의 행복기준은 주관적인 것으로서 수치화하기 어렵다는 한계점이 있다. 삶의 질이라는 주관적인 기준이 노화의 성공 유무를 결정하는 판단의 준거가 되기 때문에 인간의 삶에 있어서 보편적인 질적 향상 추구와의 연관은 물론 철학적이고 사회문화적인 측면의 관점까지 고려되어야 한다.

성공적인 노화가 사회문화적 차이점에 의한 인식의 차이에 따라 뚜렷하게 나타남에도 불구하고 보편적인 측면에서 본다면 정신적으로 편안하고 신체적으로 건강한 상태에서 자신의 남은 삶을 즐기면서 의욕적이고 능동적인 생활을 하는 것이다. 세계보건기구(WHO)에서 제시한 네 가지 행복한 삶을 위한 요소인 정신적(mental), 신체적(physical), 영적(spiritual), 사회적(social)인 건강은 노화가 성공적인지를 판단하는 기본적인 척도로서 사용되고 있다. 위의 네 가지 요소는 문화, 국가의 차이점 등으로 인한 사회문화적인 차이가 있다 하더라도 보편적인 조건으로서 행복한 삶을 판단하는 조건으로 무리 없이 받아들여지고 있으며, 이는 얼마 전부터 미국, 일본, 프랑스 그리고 우리나라에서 노인들의 성공적인 노화를 위한 삶의 기준을 연령적(chronological age)인 측면에서 찾고 있는 것을 통해 유사점이 있다는 것을 알 수 있다.

### 2) 성공적 노화의 관점과 측면

사회의 계층과 문화, 영양공급과 의료발달로 인한 인간의 평균수명의 향상 등 복합적인 원인들로 노인을 정의하는 기준이 변화하고 있기 때문에 노인에 대한 정의는 연령만을 기준으로 판단하기에는 어렵지만 기본적으로 노인에 대한 시각을 살펴보면 기계론적인 시각과 유기체론적인 시각으로 나누어 볼 수 있겠다.

기계론적 시각은 인간의 속성이 주로 유아기, 즉 외부의 환경적 힘에 의해 생애 초기에 이미 결정된다는 주장의 결정론적 관점을 따른다. 인간을 각각의 부속과 그들의 관계 속에서 형성되는 하나의 복잡한 기계와 같은 존재로 전제하고, 외부의 힘에 대하여 반응하는 본질적으로 수동적인 존재라고 본다. 이 입장에서 보면 인간의 발달은 어떤 외적인 동작(efficient cause)에 의해 결정되는 행동상의 변화이며, 양적이고 연속적인 변화이다(Reese, Overton in Goulet, & Baltes, 1970). 이러한 기계론의 시점으로 노인을 바라보게 되면, 노화란 사람의 행동의 쇠퇴 및 지능의 저하 등 마이너스적인 변화를 일으켜 결국엔 양적인 쇠퇴로 이어지게 만드는 변화라고 할 수 있다. 반면 유기체론적인 시점에서 바라보는 인간은 지속적인 환경과의 상호작용 안에서 점진적으로 규정되어 나간다는 입장이며, 살아있는 유기체인 인간은 각기 나름대로의 기능을 가지고 있는 신체의 각 부분들의 집합체이며, 각 부분들이 모여서 전체라는 구조 안에서 작동하게 될 때서야 비로소 인간으로서의 의미를 가질 수 있다고 보고 있다. 따라서 유기체론적 입장에서 인간의 발달은 그 내적인 속성에 의한 구조적인 변화이며, 질적이고 불연속적인 변화이다(Reese, Overton in Goulet, & Baltes, 1970). 또한 유기체론적 관점에서의 노화는 행동적 차원의 양적 감소를 의미하는 것이 아니라 전혀 다른 질적 변화의 과정으로 보고 있다.

발달적인 관점에서 노인은 인간의 발달단계 과정 중 한 단계에 속해 있는 것이며 단순히 인생의 쇠퇴기로 보기보다는 기본적인 욕구 단계에서 시작하여 자아실현의 단계에 이르기까지 모든 욕구까지 추구하고 지향하는 존재이다. 즉, 노인은 발달단계의 종착점에 있는 끝나가는 존재가 아니라 인간의 발달단계의 연속적인 과정 속에서 끊임없이 과업을 수행하고 자아실현의 욕구를 충족시키기 위해 노력하는 과정의 삶을 사는 존재라는 것이다. 인간의 아동기가 경험을 하고 힘을 키우면서 확장시켜 나가는 시기라고 할 수 있다면, 노년기에서 중요하게 생각하는 발달과업은 일생 동안 사회에 적응하고 학습하며 살아온 과정에서 이룩한 것들을 더욱 심화시키고 정리하여 인생 전체를 대한 그림을 그려보는 것이라 할 수 있다. 노인들의 이러한 노년기 발달은 개개인의 성격이나 신체적 · 정신적 건강, 그리고 과거 경험과 현시점에서의 사회적 지원을 어떻게 적절하게 받느냐에 따라서 성공 여부의 영향을 받게 된다. 그러므로 어린이나 성인들과 같이 노인들도 건강이 유지되고 적절한 사회적인 지원만 지속적으로 제공된다면, 계속적으로 발달하고 성장해 나갈 수 있을 것이다. 이러한 의미에서 본다면 결국 노년은 마이너스적인 것이 아니라 인생의 완성을 준비하는 시기이며, 더 성숙되고 복잡한 인간으로 살아가는 시기인 것이다(Butler et al., 1991; 한정란, 2000).

평균수명이 연장되고 세계화 · 글로벌 정보화로 인해 사회적 · 문화적인 발달이 가속화되어 가면서 최근에는 은퇴를 하고 나서 제2의 인생으로서 노년기를 살아가는 "뉴실버(new silver)"라는 개념이 새롭게 등장하였다. 이러한 개념의 발생은 노인이라는 단어 자체가 파생시키는 부정적 이미지를 쇄신하려는 노력의 일환으로, 뉴실버라는 새로운 세대의 구분을 위하여 "제3의 연령"이라고 불리기도 한다. 이러한 용어의 탄생과 같이 사회문화적인 환경에 따라 노인에 대한 개념 정의도 함께 변화되고 있다. 노인들의 학습 및 인지능력, 발달단계상의 특성 등에 관한 다양한 심리학 연구들은 인생의 종점으로 다가서고 있는 노인들도 연령을 초월하여 학습하고 발달해 나가며 질적인 삶을 추구하며 노력하는 존재라는 것을 증명하는 것으로 볼 수 있다. 제3의 연령기는 단지 은퇴 뒤에 죽음을 준비하는 사람이라는 의미가 아니라 그 전과는 또 다른 새로운 삶을 준비하고 시작한다는 것을 의미하는 시기로 인식되어야 할 것이다. 늘어난 노년기의 기간에 따라서 노인을 정의하는 새로운 인식은 New Silver, Semi-retired Age, Gold Age 등과 같은 새롭고 다양한 용어가 나타나고 있으며, 이는 제3의 연령과 비슷한 의미에서 노인과 노년기를 새롭고 다른 시각으로 인식하고자 하는 노력이다.

### 3) 성공적 노화의 구성요소

비록 성공적 노화에 대한 일관적이고 합의된 개념 정의는 어려울지라도 그것이 사회, 문화, 심리, 신체, 환경 요인들을 포괄하는 다차원적인 개념(김동배, 2008)임은 분명해 보인다. 사회학적인 측면들에서 성공적인 노화는 앞서 살펴본 기존의 이론들에서 충분히 설명되었다. 이러한 이론들 중에서도 가장 중요한 것은 노년기를 맞이하고 경험하고 있는 당사자들의 심리적 요인임을 간과하고 넘어갈 수는 없다. 다시 말하자면, 사회적 측면에서의 성공적인 노화라는 것은 개인의 심리적인 측면과 밀접하게 결부되어 있다는 것이다.

성공적 노화에 대한 연구는 세계적으로 1990년대부터 다양하게 진행되어 왔다. 특히 성공적 노화의 여섯 가지 차원을 제시한 라프(Ryff, 1989)의 '통합모델',

삶의 변화에 적응해 가는 과정을 강조한 발테스와 발테스(Baltes & Baltes, 1990)의 '보상을 수반한 선택적 적정화 모델', 그리고 로우와 칸(Rowe & Kahn, 1998)의 '적극적 사회참여 모델' 등이 성공적 노화의 대표적 모델이라고 볼 수 있다(김동배, 2008). 반면에 성공적인 노화의 주요 요소가 될 수 있는 심리적이고 개인적인 여러 가지 요소들도 사회학적인 요인을 가지고 있음을 살펴볼 필요가 있다. 독립성 또는 소유와 같은 요소들도 사회적 맥락 안에 있는 것으로 타인과의 관계와 사회적 인식 안에서 형성되는 요소들이다.

여러 학자들의 성공적 노화에 관한 이론들을 굳이 인용하지 않더라도 상식적으로 알 수 있는 성공적 노화에 대한 다양한 요소들을 아래에서 살펴볼 수 있다.

### ① 신체적 건강

쉽게는 질병이 없고 건강한 상태를 의미할 수 있고, 깊게 들어가서 본다면 일상적인 활동과 가벼운 운동을 스스로 할 수 있을 수준의 건강한 신체가 기본적이고 우선적인 성공적 노화의 요소 가운데 하나이다.

### ② 경제적 안정

경제적 안정은 물질적인 부유함을 의미하는 것이 아니라 의식주를 포함한 삶에 필요한 필수적이고 기본적인 요소는 물론, 사고 및 질병의 발생과 같은 위급한 상황이 벌어졌을 경우에 대한 대비를 할 수 있는 정도의 경제력, 여행, 취미활동 등 다양한 일상생활의 활동을 위해 은퇴 후 더 이상 경제활동을 지속하지 않더라도 개인 또는 부부가 사용할 수 있는 정도의 충분한 재산을 말한다.

### ③ 삶의 적응력

노년기에 독립해서 살아가는 가족이나 친지가 자신을 돌볼 수 있는 시간적·경제적 여유가 있다고 하더라도 부득이한 상황을 제외하고는 그들에게 의존하지 않고 자기 스스로 독립적인 생활을 하며 살아갈 수 있는 능력의 가능성과 자립성이 중요하다.

#### ④ 가족의 결속

노인에게는 자기 문제 외에 가족문제, 그리고 가족과의 관계문제가 성공적인 노화의 중요한 요소가 된다(윤현숙・유희정, 2006). 노인들이 노년기를 준비함에 있어서 신체적・경제적인 요소들이 충분히 준비되어 있다고 하더라도 배우자와의 사별, 친지의 죽음 그리고 자녀가 먼저 세상을 떠나거나 가족 구성원 중 일부가 심각한 문제상황에 빠지게 된다면 적어도 외국에 비해 가족공동체의 개념이 강한 우리나라 사회에서는 성공적 노화가 되었다고 볼 수 없을 것이다.

#### ⑤ 심리적・정서적 안정감

심리적・정서적 안정감에 있어서 조해경(2002)은 독립심, 자기효능감, 긍정적 사고, 수용, 적응성, 진취적 사고, 적극적 사고, 그리고 임종 등의 다양한 요인들이 있다고 말하고 있다.

#### ⑥ 종교적 활동

인간은 자신이 어떻게 할 수 없는 부분이나 죽음과 같이 경험해 보지 못하는 것에 있어서 종교적 또는 영적인 충족을 필요로 한다. 비록 오늘날에는 과거의 사람들과 비교하여 이런 점에 의존하는 것이 줄어들었다고 하더라도 인간은 자신의 삶의 의미와 죽음과 같은 문제는 물론 여러 철학적이고 궁극적인 의문들에 있어서 종교적인 의지나 해답을 추구하는 경향이 있다.

이상으로 여섯 가지 성공적 노화의 구성요소를 살펴보았는데 개인에 따라 그 비중도 상이할 수 있거나 어떤 요소들에 있어서는 결정적인 요소로서 받아들여지지 않을 수도 있다. 즉, 성공적 노화란 사람이 모두 다른 것과 같이 그만큼 주관적인 측면이 강하게 작용한다는 것이다.

기 • 억 • 하 • 기

- 노인은 심리 · 생물학적, 사회학적 측면과 연관된 복합적 개념이다. 노인의 특성 또한 신체적 특성과 심리적 특성으로 나뉜다.

- 노화의 개념은 나이가 들면서 나타나게 되는 생식력 및 생존능력의 저하, 성숙기 이후에 나타나는 저하현상으로 생리학적으로는 불가피한 변화의 총화를 말하며, 그 저하의 결과가 육체적으로 나타나는 현상을 의미한다.

- 노화는 생물학적 · 신체적 · 감계적 · 심리적 인지 및 정신기능, 정서 및 성격, 사회적인 변화로 진행된다.

- 성공적 노화에 대한 다양한 요소는 신체적 건강, 경제적 안정, 삶의 적응력, 가족의 결속, 심리적 · 정서적 안정감, 종교적 활동으로 들 수 있다.

## 평가하기

**01. 노인의 심리적 특성에 대한 설명 중 틀린 것은?**

① 우울증 경향이 증가한다.
② 능동성과 내향성이 증가한다.
③ 경직성과 조심성이 증가한다.
④ 사물에 대한 애착심이 강해진다.

**02. 노화의 특성으로 틀린 것은?**

① 병이 아니라 본질적인 일차적 변화이다.
② 진행성의 특징이 있으며 진행되기 시작하면 후퇴하지 않는다.
③ 인간의 몸에 장애성을 가지고 오기 때문에 질병으로 혼동하는 경우가 많다.
④ 누구에게나 일어나는 보편적인 것이며, 그 출현방식이 모두 똑같다.

**03.** 우리나라 노인 관련 연령기준으로 맞는 것은?

① 노인복지법 - 60세 이상
② 기초노령연금법 - 65세 이상
③ 국민연금법 - 65세 이상
④ 노인장기요양보험법 - 60세 이상

**04.** 노인의 신체적 특성과 효과적인 극복방안에 대하여 논하시오.

**05.** 성공적인 노화의 개념과 자신이 생각하는 성공적인 노화란 무엇인지 논하시오.

정답 1. ② 2. ④ 3. ②

# Chapter 3

# 노인교육의 개념 및 과제

**학・습・목・표**

1. 노인교육의 기원에 대해 설명할 수 있다.
2. 노인교육의 개념과 필요성에 대해 설명할 수 있다.
3. 노인교육의 역사와 추진체계에 대해 설명할 수 있다.

## 1. 노인교육의 개념

### 1) 노인교육의 기원

노인교육의 기원은 프랑스의 교육학자인 폴 랑그랑(Paul Lengrand)의 생애교육론에서 시작할 수 있다.

피터슨(Peterson, 1983)은 교육노년학을 '노인을 위한 그리고 노인과 노화에 관한 교육적 노력의 실천과 연구'로 정의했고, 자비스(Jarvis, 1990)도 교육노년학을

'노인들을 위한 교육, 노인과 노화에 관한 교육, 그리고 노인과 관련된 직업을 가진 이들을 위한 교육의 세 분야를 포함'하는 것으로 정의하고 있다.

우리나라 학자 중에서 김종서(1984)는 노인교육은 ① 노인이 아닌 사람들이 노인기에 대해 이해하고 노인을 위하여 무엇을 할 것인가를 연구하는 '노인에 관한' 교육이고, ② 노인이 교육주체가 되어 가르치는 입장을 맡는 '노인에 의한' 교육이며, ③ 노인들 및 노인들에게 노인기에 관하여 가르쳐서 노인기에 대처할 수 있게 하는 '노인을 위한' 교육으로 정의한다.

한정란(2001)은 교육노년학에 '노인에 의한 교육'이라는 것을 추가하여 노인들이 오랜 기간 동안 자신의 경험과 삶을 바탕으로 축적해 온 특별한 분야의 기술과 지식, 그리고 지혜를 다음 세대인 젊은이들에게 전수하는 것을 교육적 노력으로 사회에 공헌하는 기회 제공으로 보고 있다.

위의 학자들의 노인교육 개념의 공통적인 부분은 노년기 학습자를 대상으로 보람 있는 노후생활을 위하여 노년기의 모든 변화와 문제들에 대해 이해시키고 적응하며 스스로 해결할 수 있도록 교육하는 것이다.

노인교육은 피터슨(Peterson)이나 자비스(Jarvis)와 같은 학자는 노인학습자 역할인 노인을 위한 교육(education for order people), 노화와 노년학을 중심으로 한 노인에 관한 교육(education about the old), 노인이 교수자인 노인에 의한 교육(education by the old) 등을 모두 포함하여 노인교육이라 지칭하였다. 즉, 노화와 노인 전반에 관한 교육을 말하는 것이다.

한편 우리나라 헌법은 평생교육 진흥에 관한 국가 책무를 완수하기 위해 1982년 12월 31일 제정된 사회교육법을 8장 46조 부칙으로 구성된 평생교육법으로 전부 개정했다(1999년 8월 31일 법률 제6003호). 1965년 12월 유네스코에서 개최된 '세계성인교육발전회의(International Committee for the Advancement of Adult Education)'에서 탄생된 '평생교육(lifelong education)'이 1972년 우리나라에 처음 소개된 이후 한국의 평생교육이 급속도로 선진화하는 데 크게 이바지하였다. 다수의 평생교육 학습자들이 자신의 평생학습 욕구를 충족시킬 수 있도록 소수의 교육제공자를 규제한 조문으로 구성된 평생교육법은 세계 최초로 헌법에 근거를 두고서 만들어진 성문법이라고 할 수 있다.

또한 노인도 배워야 한다는 의미에서 노인교육이 시작되었으나 아직까지 그 체계나 운영에는 많은 문제점을 갖고 있다. 즉, 노인교육의 참여기회가 제한된 노년층에만 제공된다는 점이나, 노인교육에 대해서 적극적인 정책수립이 미비한 점, 또한 교육내용이 학습자인 노년층의 교육적 요구를 수용하지 못하고 실시기관의 입장에서 결정하는 경우가 많다는 점 등을 들 수 있다.[1)]

이에 교육대상의 범위가 어떤 교육대상층보다 다양하고 개별화되어 있는 특징을 가지고 있어 교육대상의 세분화와 각각의 대상욕구를 만족시킬 수 있는 프로그램 개발과 적용이 중요한 과제(김종서, 1984 : 215)이다.[2)]

노인교육은 크게 여가교육과 사회교육으로 나누어 볼 수 있다. 노인의 여가교육은 복지적인 차원에서 여가를 보다 생산적이고 효과적인 방향으로 선용할 수 있도록 지도, 감독하는 교육을 의미하며, 취미, 여가, 오락을 중시하는 교육이다. 여가시간의 방치는 사회적 · 개인적으로도 해로운 현상을 유발시키고 있기 때문에 여가교육은 소질의 개발, 취미생활, 심신의 개발과 정신위생, 창의적 생활을 하도록 돕는다.

노인의 사회교육으로는 평생교육의 일환으로 노인대학, 노인지도자 과정 등 평생학습 시대에 부응하는 제도의 변화로 1999년 8월에 평생교육법을 제정하고, 2000년 3월부터 시행에 들어간 이 법은 과거의 사회교육법을 폐기하여 대체 입법한 것으로, 다양한 교육기관과 사회조직들이 실행하고 있는 교육활동을 평생교육으로 인정하였다.

1) [네이버 지식백과] 평생교육법[平生教育法](한국민족문화대백과, 한국학중앙연구원)
2) [네이버 지식백과] 노인교육[老人教育, the olders' education](교육학용어사전, 1995. 6. 29., 하우동설)

## 2) 노인교육의 정의

여러 학문을 통합하여 노인이 행복한 삶의 주인공이 될 수 있도록 안내해 주고, 성공적 노화를 지지하는 학문이라는 의미로 제라고지(geragogy)라는 단어를 사용한다. 이는 노인을 안내하고 이끌어 가는 평생교육적인 측면을 강조하고, 사회가 고령화사회로 변화함에 따라 존속·유지·발전하기 위한 사회체계와 사회구성원으로서의 역할을 제시해 주는 사회학적인 측면, 사회복지정책과 노인의 정서적 안정을 안내하는 심리학 등 다학문적인 지식이 통합하여 고령화 사회의 문제를 해결해 나가는 학문이라고 할 수 있다.

노인교육은 노화과정과 인생의 발달주기인 노년기에 관한 이론으로서 실제적인 참여와 실천을 강조하는 완성적 교육임과 동시에 아동 및 청소년, 성인 그리고 노인까지 모든 세대를 교육의 대상으로 실시하는 학문이다.

노인교육의 목적은 노후설계를 안내하고 노년기의 위기를 예방하여 노인들 자신이 가지고 있는 자원, 즉 강점의 활성화를 통하여 창조성 및 생산성을 높이는 것이다. 이는 노년기의 사람들을 결핍의 시기에 빠져있는 것으로만 바라보는 것이 아니라, 그들이 자신의 역량과 활동을 통한 성과를 향상시키기 위하여 자기결정능력의 개발, 정신적 능력의 보존, 그리고 사회참여의 기회를 확장시키고 촉진하는 학습을 통하여 삶의 질을 향상하고 보존하는 것이다. 이러한 목적을 달성하기 위해서는 노인들이 성공적인 노화를 경험할 수 있도록 정보를 제공하고 지식을 습득할 수 있도록 지원이 필요하고, 시민사회 및 지역사회 구성원으로서 사회활동에 참여할 수 있도록 자원봉사 등의 기회를 제공하여, 활동기회가 보장이 되는 학습을 핵심적으로 강조해야 한다. 학자에 따라 노인교육에 대한 강조점이 다른데, 그 내용은 다음과 같다.

### (1) 혁신성

노인교육을 마르케스(Mieskes, 1971)는 노년기에 실행되는 교육이라고 보았으나, 화쓰(Vath, 1973)는 과거에는 경험해 보지 못했던 완전히 다른 삶의 분야를 경험할 수 있도록 안내하는 것이라고 하였다. 즉, 노인교육은 병들고 늙은 사람에게 단순한 지식을 전달하는 것을 의미하는 것이 아니라, 기존의 교육을 혁신하는 특성을 가지고 있다고 보고 있다. 이는 평생학습에서 사용하고 있는 성인교육의 원칙 중 자기주도적 학습이라는 원칙 위에 사회문화적인 상황의 특별한 것을 도출하여 정형화된 기존의 교육과는 다르게 '혁신'과 연결시키는 교육을 의미한다.

### (2) 내적 성장

페쫄트(Petzold)는 1965년 노인에 관한 교육과 노화와 관련된 교육을 제라고긱(gerago-gik) 또는 제라고지(geragogy)의 개념으로 제시하고 노인교육의 중요성을 강조하였다(Petzold, 1985). 페쫄트와 부볼쯔(Petzold & Bubolz)는 인본주의 철학에서 노인학습의 목표가 도출되어야 한다는 것을 최초로 주장한 독일 학자이다. 인간학에 따르면, 노화에 관한 학습이 노인교육의 목적이 되어야 하며, 노화에 관한 학습은 노년기의 삶의 의미를 발견하고 자아실현 및 자아를 완성할 수 있도록 해주는 것으로 보았다. 페글러(Poeggler, 2000)도 노인교육은 "노화되는 것을 학습하는 것"으로 보았다. 노인교육의 목적은 노년기의 직업개발을 강조하기보다는 인본주의를 강조하고 교양의 함양이 교육의 목적이므로 학습자의 내적 성장을 강조한다. 특히 언어교육을 강조한 훔볼트(Humboldt)의 사상과 멜란히톤(Melanchthon)의 인문주의 교육을 강조한 사상은 프랑크푸르트 노인대학의 교육목표로 구성되어 있다.

### (3) 생산성과 능력 향상

휼그라프(Fuelgraff, 1985)는 노인교육의 목적은 개인의 생산성과 능력을 향상시키는 것으로 보았다. 사회적인 변화에 따라 개인화 현상이 점점 강해지고 있으므로 이에 따라 노인교육의 방향도 생산적 노년을 지원하는 교육이 되어 노인이 자율적으로 노년기를 보낼 수 있도록 지원해야 할 것을 강조하였다. 따라서 "노년기를 보내기 위한 준비로서의 노년교육"을 노인교육의 목표로 제시하면서 성인교육의 한 영역으로 받아들여야 함을 주장한다.

### (4) 노인을 위한/ 노화에 관한 교육

피터슨(Peterson)은 노인교육을 노인학습자들을 대상으로 하는 "노인을 위한 교육"과 노화에 관하여 가르치는 "노인과 노화에 관한 교육"의 두 영역을 포함하는 것으로 정의하였다. 자비스(Jarvis, 1990)도 노인교육은 "노인들을 위한 교육, 노인과 노화에 관한 교육, 그리고 노인교육사를 위한 교육의 세 분야를 포함하며, 노인들과 노화에 관한 교육적 노력의 연구와 실천"이라고 정의하였다.

### (5) 역량강화

쇼이블레(Schäuble, 1995)는 노인교육을 노인의 역량 강화를 목적으로 새로운 발전의 기회를 제공한다는 점에서 "제3의 사회화"로 보았다. 펠켄(Veelken, 1992) 역시 개인, 문화 그리고 사회 속에서 노인의 정체성 발달을 지원하는 "제3의 사회화"를 강조하였다. 제3의 사회화(Veelken, 2000a)는 노인의 역량 강화를 목적으로 노년기에 노인을 위해 새로운 발전의 기회를 제공하는 것이다(Schäuble, 1995). 비판적 제라고지는 노년기의 문제를 해결하고 노년기의 삶을 창출해 나가며, 자아실현을 하도록 노인의 역량 강화를 강조한다(Veelken, 2000).

### (6) 비판적 의식

펠켄(Veelken, 2000)은 노년기의 길을 안내한다는 의미에서 "노인의 정체성 개발과 노인의 잠재력 개발이 앙가주망(engagement)"으로 연결될 것을 강조하였다. 교육은 영욕을 위한 수단이 아니라 합리성을 인식하고 자율적 인간이 되도록 안내하므로, 비판적인 속성을 포함하고 있다(Kofler, 1975). 비판적 교육의 목적은 새로운 발전을 위한 가능성과 기회를 중요시하는 책임의식을 기르는 것뿐만 아니라, 사회공동체적 폐해의 원인에 대한 합리적인 계몽이다. 고령화 사회에서 노인이 지니고 있는 비판의식은 그들이 사회와의 관계에서 책임감을 가지고 행동할 주체가 될 것을 요구하는 것이며, 각자의 주어진 삶의 조건 속에서 의식적인 실천과 행동을 강요받게 되는데, 이러한 참여과정에서 노인들은 자기변화를 인지해야만 한다.

김종서(1984)는 우리나라 최초로 노인교육을 "첫째, 노인을 위하여 노인이 아닌 사람들이 무엇을 할 것인지에 대한 교육, 둘째, 노인 이전의 사람들에게 실시하는 노년기에 대비하는 교육, 셋째, 노인들 자신을 위한 교육"으로 정의하였고, 한정란(2001)은 노인교육이 "노인을 위한 교육"일 뿐 아니라, 어린이로부터 노인에 이르기까지 모든 연령집단의 학습자 혹은 고령자와 관련된 직업에 종사하기를 희망하거나 현재 관련 업무를 하고 있는 사람들, 그리고 퇴직 및 은퇴를 준비하는 사람들을 대상으로 노인의 특성과 노화과정에 관한 연구와 실천적 교육을 포함하는 "노인에 관한 교육", 더불어 고령자들의 인생경험과 지혜를 보다 더 가치 있는 자원으로서 교육적으로 활용하는 봉사의 실천과 연구와 교육을 포함하는 "노인에 의한 교육"을 광범위한 개념으로 정의하고 있다. 즉, 노인교육을 3세대 교육으로서 강조하는 것이다.

### 3) 노인교육의 필요성

노인교육은 노년의 삶을 보다 풍요롭고 활기차며 보람 있게 지내기 위해서는 단순한 지식과 정보를 제공하는 것을 넘어 삶의 질을 향상시키기 위해서 평생교육으로 누구나 소외계층이 없는 건강하고 밝은 삶을 사는 것이 매우 중요한 사항임에는 틀림이 없다. 그중 학습과 교육에 대한 필요성은 다음의 다섯 가지로 요약될 수 있다.

첫째, 노인교육은 성장기회를 제공해 준다.

노화에 따른 노인들의 기능적 · 인지적 능력의 저하로 인한 불편함을 극복하기 위한 방편이 교육을 통한 사회참여로 자신의 권리와 주장을 펴고 노년기의 다양한 변화를 효과적으로 극복함으로써 정상적인 기능을 유지하며, 평생교육은 노년기의 쇠퇴가 아닌 지속적인 발전과 성장의 기회가 된다.

둘째, 노인교육은 세대 간의 화합과 이해를 증진시킨다.

인생의 과정 중 누구나 노년기의 과정을 거쳐야 하므로 노후생활 설계의 필요성이 있게 된다. 젊은이들이 노년기에 들어왔을 때 노년을 효과적으로 준비하고 적응하기 위해서는 노년기에 이르기 이전 노후설계를 해야 한다. 이에 성공적인 노후설계를 위한 교육이 요구되며, 이로 인한 노인에 대한 올바른 지식과 사회적인 역할은 세대 간 효과적으로 관계형성을 할 수 있고 또한 세대 간의 화합과 이해를 증진하는 기회가 된다.

셋째, 노인교육은 공헌적 욕구를 충족시켜 준다.

노인들이 사회의 중요한 일원으로서 남을 돕고 헌신하고자 하는 욕구로서 노인들이 지역사회에 참여하여 일생 동안 축적한 다양한 경험과 지식 등 가지고 있는 재능을 통하여 사회에 다시 환원함으로써 긍정적인 자아성취감과 자긍심을 느낄 수 있도록 하는 교육이 필요하다.

넷째, 노인교육은 젊은 세대에게 노화에 대한 교육이 이루어지게 한다.

노인들은 지역사회의 다양한 단체에 참여영향력을 행사하게 되는데 젊은 세대와 공유하고 함께 경험하며 세대 간의 화합을 증진시킬 수 있으며, 사회복지관, 종교단체 등 지역사회의 다양한 봉사활동에 참여함으로써 젊은 세대들에게 노화에 대한 교육이 자연스럽게 전수되는 기회가 된다.

다섯째, 노인교육은 인생의 정리와 자아통합을 이루는 초월적 욕구를 충족시켜 준다.

인생의 마지막 단계로 죽음에 가까워지면서 그 의미와 죽음을 위한 준비를 통해 자아를 통합하는 초월적 욕구의 과정으로 인생의 회고와 정리를 통한 자아통합이 잘 이루어지도록 하는 기회가 된다.

### (1) 사회적 환경 변화(김선숙, 2000)

① 미래사회는 모든 연령층의 학습사회(learning society)를 요구한다. 즉, 노년기를 비롯한 모든 연령층이 발전해 나가고 생존하기 위해서는 그들이 지닌 기술과 지식을 지속적으로 확장시키고 새로운 기술 및 지식을 발전시켜 가는 사회를 학습사회라고 정의하고 있으며, 노인도 이 학습사회 안에 포함되어 있음을 의미한다.

② 교육은 노년기를 보다 효율적이고 창조적으로 가꾸어 주는 역할을 하고,

자립심을 키워서 노인 스스로 노령화 사회에 대한 노후를 책임진다는 것과 관련되어 있다.

③ 노인에 대한 사회적 시각의 변화가 필요하다. 노인을 사회 구성에서 신체적·사회적 약자로 취급하기보다는 그들도 사회를 위해 봉사하고 공헌할 수 있는 잠재력을 지닌 하나의 자원으로 인식하고 대해야 한다는 관점이 증가하게 되었다. 즉, 노인이 가지고 있는 능력과 강점을 개발할 수 있는 교육에 초점을 집중하여 노인교육의 필요성이 보다 더 강조되고 있는 것이다.

④ 노인교육에 대한 수요의 증대가 필요하다. 평균수명의 연장으로 양적으로 늘어나는 노인인구의 질적인 변화에 대한 사회적인 요청과 노인들 자신들의 욕구는 증가하는 추세이다. 이러한 기대는 경쟁력이 있고 활동에 참여할 수 있는 정도의 건강을 유지하고, 교육수준이 일정 수준 이상 되는 노인들의 평생교육 수단으로서 노인교육에 대한 많은 수요를 필요로 할 것으로 기대된다.

⑤ 지식기반사회에서의 평생교육에 대한 욕구가 증가하고 있다. 우리의 사회가 지식을 기반으로 하게 되면서 사회의 변화가 가속화되었고, 노인들은 이러한 사회에 적응하기 위해 새로운 지식습득이 필요하게 되었다. 노인인구 증가 등으로 인해 발생되는 새로운 노인문제들의 해결에 있어서도 소극적 자세로 수동적으로 받아들이기보다는 적극적인 참여와 대안으로 노인의 재취업과 노인교육에 중점을 두는 정책적 변화로의 인식과 방향의 전환이 요청되고 있기 때문이다.

### (2) 교육적 욕구 변화[맥클러스키(McClusky)]

#### ① 대처능력 욕구(coping needs)

노화에 따라 자신이 가지고 있는 지식과 능력이 점차적으로 감퇴하여 일상생활을 하는 것에 곤란을 겪게 되기 때문에, 이러한 부분을 보완하고 사회에서 예전과 같은 정상적인 기능을 유지하는 수단으로 교육을 받으려고 하는 것을 대처능력 욕구라고 한다. 건강관리, 수입유지, 가족적응, 법률적 조언, 주택선택, 여가선용 등이 대처능력 욕구에 해당된다.

② 표현적 욕구(expressive needs)

표현적 욕구란 노인들의 개별활동이나 소속된 단체에서의 활동에 관한 참여욕구를 의미하는데, 노인들의 사회적 활동과 새로운 경험, 그리고 자발적인 신체운동, 그 자체에서 다른 동료들과의 교제와 새로운 것을 배우는 재미 등으로 심리적 적응 및 보다 높은 수준의 정신건강을 유지하려는 욕구로 볼 수 있다.

③ 공헌적 욕구(contributive needs)

노인들에게는 자신을 위한 욕구뿐만 아니라 타인을 위해 공헌하고 헌신하고자 하는 욕구가 있다. 이러한 욕구충족을 위해 종교단체, 사회복지 및 의료복지 기관, 지역사회 활동의 참여 등 자원봉사 활동을 수행하고, 스스로의 만족과 자아개념을 충족시키는 것이 공헌적 욕구이다.

④ 영향력 욕구(influence needs)

영향력에 대한 욕구는 사람이 사회에서 활동을 하면서 단순히 타인의 영향을 받기만 한다기보다는 적극적으로 사회의 흐름과 변화에 직접적·간접적인 영향을 주고자 하는 것을 말한다. 노인들도 노인단체, 종교단체, 사회단체, 봉사단체 등에 가입하여 활동함으로써 자신이 속한 사회에 보다 많은 영향을 주려고 한다는 욕구로 볼 수 있다.

⑤ 초월적 욕구(transcendence needs)

노인은 다른 발달단계에서는 경험하지 못한 신체능력의 현저한 저하와 같은 노화를 노년기에 진입하여 느끼게 되면서 신체적인 젊음보다 인생의 본질적인 의미를 보다 더 중요한 인생의 의미로 받아들이게 되고 이를 찾으려는 초월적 욕구가 강해진다.

## 2. 노인교육의 역사

### 1) 노인교육의 역사

#### (1) 1965년

유네스코 성인교육추진 국제위원회에서 평생교육을 강조하게 되면서부터 전 세계적으로 노인교육이 사회적 관심을 받게 되었다.

#### (2) 1973년

한국은 유네스코 한국위원회에서 개최된 "평생교육 발전을 위한 전국세미나" 이후에 노인교육의 논의를 평생교육의 일환으로서 시작하게 되었다.

#### (3) 1980년

헌법(1980)에 "국가는 평생교육을 진흥해야 한다(헌법 제29조 제5항)"고 명시되어 있고, 교육법(제31조)에 "모든 국민은 법 앞에 평등하다. 모든 국민은 성별, 종교 등에 관계없이 교육받을 권리가 있다"고 제시하였다.

#### (4) 1982년

사회교육법이 1982년에 제정되었고 1999년에는 평생교육법으로 개정/ 노인복지법에 노인여가복지시설 중에서 '노인교실'을 노인들의 사회참여와 활동의 욕구를 충족시키기 위해 노후건강 유지, 건전한 취미활동, 소득보장 등 노년기의 일상생활에 관련이 있는 학습 프로그램을 제공한다는 목적으로 새롭게 한 시설로 규정하였다.

## 3. 노인교육의 과제

### 1) 노인교육의 발전방향

노인교육은 평생교육의 일환으로서 개인의 일생에 걸쳐 이루어지는 교육이며 인간의 기본적인 권리이다. 수명연장과 함께 노인의 교육수준과 경제수준, 건강상태가 개선되어 감에 따라 노인교육에 대한 욕구는 증가할 것으로 보인다. 따라서 노인교육을 활성화하기 위한 발전방안을 제시하면 다음과 같다(이윤경 외, 2013).

#### (1) 노인교육의 관점 및 목적 확립

노인인구 수의 폭발적 증가속도의 양적인 변화는 물리적인 방법으로 완화할 수는 없지만 어떻게 관리하는지에 따라서 고령화의 내용은 상당 부문 긍정적인 질적인 변화를 가져올 수 있을 것이다. 즉, 사회적 부담으로 여겨졌던 노년층이 사회문제로서만 받아들여지는 것이 아니라 창의적이고 생산적인 노년층으로의 변화를 통해 약하고 의존적인 노년층을 사회에 기여할 수 있는 건강하고 독립적인 계층으로 변화시켜 나가는 사회적 노력이 필요하다. 노년기에 존재하는 다양성과 강점을 찾아내고 그들의 가치와 권리를 인식하고 이끌어 내기 위한 방법으로 노인교육이 중요한 도구와 기준이 될 수 있다.

따라서 노년층은 안락한 삶과 안전, 건강과 같은 기본적인 욕구에서 한층 더 나아가 자기를 개발하는 노력을 하여 자아를 실현하는 고차원적인 욕구를 충족시켜야 할 것이다. 노인들에게 다양한 형태로 노인교육에 참여하도록 하여 이제는 더 이상 노년층이 시혜의 대상이자 쇠퇴와 조락의 시기에 도달하여 발달을 기대할 수 없다는 존재에서 벗어나 무한한 잠재력과 능력을 지닌 존재로 노년층을 재해석할 수 있도록 노인교육의 목적 확립과 노인이 평생 학습사회의 한 주체자로서 다양한 교육에 더 많이 참여할 수 있는 방안의 마련이 요구된다. 따라서 향후 노인교육을 고령화 정책의 일환 중 평생교육의 관점으로 노인들의 자아실현과 능력개발과 연계될 수 있는 질적인 측면의 관리

방안이 마련되어야 한다. 또한 노인의 노화를 긍정적으로 받아들이고 자립능력을 강화할 수 있는 사회분위기의 제고와 사회적 시각의 변화 등의 중장기적 정책 마련과 비전을 제시할 필요가 있다.

### (2) 노인교육의 추진체제 및 환경적 기반 마련

우리나라의 노인교육이 다양한 영역에서 다루어지고 있으며 다채로운 형태로 나타나고 있다는 점은 바람직한 방향으로 나아가고 있다고 평가할 수 있다. 그러나 추진체계가 다원화되어 있기 때문에 비체계적이고 산발적인 노인교육 서비스의 제공방법은 해결해 나가야 할 문제로 언급될 수 있다. 정책형성 과정에서 노년교육을 담당하는 기관의 운영을 도와주고 있는 주무부처가 교육부, 보건복지부 등으로 나누어져 있고, 이들의 역할분담과 공유가 미흡한 점으로 인해 업무의 혼선이 지속적으로 발생되고 있다는 점은 노인교육의 포괄적인 비전 제시가 현실 적용에서 여전히 어려운 점이 있다는 것을 시사한다.

노인교육을 관장하는 대표적인 기관인 노인교실, 경로당, 복지관 등은 보건복지부의 지도・감독에 따라서 노인복지법상 노인여가복지시설로 구분되어 분류하고 있으며 노년교육에 관한 지원을 수행하고 있다. 그 외 평생교육 관점에서 노인교육을 담당하는 기관들은 교육부의 평생학습 지원체계에 따라 운영되는 관련 기관들 외에도 평생교육법을 기준으로 평생학습기관으로 지정된 여러 형태의 기관에서 노인들의 노년교육이 이루어지고 있다. 이러한 기관들은 추진체계는 공공영역에서 NPO, NGO 등의 비영리기관과 학원형태로서의 민간영역에까지 노인교육이 매우 다원화되어 실시된다는 것을 알 수 있다. 그러나 이들 기관에서 노인들에게 제공하는 교육 프로그램이 얼마나 양질의 서비스인지는 지속적으로 검토하고 점검되어야 할 사항이다. 또한 비슷한 내용의 프로그램이 많은 기관에서 제공되고 있는 한계점들이 나타나고 있는 부분을 보완하기 위해서는 이들 기관의 프로그램의 수준과 내용을 다양화하고 지속적으로 향상시킬 수 있도록 관리기구를 마련하여 프로그램을 조정하고 장려할 필요가 있다. 이를 위해서는 중앙정부의 노력 외에도 지방자치단체와 각

지방자치단체의 차원에서 중장기적인 기본 틀 구상과 계획이 필요하며, 지역별로 특색 있는 고유의 비전을 제시하고, 노인교육 프로그램을 개발하고 교육환경을 정비한다면 특색 있는 노인교육 환경이 마련될 수 있을 것이라 기대된다. 그러나 현재 지방자치단체들의 현황을 살펴보면 여전히 노인복지 담당부서는 노인교육을 여가복지적 측면에서 주로 다루고 있으며, 정작 노인교육에 중심이 되어야 할 교육부서에서는 지역주민들의 평생교육과 주민교육을 담당하고 있다. 이렇듯 지방자치단체에서만도 노인교육을 추진하는 체계가 다원화되어 진행되고 있기 때문에 노인들에게 알맞은 교육환경 정비와 프로그램 개발에도 어려움이 예상되는 바이다. 따라서 노인교육 관련 기능을 통합하는 부서의 일원화와 노인교육과 관련된 기능을 분명히 하여야 할 것이다. 한편 전문교육단체인 대학과 종교단체와 같은 민간조직체에서 진행되고 있는 노인교육의 경우, 공공의 관리감독 기능이 불가능하거나 무의미할 수도 있기 때문에 관련 기관 협의체나 지역사회와 같은 회의체를 조직하여 촘촘한 네트워크를 형성하고 질적 관리를 가능하게 하는 방안 마련이 필요하다.

### (3) 노인교육의 전문성 및 접근성 확보

교육이 인간이 누릴 수 있는 권리 중 하나이기에 노년층에게도 다양한 고등교육을 받을 수 있는 기회가 제공되어야 한다. 현재 노인인구는 정규학력 과정에 참여하지 못하는 경우가 많으며 전반적으로 교육수준이 낮은 편이다. 지금까지 노인교육은 저학력자를 위한 문해교육 위주의 간단한 프로그램이 주로 운영되었다. 그러나 노인들의 역량을 강화시켜 삶의 질을 향상시키기 위해서는 다양한 교육을 받을 수 있는 교육기회의 마련과 함께 노인교육을 진행하는 전문인력이 양성되어야 할 것으로 보인다. 노인교육 프로그램을 운영, 지원, 교육을 하는 사람들은 노인교육과 관련된 교과목(노인교육론, 노인복지론, 노년학, 노인상담, 노년심리 등)을 추가적으로 이수하게 하는 등의 현실에 맞는 필수 교육내용을 부과하고 조정할 수 있는 방법이 마련되어야 한다. 따라서 노년교육 전문자격제도를 신설하거나 현장 실무자들의 재교육 등의 방법을 통해 전문인력을 양성하는 체계가 마련되어야 하며, 노인교육을 실시하는 현장에 충분한 노년교육 전문인력이 배치되어 활동할 수 있는 인력규정 또한 시급히 마련되어야 할 것이다.

노인들이 노인교육을 받고 이를 통해 지속적으로 활동하는 것 자체로도 커다란 사회적 의의를 가질 수 있다. 현재 노인교육에 참여하고 있지 않은 노인들의 이유나 내면적 욕구를 파악하여 이들의 참여할 수 있도록 접근성을 높이는 것 또한 중요한 문제 중의 하나이다. 아직 교육의 기회를 받지 못하거나 모르고 있는 고령의 교육수요자의 관점에서 생각해 본다면 노인교육이라는 프로그램에 접근하기 위해서 개인의 많은 노력이 필요하다고 느낄 수 있다. 그렇기 때문에 지역사회의 내적으로 자원공유가 가능한 평생교육의 정보가 제공된다면 노인교육에 참여하지 못하는 노인들에게 도움이 될 수 있다.

또한 노인교육의 접근성을 높이기 위하여 노인교육에 대한 정보교류가 원활하게 이루어질 수 있는 교류의 장이 마련되어야 하고, 이러한 정보교류의 플렛홈에 대한 홍보를 적극적으로 하여 사회적 참여와 인식개선을 제고할 수 있으며 참여를 희망하는 노인들이 손쉽게 필요한 정보를 확인할 수 있는 '노인교육 포털(potal)'이 운영될 필요성이 있다. 현재 인터넷의 발달과 스마트폰의 보급이 대중화됨에 따라서 관련 기관의 정보를 지역별, 분야별로 구분하여 제공하는 '노인교육을 위한 종합사이트'가 구축되면 노인들의 욕구에 부합할 수 있는 기관들의 정보접근성 제고에 큰 효과가 나타날 것으로 생각된다.

## 기•억•하•기

- 노인교육은 프랑스의 교육학자인 폴 랑그랑(Paul Lengrand)의 생애교육론에서 시작할 수 있으며, 노년기 학습자를 대상으로 보람 있는 노후생활을 위하여 노년기의 모든 변화와 문제들에 대해 이해시키고 적응하며 스스로 해결할 수 있도록 교육하는 것이다.

- 노인교육은 혁신성, 내적 성장, 생상성과 능력 향상, 노인을 위한 교육, 역량강화, 비판적 의식 등이 강조된다.

- 사회적 환경 변화와 대처능력 욕구, 표현적 욕구, 공헌적 욕구, 영향력 욕구, 초월적 욕구의 교육적 욕구 변화에 의해 노인교육이 필요하다.

## 평가하기

**01. 노인교육의 목적에 대한 설명으로 틀린 것은?**

① 노후설계를 안내하고 노년기의 위기를 예방
② 강점의 활성화를 통해 창조성 및 생산성을 유지
③ 자기결정능력과 정신적 능력의 보존
④ 사회참여의 기회를 확장시키고 삶을 질을 향상하고 보존

**02. 맥클러스키(McClusky)의 교육적 욕구 변화에 대한 것으로 틀린 것은?**

① 대체적 욕구
② 공헌적 욕구
③ 영향적 욕구
④ 초월적 욕구

**03.** **노인교육의 역사로 맞는 것은?**

① 1960년 유네스코 성인교육추진 국제위원회에서 평생교육을 강조하면서 노인에 대한 교육이 사회적 관심을 받았다.

② 1973년 헌법에 "국가는 평생교육을 진흥해야 한다(헌법 제29조 제5항)"고 명시되었다.

③ 1980년 한국은 유네스코 한국위원회에서 개최된 "평생교육 발전을 위한 전국세미나" 이후 노인교육의 논의를 평생교육의 일환으로 시작했다.

④ 1999년에는 평생교육법으로 개정되었고 노인복지법에 노인여가복지시설 중에서 노인에게 학습 프로그램을 제공한다는 목적으로 새롭게 한 시설로 규정했다.

**04.** **사회적 환경 변화에 따른 노인교육의 필요성에 대해 논하시오.**

**05.** **노인교육의 현황과 이에 따른 문제점 및 대안방안에 대해 논하시오.**

정답 1. ② 2. ① 3. ④

# Chapter 4

# 노인교육의 원리와 방법

**학·습·목·표**

1. 노인교육의 원리와 필요성을 설명할 수 있다.
2. 노인교육의 방법과 유형을 설명할 수 있다.
3. 노인교육의 범위에 대해 설명할 수 있다.

## 1. 노인교육의 원리와 필요성

### 1) 노인교육의 원리

노인을 성인과 다른 존재로 구분하여 노인들만을 위한 교육방법이 필요하다는 주장도 있지만, 성인과 노인을 완전히 분리하기보다는 함께 보는 것이 좋다. 노인교육도 안드라고지(andragogy)라는 큰 틀에서 본다면 유용성은 물론 교육적 통찰도 더 많이 얻을 수 있을 것이다.

피터슨(Peterson, 1983)과 홍기형(1998) 등이 주장한 노인교육 방법을 위한 기본 원리를 정리하면 다음과 같다.

### (1) 경험의 원리

성인들은 일반적으로 아동과 비교하면 매우 다양하고 많은 양의 경험을 가지고 있으며 아동들이 경험하는 경험과는 다른 형태의 경험을 지니고 있다.

놀스(Knowles, 1970)에 의하면, 경험적 배경은 아래의 세 가지 함의점을 가지고 있다고 볼 수 있다.

첫째, 성인의 학습스타일은 아동보다 더욱 경험에 기반을 두고 있다. 성인들은 직접 참여가 가능한 교수방법 및 적극적인 참여를 조장하여 현재 자신들이 처해있는 생활상황을 자극할 수 있는 교수방법을 선호하며, 이러한 교수방법은 학습에 있어서 더욱 효과적이라고 언급한다.

둘째, 성인들은 새로 습득한 지식을 실제적으로 활용하고 적용하고자 하고 배운 것을 자신의 삶에 적용할 수 있는 방법을 찾는다. 아동들은 미래에 유용하게 활용할 수 있는 지식을 배우는 것에 만족하지만, 성인은 학습할 필요가 있다고 생각하는 것을 연관시키려고 하는 경향이 있다.

셋째, 경험이 많은 누적된 성인일수록 완고해지는 경향을 나타낸다. 그들의 누적된 경험을 바탕으로 새로운 경험이 가치 있다고 판단되는 경우에는 받아들이려고 노력하지만, 갈등적 지식과 같이 그들의 경험을 넘어선 것은 받아들이지 않으려는 특징을 보인다. 이러한 경우에는 이전 경험이 학습의 중요한 장애가 되기도 한다.

### (2) 문제해결의 원리

성인들은 직면한 문제점들에 대한 해결책을 찾는 방법의 하나로서 교육 프로그램에 참여하지만, 노인학습자들은 이론적인 내용 또는 추상적인 내용보다는 보다 더 자신들의 일상생활과 관련성이 있는 구체적인 교육내용을 선호한다. 또한 노인들은 먼 미래보다는 현재나 가까운 미래에 관심을 가지며, 교육의 흥미와 관심과 연결하여 현재의 문제, 적용, 흥미 등에 관심이 있다. 즉, 실질적인 예시를 제시하거나 실용적인 방식으로 자신의 삶 주변에서 찾아볼 수 있는 행동모델일 경우에는 더욱 학습이 잘 이루어질 수 있다.

### (3) 내적 동기화의 원리

우리 사회는 노인들의 발전이나 역할의 중요성에 있어서 다른 연령층에 비해 상대적으로 낮은 관심도를 보이기 때문에, 교육활동에 참여하는 노인들에 대한 실질적인 사회적 보상이 거의 없는 실정이다. 이러한 이유로 참여를 위한 동기부여는 사회의 외적 격려보다는 노인학습자의 내부, 즉 학습으로부터 기대되는 결과가 제1의 동기요인이 될 수 있어야 한다. 충실한 내용, 좋은 강의, 알기 쉬운 교재, 도움이 되는 기자재를 강조하기보다는 우호적인 집단 분위기의 조성, 개방적 토론 등의 진행방식이 성공적인 교육진행의 중요 요인이 될 수 있다.

### (4) 경로의 원리

일반적인 학교나 학원에서는 학생보다 교사의 연령이 높지만, 노인을 학습자로 하는 노인교육의 경우에는 대부분 교사보다 학생이 높은 연령인 경우가 많다. 교과목에 따라서 교사보다 학생의 경험이 더 많은 경우가 있을 수 있기 때문에 교사들도 자신들이 학생보다 낫다고 단정하는 생각은 조심해야 한다. 노인교육을 받으러 온 노인들 중에는 소외감이나 좌절감을 해소하기 위해서 찾아온 경우도 많은데 여기에서까지 노인들이 소외당한다고 느낀다면 더욱 심각한 노인문제를 야기할 수 있다.

### (5) 사제동행의 원리

다른 복지의 시스템에서도 동일하게 해당되는 것이지만 특히 노인학교의 교육을 담당하는 교수 또는 강사, 그리고 행정을 담당하는 사람들은 교육제공자의 일방적인 입장에서 교육계획을 세우고 실천하며 평가하는 방법은 지양

해야 한다. 교육을 받는 노인학습자의 욕구와 수준을 파악하고 함께 협동적으로 공감할 수 있는 계획을 세우며 평가를 실시해야 진정한 목적과 목표를 달성할 수 있다. 교육을 받는 입장일지라도 풍부한 인생의 경험을 가지고 있는 노인학습자들은 많은 자원에 익숙하기 때문에 그들과 함께 고민하며 계획을 세울 때에 보다 바람직한 교육이 이루어질 수 있다. 누가 강사로 하는 것이 좋을지, 어떤 교과목을 중심으로 배울 것인지, 견학이나 체험은 언제, 어디로 가는 것이 좋을지와 같은 여러 가지 전반적인 프로그램을 노인들과 함께 생각하고, 실천하며, 이에 따른 결과까지도 함께 평가하는 방향으로 나아가야 할 것이다.

### (6) 생활화 및 사회화의 원리

노인들이 원하고 노인들에게 제공되어야 하는 학습의 내용은 배우는 장소가 어디든 간에 그들의 생활과 밀접히 연관되어 있어야 한다. 노인학습자들은 추상적인 지식이나 어려운 이론들을 이해하는 것에 어려움을 느끼며, 이러한 점이 반영되지 않은 교육은 노인들의 학습의욕을 떨어트리는 직접적인 요인이 될 수 있다. 따라서 노인교육은 이론중심보다는 노인들이 일상생활 속에서 공감할 수 있는 중요한 주제를 찾아 이를 중심으로 운영되어야 할 것이며, 노인대학에 다닌 이후 또는 노인교육을 받은 이후로 무료했던 일상 속에서 벗어나 삶의 활력이 솟고 노년기 생활에 도움이 된다는 것을 노인들 스스로 깨우치는 방식으로 진행되어야 한다.

이와 동시에 노인들이 젊어서부터 체험과 삶을 통해 획득한 기술과 경험을 봉사활동을 통해 지역사회와 동시대 혹은 다음 세대와 나누는 것은 자칫 무료해지기 쉬운 노년기의 일상을 벗어나는 동기가 되는 것은 물론 다른 세대 간의 교류증진과 상호이해를 돕는 훌륭한 방법이 될 수 있다. 그동안 노인이라고 하면 사회봉사를 받아야만 되는 대상으로만 인식되어 왔지만, 관점을 전환하면 그 누구보다도 풍부한 실천적 기술과 경험을 가진 세대로서 자신들의 강점을 나누어 줄 수 있는 봉사의 주체로 볼 수 있다.

### 2) 노인교육의 필요성

현대사회에서는 지식, 기술, 문화의 변화속도가 빨라 과거의 경험과 지식만으로 노년기의 생활을 하기에는 한계가 있다. 따라서 지식의 습득과 고독감과 소외감을 감소시켜 삶의 보람을 찾아 알찬 노후를 지낼 수 있도록 할 수 있는 노인교육은 노인들의 현대사회에 적응하기 위한 필수요소라 할 수 있다.

오늘날의 교육은 일생을 통한 생애학습의 계속적인 과정으로 보고 있으며 전 생애, 특히 중년기와 노년기의 교육에 대하여 선진사회에서는 일반적인 현상으로 받아들여지고 있다. 따라서 평생교육은 "생애의 특정한 과정이나 단계에 관련된 상이한 심리학적·개인적·가정적 및 직업적 과제들의 학습"인 평생교육은 전 생애를 통해서 발달상의 과제나 변화에 대응하기 위해 매우 중요하다. 특히 평생교육의 관점에서 바라보면 고령화사회로 인해 발생되는 다양한 사회문제들은 노인들의 교육과 학습을 통해 해소할 수 있다. 평생교육은 노인을 학습자로 규정하여 고령의 시기를 활동적으로 살아갈 수 있도록 도울 수 있으며, 노인들이 자신의 삶의 주체가 될 수 있도록 직업적·인문학적인 차원에서의 교육을 제공하기 때문이다. 교육과 학습을 통해 노인들 스스로가 사회의 주체로서 움직이게 되면, 우리 사회가 활력화됨은 물론, 노인에 대한 시각 변화와 사회 전반의 가치관이 향상될 수 있다.

현재 노인계층은 주로 빈곤한 생활과 성차별, 신분 등에 따라 교육의 기회에 대한 차별이 극심했던 조선 말기 및 일제강점기에서 성장기를 보내며 살아왔기 때문에 적절한 공식교육을 받을 수 있는 기회 자체가 제한될 수밖에 없었다. 2011년 노인실태조사를 보면, 65세 이상 노인들 중에서 32%는 공식교육을 전혀 받지 못하였고, 문자를 해독할 수 있는 능력이 없는 문맹노인도 11% 정도인 것으로 나타났다. 특히 여성노인의 문맹률은 17% 정도에 이르고 있다(정경희 외, 2012). 그러나 2008년 비하여 2011년도에는 교육을 받지 않은 노인의 비율이 1% 포인트 정도 줄어들었을 뿐만 아니라 대학 이상의 교육을 받은 노인은 3% 포인트 증가한 것으로 나타나고 있다(박명하 외, 2009; 정경희 외, 2012). 이러한 노인인구의 교육수준 증가 추이를 보면 점차적으로 고학력

노인인구의 비중이 더욱 높아질 것으로 예상된다. 그러나 사회변화로 인해 노인의 교육수준이 향상이 되고 있지만 공식 학교교육을 통해 습득한 지식만으로 만족스러운 노후생활을 영위한다는 것은 기대하기가 어렵다(권중돈, 2013). 한 정보지식사회로 인하여 사회의 변화가 가속화되면서 세대 간의 지식의 격차가 심화되어 현 세대의 노인은 정보와 지식, 더 나아가 문화적 소외현상을 더욱더 강하게 경험할 수밖에 없는 상황에 처하게 되었다(허정무, 2002). 그리고 평균수명의 증가와 노인인구의 양적인 증가로 인한 노인의 사회적인 영향력의 증대와 노인 인력자원의 활용에 대한 사회관심의 증가, 노인의 잠재력과 능력을 인정하는 사회의 노인에 대한 관점 변화, 노인의 자기 계발에 대한 욕구 증가, 노인의 자립의식 증가 등은 노인교육의 필요성이 더욱 높아지게 되었다(한정란, 2001; 허정무, 2002). 그러나 노인이 지닌 성향이나 노인이 처한 상황요인, 그리고 노인교육과 관련된 제도요인 등에서 야기되는 다양한 장애요인들로 인하여 아직까지 노인교육은 활성화되지 못하고 있다. 2011년 노인실태조사에서 65세 이상 노인 중 평생교육 프로그램을 이용하고 있는 노인은 7% 정도에 불과한 것으로 나타났다(정경희 외, 2012).

노인들의 평생교육 참여율을 성별 및 가구소득 수준별로 자세히 살펴보면 |그림 4-1|과 같다.

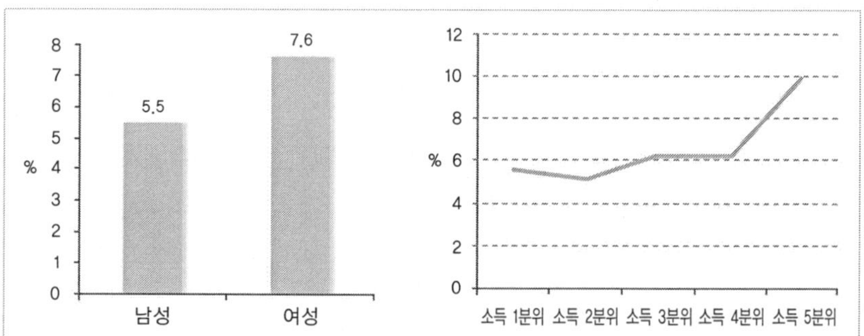


|그림 4-1| **성별 및 가구소득 수준별 노년기 평생교육 참여율**

출처 : 정경희 외(2012). 2011 노인실태조사. 서울 : 보건복지부 · 한국보건사회연구원.

평생교육에 참여하지 않는 가장 큰 이유는 교육에 대한 욕구 자체가 없는 것으로 나타났고, 향후 참여 희망률도 약 15%로 낮은 수준으로 상당수의 노년층은 평생교육을 받고 싶지 않거나 필요성을 느끼지 못하고 있다. 노년기 평생교육 미참여 이유를 자세히 살려보면 |그림 4-2|와 같다.

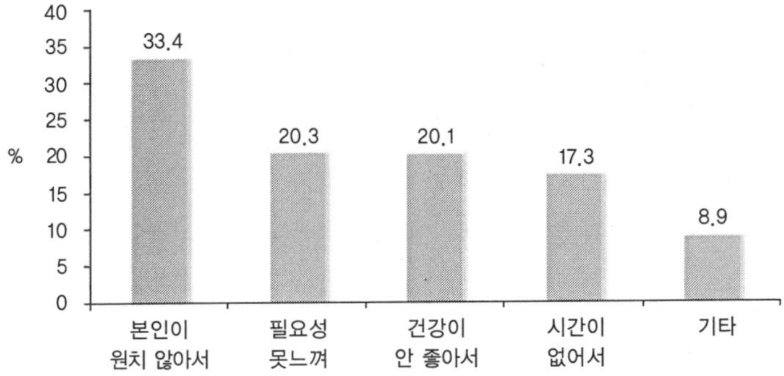


|그림 4-2| **노년기 평생교육 미참여 이유**

출처 : 정경희 외(2012). 2011 노인실태조사. 서울 : 보건복지부・한국보건사회연구원,

그러나 앞으로 노인의 평생교육에 대한 의식의 증진과 사회참여 역량이 강화됨에 따라 노인교육은 더욱 활성화될 전망이다(권중돈, 2013). 이런 노인교육의 교육적 접근의 필요성을 구체적으로 살펴보면 다음과 같다(남제현, 2011).

① 고령화시대 노년기의 사회참여의 중요성이 증가함에 따라 노년기 동안 보다 효율적으로 살기 위한 준비교육의 필요성이 제기되었다.

② 급속한 사회변화에 맞춰나갈 수 있는 적응교육 및 세대 간 차이를 줄이기 위한 노력이 요구되고 있다.

③ 노년이 갖게 되는 장애보다는 노인들이 개발해야 할 능력에 초점이 맞춰지고 있다.

④ 교육수준의 향상으로 기본적인 욕구에서 자기개발과 자아실현을 위한 욕구를 갖게 되었다.

⑤ 젊은 세대의 부양의식에 대한 감소로 노인들이 심리적·사회적·경제적으로 자립해서 살아가야 할 필요성이 대두되게 되었다.

⑥ 가족구조의 변화에 따른 핵가족화는 노인들이 여가를 유효적절하게 보낼 수 있는 방법이 필요하게 되었다.

⑦ 고령으로 인해 신체적인 쇠퇴와 직업생활의 은퇴, 가족 내의 지위나 역할의 갈등으로 인한 노인의 정체성이 위기에 직면하게 되었다.

따라서 지금까지의 생활이나 사고방식 및 행동양식으로부터 벗어나 새로운 정체성을 확립하고 이러한 변화에 대응하기 위해서는 지역사회 활동 또는 학습활동의 필요성을 자신이 자각해야 됨은 물론 사회적 측면에서도 재인식하여 이에 필요한 홍보, 프로그램 및 교육정책 등을 개발해 나가야 할 것이다.

## 2. 노인교육의 방법과 유형

### 1) 노인교육의 방법

노인교육은 아동중심의 교육학인 페다고지(pedagogy), 성인중심의 교육학인 안드라고지(andragogy)와 함께 교육학의 3대 체계를 구축하고 있다. 노인교육은 단순히 아동, 성인, 노인이라는 연령에 따른 대상의 구분이 아니라 연령, 지위, 성별에 관계없이 각자의 관심과 이해에 따라 여러 세대가 한데 모이고 상호작용을 함으로써 그 속에서 서로 간에 정보들을 교환하고 새로운 지식을 만들어 내는 적극적인 과정으로서, 제3의 교육학 또는 초세대적인 교육의 의미를 갖는 '트라이고지(trigogy)'를 의미한다(한정란, 2001). 이러한 노인교육을 피터슨(Peterson, 1983)은 "노인을 위한, 그리고 노인과 노화에 관한 교육적 노력의 실천과 연구"라고 하였으며, 자비스(Jarvis, 1990)는 "노인을 위한 교육, 노인과 노화에 관한 교육, 그리고 노인과 관련된 직업을 가진 이들을 위한 교육의 세 분야를 포함하는 교육적 노력의 연구와 실천"으로 규정하고 있다. 한정란(2001)은 여기에 각기 다른 연령계층 또는 여러 세대의 집단이 함께 교육적인 활동을 하는 세대통합교육을 추가하였다. 따라서 노인교육의 방법을 노인에 의한 교육과 노인에 관한 교육, 노인을 위한 교육, 세대공동체 교육으로 분류하면 다음과 같다(권중돈, 2013).

### (1) 노인에 의한 교육

노인에 의한 교육방법은 노인의 지혜와 경험을 교육적으로 활용하는 노인교육 방법으로 교실학습을 통해 다양한 경험과 실질적인 교육의 제공, 전통의 전수, 대인관계의 확대, 노인의 사회참여를 목적으로 한다. 그리고 교육의 내용은 전통적 가치와 윤리, 역사적 증언과 회상, 전통적 기술과 전통예절, 전통음식, 민속 및 전통예술, 지역사회 안에서의 봉사활동, 기타 전문주제에 관한 교육 등과 같은 직접적인 교육활동에서부터 간접적인 교육효과를 기대할 수 있는 사회 전반의 모든 영역의 활동에 이르기까지 매우 다양하게 접근할 수 있다. 그러나 교수자로서 서비스를 제공하는 노인과 서비스를 받는 젊은 세대의 수혜자 사이의 학습에서의 지위와 역할 차이만 나타나는 것이 아니라 세대차이로 인한 교수자와 학습자의 경계선이 상하관계 또는 주종관계로 변질될 위험성이 내재되어 있기 때문에 교육과정에서 상호 간의 호혜적 관계를 형성하고 유지하는 것이 매우 중요하다.

### (2) 노인에 관한 교육

노인에 관한 교육은 아이들에서 노인들의 어느 연령집단에 이르기까지 노인과 관련된 직업에 종사하는 사람들이나 퇴직을 준비하는 이들과 같이 어떠한 상황에 놓인 사람들을 대상으로 하여 일반적인 퇴직준비교육과 노인에 대한 이해교육, 노인전문교육을 실시하는 것을 말한다. 이러한 교육은 노인 및 노화에 대한 잘못된 선입견을 바로잡고 이해를 확장시키고, 노화에 대한 준비와 적응, 그리고 세대 간 이해를 넓히는 것을 목적으로 실시된다. 교육의 주요 내용은 노년기의 생리적 · 심리적 · 사회적인 변화, 노화에 대한 준비, 노년기의 발달 및 적응, 노후생활을 설계하고 노인과 함께 살아가는 방법 배우기, 고령화 사회의 영향과 성공적인 노화사례 탐구 등으로 구성될 수 있다. 그리고 교육의 방법은 강의뿐만 아니라 노인들 자신의 자서전 작성하기 등의 실천방법을 활용할 수도 있다.

### (3) 노인을 위한 교육

노인을 위한 교육은 학습자인 노인을 대상으로 하는 연구 및 실천을 통하여 노인의 강점을 찾아 그 역량을 강화하기 위한 교육활동이다. 교육의 목적으로는 사회적응 및 노화에 대한 적응, 능동적인 삶의 고취와 자기계발, 사회참여 촉진, 자립, 대인관계 확대를 큰 틀로 삼아서 노후 경제생활, 여가, 건강 등의 전반적인 노후생활의 내용, 노인권리와 노인복지, 취업, 생존과 일반교양, 죽음에 대한 준비와 영성에 대한 다양한 내용을 교육한다. 그리고 상호존중의 원리와 융통성의 원리, 의미 있는 학습원리, 자기지향적 학습원리, 학습자인 노인중심의 원리 등에 근거하여 노인의 특성 및 노화의 특성에 적합한 교육방법을 활용한다.

### (4) 세대공동체 교육

세대공동체 교육은 여러 연령집단 혹은 여러 세대가 어떠한 교육적인 목적을 위하여 한 공동체 안에서 함께 어울리며 활동하는 것으로, 각 세대 사이에서 발생되는 편견과 오해의 감소, 인간과 사회에 대한 이해 증진, 연령에 따른 차별의 인식 개선, 세대 간의 공동체 의식 제고와 상호 간의 원조 제공, 각기 다른 세대의 실질적인 원조와 성장경험 공유 등의 효과를 나타낸다. 이러한 세대공동체 교육은 교수자로서 노인을 공식교육에 활용하거나, 학습자로서 성인교육 프로그램에 참여시키는 등 여러 세대가 상황에 따라 역할과 지위가 변경될 수 있고, 봉사활동 및 세대공동체 학습 프로그램 등을 활용하여 실천까지 공동으로 참여하는 교육으로 실시할 수도 있다.

## 2) 노인교육의 유형

시릴 호울(Cyril Houle)은 성인기를 독립적인 성인기, 초기 중년기, 초기 노년기, 후기 노년기의 4단계로 나누었다. 시릴 호울(Cyril Houle)이 특히 초점을 맞춘 두 단계는 초기 노년기(55~75세)와 후기 노년기(75세 이상)이다. 먼저 초기 노년기에 있어서 교육은 성공적으로 노년기에 적응할 수 있는 전략을 계획하는 데 도움이 되며, 은퇴로 인해 감소된 일하는 시간이 새로운 활동참여와 관심분야의 능력 개발 등으로 연결되어 새로운 직업을 시작하는 것을 가능하도록 해준다. 또한 교육은 노인들이 여가를 활용하는 데 좋은 방향 제기가 될 수 있다. 다음으로 후기 노년기에서의 학습과 교육은 주로 개인적인 욕구와 관계가 깊다. 그 욕구는 만족스러운 시간을 보내거나 자신이 속해있는 사회에 지속적으로 공헌하는 것 등을 포함하고 있으며, 많은 노인들에게 다른 세대들과 교류하고 관계를 지속할 수 있는 기회 및 지역사회 활동 참여의 기회를 제공해 준다. 또한 노년기의 학습은 노인 자신들의 정신과 육체에 생명력을 불어넣는 데에도 공헌함이 크다(Harris & Cole, 최신덕 역, 1985).

김종서 등(1982)은 『사회교육의 개념』에서 인생의 각 발달단계에서 발달과업으로서 반드시 학습해야 할 과제들을 구체적으로 제시하고 있다. 특히 60세 이후 노년기에 해당하는 발달과업을 살펴보면 다음과 같다(최성재 · 장인협, 2006).

### (1) 지적 영역

① 사회변화와 세대 간의 차이를 이해하기
② 은퇴 이후와 노후생활에 필요한 지식 습득 및 생활 배우기
③ 사회, 경제, 문화, 정치 등에 대한 최신 동향에 관심을 가지기
④ 건강의 유지 및 증진을 위한 폭넓은 지식 갖기

### (2) 정의적 영역

① 적극적으로 생활하고 일하려는 태도를 유지하기

② 여가를 즐겁게 보내고 자신만의 취미생활을 만들어 유지하기
③ 정년퇴직에 따른 수입의 감소에 적응하고 계획 세우기
④ 배우자와의 사별, 자녀의 독립 후의 생활에 적응하기
⑤ 가족과 동료를 비롯한 자신의 죽음에 대하여 심리적으로 준비하기

### (3) 사회적 영역

① 동년배 노인들과의 친교를 확장하고 유지하기
② 가정과 직장에서 자신의 역할을 인지하고 일과 책임을 합당하게 물려주기
③ 가정과 사회에서 어른으로서의 위치와 역할에 충실하게 행동하기
④ 자녀와 손자녀들과의 원만한 관계를 유지하기

### (4) 신체적 영역

① 노화로 인한 체력저하와 건강에 적응하기
② 노년기에 필요한 간단하고 규칙적인 운동하기
③ 건강유지에 필요한 알맞은 섭취생활을 하기
④ 건강저하 및 지병에 대한 올바른 대처와 처방에 따르기

이러한 노년기의 발달과업에 따라 현재 우리나라에서 실시되고 있는 노인교육은 ① 노인교육 전담기관, ② 학구단위 노인교육, ③ 대학교에서의 노인교육, ④ 사회단체에서의 노인교육, ⑤ 시설중심의 노인교육 등으로 분류된다. 그리고 노인교육이 이루어지는 장소로는 독자적인 교육시설도 있지만 그 밖에도 교회 혹은 단체나 지역사회의 기관·시설 등도 있다. 노인학교 시설은 사회복지기관에서 운영하는 시설, 종교단체에서 운영하는 시설, 그리고 지역사회 독지가들에 의해 운영되는 시설들이 많았으나 1990년대부터는 어린이 프로그램을 실시하는 대부분의 교회와 성당에서도 노인학교 프로그램을 병행하여 실시하는 시설들도 증가하고 있다(최태복, 2011).

2011 노인실태조사에서 나타난 노인교육 제공기관을 보면, 노인복지관이 45.8%로 가장 많으며 지역별 노인복지기관들이 17.9%, 종교기관이 15.7% 순으로 나타났다. 프로그램 유형은 여가 및 취미가 43.3%로 가장 많았으며 일반교양 20.6%, 건강관리·운동 부문이 20.1%로 나타났다. 노인을 대상으로 하는 교육기관과 프로그램들을 자세히 살펴보면 |그림 4-3|과 같다.

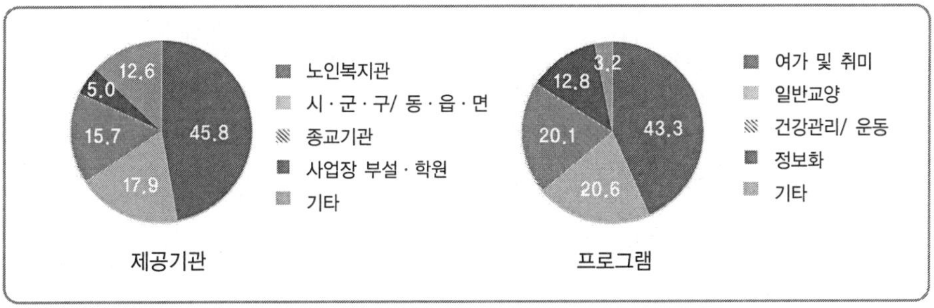


|그림 4-3| **노인대상의 평생교육 제공기관 및 프로그램**

주 : 제공기관 중 기타에는 경로당, 대학(원) 부설, 노인교실, 사업체 부설, 학원 등이, 프로그램 기타에는 취업 및 직업교육, 자원봉사자교육, 노후준비교육, 대학 이상의 고등교육이 포함됨

출처 : 정경희 외(2012). 2011 노인실태조사. 서울 : 보건복지부·한국보건사회연구원.

이상과 같이 노인을 대상으로 하는 노인교육은 주로 노인복지관에서 실시되고 있으며 여가 및 취미생활 위주의 교육이 많이 진행되고 있음을 알 수 있다.

노인복지관의 노인교육 영역과 세부 프로그램을 살펴보면 〈표 4-1〉과 같다.

〈표 4-1〉 **노인복지관 교육영역 및 세부 프로그램**

| 대 상 | 영 역 | | 세부 프로그램 |
|---|---|---|---|
| 노인 | 평생교육 지원 | | 교양교실, 정보화 교육, 한글교실, 외국어교실, 예비노인은퇴준비 프로그램, 역사교실 등 |
| | 취미여가 지원 | | 미술(서예, 수공예, 풍선아트), 음악(노래교실, 민요풍물교실, 댄스교실 등), 연극, 레크리에이션, 운동, 원예, 다도교실, 당구, 탁구, 바둑, 장기 |
| | 고용 지원 | | 고령자취업알선, 노인일자리 사업, 공동작업장, 은퇴준비교육, 취업자 사후관리 |
| | 건강생활 지원 | 기능회복 지원 | 작업치료, ADL 훈련, 운동재활, 물리치료, 양·한방진료 등 |
| | | 건강증진 지원 | 건강교실(건강체조, 기체조, 요가 등), 건강상담, 건강교육, 이미용, 노인건강운동, 독거노인지원사업(기존 재가사업) 등 |
| | | 급식 지원 | 밑반찬도시락배달, 경로식당(중식서비스), 푸드뱅크 |
| | | 요양서비스 | 주간야간단기보호, 그룹홈, 치매중풍환자 프로그램, 장제서비스 |
| | 정서생활 지원 | | 복지정보 및 상담, 접수상담, 노인문제 상담, 전문상담(법률, 경제, 성 등), 심리상담, 죽음준비교육, 노인자살예방사업, 종교행사 등 |
| | 사회참여 지원 | | 교통안전봉사, 동아리클럽 활동지원, 지역 봉사활동, 교통편의서비스, 노인자원봉사 활성화사업 등 |
| | 경로당 혁신 프로그램 | | 경로당주거환경개선사업, 경로당활성화사업, 경로당임원리더십강화사업 등 |
| | 주거지원 | | 주거환경 개선사업, 주택수리사업 |
| | 소득지원 | | 은퇴 후 경제생활 적응, 경제교육, 후원금 연결 등 |
| 가족 | 가족기능 지원 | | 방문간호, 노인돌봄서비스사업, 가정봉사원 파견 등 |
| | 가족통합 지원 | | 가족관계 프로그램, 가족상담, 세대통합 프로그램, 가족캠프 등 |
| 지역사회 | 지역자원 개발 | | 후원자 개발, 자원봉사자 발굴 및 관리, 외부 재정지원기관사업 수탁 |
| | 지역복지 연계 | | 지역협력사업(경로행사, 나들이 등), 지역복지기관 연계 등 |
| | 노인권익증진사업 | | 노인인권, 옹호, 정책건의, 노인인식개선사업, 노인소비자 피해예방교육, 편의시설 설치 등 |
| 노인복지관 조직 | 운영관리 | | 인사관리, 재정관리, 시설관리 등 |
| | 사업관리 | | 프로그램의 개발, 실행, 점검, 평가, 보완 등 |
| | 연구개발 | | 조사연구, 실습지도, 사업기획, 홍보, 자문(운영)위원회, 출판 등 |

출처 : 보건복지부(2012). 2012 노인보건복지 사업안내.

### 3) 평생교육으로서의 노인교육

#### (1) 활동적 고령화와 노년교육

① 인적자본으로서의 육성

고령화사회에서 인구의 비율이 높아진 고령자들의 실업문제와 이와 관련된 사회적 부담 등의 문제를 극복하기 위해서는 우선적으로 고령자들의 근로능력을 배양시켜 경쟁력이 있는 인력으로 육성해야 한다.

② 사회적 자본의 확충

사회 각 계층 간의 네트워크 구축과 신뢰 등 사회적 자본의 확충과 필요성이 높아지고 있으며, 이러한 측면에서 해결책으로 노년교육의 사회적 역할이 중요하다고 할 수 있다. 즉, 노년교육이 연령을 초월한 시민교육, 세대공동체교육, 자원봉사활동 교육 및 노인의 사회참여 등은 우리 사회의 집단 및 계층 간의 갈등해소와 네트워크 구축 및 신뢰회복 등의 사회적 자본 형성에 중요한 역할을 한다는 것이다.

③ 정체성 자본의 확립

노년기 삶을 지속적인 생산활동을 하는 것으로 선택할 경우에는 생산적인 노동력이 노년기의 역할로 규정될 것이며, 사회통합에 기여하는 것을 선택한다면 사회와 후세대를 위한 자원봉사와 공헌이 노년기의 주된 역할이 될 것이다. 그 외에 여가중심의 풍요로운 삶을 선택하면 적극적인 여가활동을 통한 자기계발의 시기로 노년기를 보내게 될 수 있을 것이다.

# 3. 노인교육의 범위

## 1) 노인교육의 범위

### (1) 노인을 위한 교육(Education for Older Adults)

지금까지는 노인을 위한 교육이 불필요한 장식품이나 사치품 정도라는 사회적 편견으로 받아들여졌을 수도 있다. 그러나 노인을 위한 교육이야말로 진정한 의미로서의 노인들의 가지고 있는 중요한 욕구충족 방법이자 자기성장을 위한 공급원이 될 수 있는 원천이다. 단순히 여가를 충당하는 수단에 그치는 것이 아니라, 노인을 위한 교육은 노인들이 자신의 삶에 대한 방향성과 이를 이루어 낼 수 있는 힘을 얻는 것과 연관되어야 한다.

### (2) 노인에 관한 교육(Education about Older Adults and Aging)

이 교육은 노년기의 과업, 노화과정의 특성 등 노인과 노화에 관한 지식들, 노인들과 상호작용하고 소통하는 것에 필요한 기술 및 지식들을 다루는 것을 의미한다. 노인에 관한 교육은 기본 교육 및 대학, 사회교육기관에서 이루어지는 교육뿐만 아니라 노인과 연관된 직업에 종사하거나 이러한 직업을 원하고 준비하는 이들에 대한 전문적인 노년학교육, 그리고 퇴직을 앞두고 있는 사람들을 위한 퇴직준비에 대한 교육까지도 포함한다.

### (3) 노인에 의한 교육(Education by Older Adults)

노인은 노인이 되기까지의 긴 시간이 무의미한 시간이 아니라 살아오는 동안 그들이 겪은 많은 경험과 그 속에서 얻은 귀중한 의미와 지식과 기술을 쌓아온 것임을 자각해야 한다. 노인이 인생의 시간을 통해 얻은 경험과 지혜라고 하는 가치 있고 대체 불가능한 자원을 활용하는 교육이 바로 노인에 의한 교육이다. 여기에는 노인들의 자원봉사를 통한 교육적 의미의 전달까지도 포함될 수 있다.

〈표 4-2〉 **노인교육의 범위**

| 구 분 | 노인을 위한 교육 | 노인에 관한 교육 | 노인에 의한 교육 |
|---|---|---|---|
| 학습자 | 노인 | 모든 연령의 학습자 | 모든 연령의 학습자 |
| 교수자 | 노인을 포함한 모든 연령이 가능 | 노인을 포함한 모든 연령이 가능 | 노인 |
| 목적 | 사회적응, 여가활용, 재교육, 직업준비 등 | 노년기 준비, 직업준비, 노인의 이해 등 | 세대 간 이해확장, 사회봉사, 사회참여 등 |
| 주요 내용 | 노년기에 필요한 건강, 여가, 직업기술, 노인의 특성 등 | 노인의 특성, 노화과정에 적응하기 위한 지식과 기능, 수요자로서의 노인의 특성 등 | 노인의 지혜와 경험이 기여할 수 있는 전통지식과 기능, 역사적 사실, 각종 봉사활동 등 |

〈표 4-3〉 **노인교육 프로그램의 내용별 분류**

| 분 류 | 프로그램의 예 |
|---|---|
| 지적 욕구 영역 | 은퇴생활에 필요한 지식과 생활 배우기, 세대차 및 사회변화 이해, 건강증진을 위한 폭넓은 지식 갖추기, 정치·경제·사회·문화의 최신 동향 알기 |
| 정서적 욕구 영역 | 취미와 여가의 습득, 적극적 생활태도의 유지, 건전한 오락, 소외감 및 허무감 극복, 죽음에 대한 심리적 적응과 준비, 독신생활에의 적응 |
| 사회적 욕구 영역 | 어른 구실하기, 동년배와의 친교 유지, 자녀 및 손자녀들과의 원만한 관계 유지, 사회봉사활동 참여, 가정과 직장에서 일과 책임을 계승, 화목한 가정 유지 |
| 건강욕구 영역 | 규칙적인 운동, 노년병에 대한 기본 지식과 건강관리법, 체력과 건강 유지, 식이요법에 관한 지식, 지병 및 쇠약의 적절한 대처 및 처방 |
| 경제적 욕구 영역 | 재산관리, 공동작업과 재취업 등 수익사업 관련 교육 정년 등에 의한 수입감소에 적응하기, 생계비 및 용돈 마련과 관련한 교육 |

출처 : 김신덕(2000).

## 기•억•하•기

- 노인교육의 기본 원리로 경험의 원리, 문제해결의 원리, 내적 동기화의 원리, 경로의 원리, 사제동행의 원리, 생활화 및 사회화의 원리가 있다.
- 노년기에 해당하는 발달과업은 지적 영역, 정의적 영역, 사회적 영역, 신체적 영역으로 나뉜다.
- 노인을 위한 교육, 노인에 관한 교육, 노인에 의한 교육 세 가지로 노인교육의 범위를 구분할 수 있다.

## 평가하기

**01.** **경험의 원리에 대한 설명 중 틀린 것은?**

① 성인의 학습스타일은 아동보다 더욱 경험에 기반을 둔다.
② 새로 습득한 지식을 실제적으로 활용하고자 하고 자신의 삶에 적용할 수 있는 방법을 찾는다.
③ 성인은 학습과 그들이 알 필요가 있다고 생각하는 것을 연관시키려고 하는 경향이 있다.
④ 갈등적 지식과 같이 그들의 경험을 넘어선 것도 잘 받아들인다.

**02.** **노인교육 방법의 기본 원리 중 틀린 것은?**

① 문제해결의 원리
② 내적 동기화의 원리
③ 사제동행의 원리
④ 자아실현의 원리

**03.** **노인교육의 교육적 접근의 필요성으로 틀린 것은?**

① 급속한 사회변화에 맞춰나갈 수 있는 적응교육이 요구되고 있다.
② 노년기 동안 보다 효율적으로 살기 위한 준비교육의 필요성이 제기되었다.
③ 노인들의 정체성을 더욱 확고히 할 필요가 있게 되었다.
④ 핵가족화로 노인들이 여가를 유효적절하게 보낼 수 있는 방법이 필요하게 되었다.

**04.** **노인교육의 원리와 중점을 두어야 하는 교육방법의 원리에 대해 논하시오.**

**05.** **노인교육에 있어 새로 적용할 수 있는 교육방법에는 어떤 것이 있는지 논하시오.**

정답 1. ④ 2. ④ 3. ①

# Part 02

# 실버산업의 이해

Chapter 5 실버산업의 개념

Chapter 6 실버교육산업

Chapter 7 실버여가산업 및 일자리 사업

Chapter 8 노인 정보화 교육

Chapter 9 실버금융산업

# Chapter 5

# 실버산업의 개념

**학·습·목·표**

1. 실버산업의 개념에 대해 설명할 수 있다.
2. 실버산업의 등장배경에 대해 설명할 수 있다.
3. 실버산업의 특성에 대해 설명할 수 있다.

## 1. 실버산업의 개념

### 1) 실버산업의 정의

#### (1) 협의의 실버산업

노년층을 대상으로 수요(needs)를 충족시키기 위한 상품·서비스를 제조·판매하는 것을 목적으로 하는 산업을 실버산업이라고 할 수 있다.

노년층은 제2의 인생을 살고 있는 층으로 Gold처럼 화려하지는 않겠지만

Silver처럼 고상하고 우아한 노인들을 지칭하는 표현으로 은을 뜻하는 '실버(silver)'라는 단어는 노인들의 머리색이 은빛이나 회색으로 변한다는 것을 빗대 노년층을 가리키는 표현으로 노인이라는 단어가 갖는 부정적 이미지를 없애고 마케팅을 위해 고안해 낸 이름이다.

실버산업의 유형에는 생물학적 노화와 관련된 실버산업 부문으로, 노화로 인한 신체적 기능이 떨어지는 것을 보완하는 지팡이, 보청기 같은 용품산업과 건강을 유지하게 하기 위한 기능성 식품인 건강보조식품 등이 활용되는 식품산업, 요양병원 등을 통한 요양 및 의료서비스가 활용되는 요양산업 등이 있다. 이와 같이 생물학적 노화와 관련된 산업분야로는 건강식품, 기능성 식품, 기능성 의류, 복지용품, 보건, 의료기기, 의약품, 실버타운, 요양병원, 장묘산업 등을 들 수 있다.

사회경제적 능력의 저하 및 실직, 은퇴 등으로 인해 노인들의 경제적 활동을 보완하며 인간다운 생활을 할 수 있도록 하는 실버산업 부문은 금융, 평생교육, 정보교육, 문화, 여가산업, 교통 등을 들 수 있다.

### (2) 광의의 실버산업

실버산업은 노년층만을 대상으로 하는 산업을 떠나 모든 사람을 대상으로 하는 산업으로 확대되고 있으며 이는 1980년대 미국 노스캐놀라이나 대학연구소가 제창한 Universal Design의 개념으로 장애 유무나 연령 등과 관계없이 모든 사람에게 이용하기 쉬운 상품 및 환경을 설계하는 것으로 편리성과 유용성(usability)에 관점을 두어 개발한 상품과 서비스를 제공하는 산업이라고 할 수 있다.

광의의 실버산업은 노인뿐만 아니라 장애인, 어린이, 여성 등 신체적으로 열악한 사람, 나아가 사용함에 있어 편의성과 유용성, 안정성을 추구하는 모든 사람이 포함된다는 것이다. 즉, 광의의 실버산업은 제품과 서비스의 유용성과 편의성을 추구해 나가는 모든 산업부문을 말한다.

### (3) 법적 · 정책적 정의

일반적으로 사용하고 있는 실버산업이라는 용어는 노년층들에게 친근하게 다가간다는 의미로 법적으로 고령친화산업(elderly friendly industry)으로 공식화하여 정의하고 있다. 실버산업을 지원 육성하고 그 기반을 조성함으로써 노년의 삶의 질 향상과 국민경제의 발전을 이바지할 목적으로 2006년 12월 28일 고령친화산업 진흥법을 법률 제8110호로 제정하였으며, 동법 제2조 제1항에 아래와 같은 용어를 정의한다.

① "고령친화제품 등"이라 함은 노인을 주요 수요자로 하는 제품 또는 서비스로서 다음 각 목의 어느 하나에 해당하는 것을 말한다.
  가. 노인이 주로 사용하거나 착용하는 용구 · 용품 또는 의료기기
  나. 노인이 주로 거주 또는 이용하는 주택 그 밖의 시설
  다. 노인요양서비스
  라. 노인을 위한 금융 · 자산관리서비스
  마. 노인을 위한 정보 기기 및 서비스
  바. 노인을 위한 여가 · 관광 · 문화 또는 건강지원서비스
  사. 노인에게 적합한 농업용품 또는 영농지원서비스
  아. 그 밖에 노인을 대상으로 개발되는 제품 또는 서비스로서 대통령령이 정하는 것으로 되어있다.

법적으로 제정된 고령친화산업은 고령친화제품 등을 연구 · 개발 · 제조 · 건축 · 제공 · 유통 또는 판매하는 업을 말하고 있고 서비스를 포괄하고 있어 비교적 넓은 의미를 가지고 있는 편이다.

정책적 정의로는 실버산업의 범위가 광범위하기에 정부는 전체 산업에 미치는 영향, 고용창출 효과, 선진국 고령소비자의 소비패턴을 고려하여, 유망 고령친화산업으로(표 5-1) 1차 8대 산업(요양, 기기, 정보, 여가, 금융, 주택, 한방, 농업)

19개품목과 2차 6대 산업(교통, 식품, 의약품, 장묘, 의류, 교육) 15개 품목을 도출, 육성정책을 시행함으로써 국내 수요 충족뿐만 아니라 국제 경쟁력도 갖추어 나가기 위해 정책적으로 전략품목을 선정, 실버산업의 육성정책을 시행하고 있다.

〈표 5-1〉 **고령친화산업 1차 8대 산업 2차 6대 산업**

| 부 문 | | 전략품목 |
|---|---|---|
| 1차 : 8대 산업 (19개 품목) | 요양 | 재가요양서비스 |
| | 기기 | 재택·원격진단·진료 및 휴대형 다기능 건강정보시스템, 한방의료기기, 간호지원 및 실내외 이동지원시스템(보건복지위원회) |
| | 정보 | 홈케어, 정보통신 보조기기, 노인용 컨텐츠 개발 |
| | 여가 | 고령친화휴양단지 |
| | 금융 | 역모기지제도, 자산관리서비스 |
| | 주택 | 고령자용 주택 개조, 실버고령자용 임대주택 |
| | 한방 | 한방보건관광, 항노화한방기능성식품, 노인용 한방화장품, 노인성질환 한약제 개발 |
| | 농업 | 고령친화귀농교육, 전원형 고령친화농업테마타운, 은퇴농장 |
| 2차 : 6대 산업 (15개 품목) | 교통 | 저상버스, 고령자 감응 첨단신호기, 형광표지판 |
| | 식품 | 특수의료용 도식품, 건강기능식품 |
| | 의약품 | 신경계용약, 순환계용약, 대사성 의약품 |
| | 장묘 | 화장 및 납골용품, 웰엔딩 준비 및 체험교실, 개장 및 이장서비스 |
| | 의류 | 건강보조스마트웨어, 건강개선용 레저스포츠웨어, 체형보정용 이너웨어 |
| | 교육 | 일자리 교육 및 훈련(보건복지부, 교육과학기술부) |

출처 : 보건복지부 고령화 및 미래사회위원회(2005; 2006). 고령친화산업 활성화 전략 1, 2.

## 2) 실버산업의 등장배경 및 육성산업

### (1) 실버산업의 등장배경

#### ① 노인인구의 증가

실버산업의 등장배경 중 가장 큰 요인은 노인인구의 증가로 본다. 전체 인구 중에서 노인인구의 비율이 증대됨에 따라 나타나는 인구고령화의 추세는 1960년 3.7%에서 2000년 7.3%와 고령화사회에 진입하였으며 2015년에는 13.2%에서 2017년 14.0%로 고령사회, 2026년 20.8%로 초고령사회로 진입할 것으로 추계되고 있는 실정이다(그림 5-1).

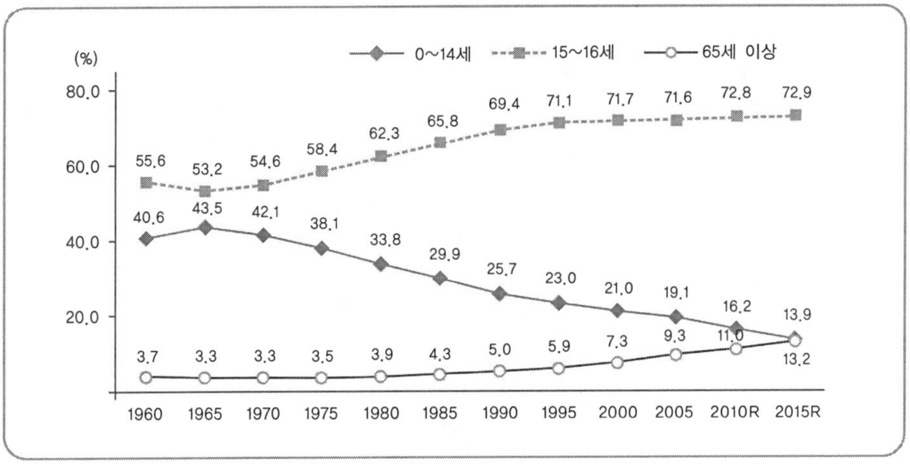


|그림 5-1| **연령대별 인구 구성비**

출처 : 통계청 2016년 고령자 통계(2016. 9. 29).

### ② 기대수명의 증가와 노인부양지수 증가

의료기술의 향상과 건강보험공단을 통한 정기적인 건강검진에 따른 건강상태 개선 다양한 건강기능식품 및 이너뷰티(inner beauty) 제품의 등으로 우리나라의 기대수명은 2016년 현재 남자 79.0세, 여자 85.2세로, 1970년 남자 58.67세, 여자 65.57세에 비해 약 19~20세 더 증가하였다.[1)]

또한 저출산 고령화로 인해 15세에서 64세인 생산연령층의 노년부양비[2)]가 1970년 5.7%에서 2000년 10.1%로 두 배가 늘어났으며, 2015년엔 17.9%로 상승 생산가능인구 5.6명이 고령자 한 명을 부양하였고, 2030년에는 37.7%로 생

1) 자료 : 통계청(2016. 12. 2). 2015 전국 기대수명.
기대수명 : 0세 출생자가 향후에 생존할 것으로 기대되는 평균 생존연수

2) 노년부양비 = (65세 이상 인구/15~64세 인구)×100

산가능인구 2.6명이 고령자 한 명을 부양할 것으로 예상된다(표 5-2).

노령화지수[3]를 보면 2010년 67.7%로 노인인구가 0~14세인 유소년 인구보다 많아지는 인구 역전현상이 나타났고, 2015년에는 93.1명이었으며, 2017년에는 104.8명으로 고령인구가 유소년 인구를 앞지를 것으로 예상된다.

이는 생산가능인구가 노인인구를 책임져야 하는 사회적 부담이 점점 늘어나고 있다는 것을 의미한다.

한편 이런 급속한 고령화를 새로운 기회요인으로 실버산업 육성을 정책이 등장하게 되었다.

〈표 5-2〉 **우리나라 노인부양지수** (단위 : %)

| 구 분 | 1970 | 1980 | 1990 | 2000 | 2010 | 2015 | 2020 | 2030 |
|---|---|---|---|---|---|---|---|---|
| 총부양비 | 83.9 | 60.7 | 44.3 | 39.5 | 37.2 | 38.1 | 38.9 | 55.4 |
| 유소년부양비 | 78.2 | 54.6 | 36.9 | 29.4 | 22.2 | 22.0 | 17.2 | 17.7 |
| 노년부양비 | 5.7 | 6.1 | 7.4 | 10.1 | 15.0 | 17.9 | 21.7 | 37.7 |
| 노령화지수 | 7.2 | 11.2 | 20.0 | 34.3 | 67.7 | 93.1 | 125.9 | 213.8 |

출처 : 통계청(2015). 장래인구 추계(2015~2065).

### ③ 가족현상의 변화

가족의 변화가 점점 핵가족화 현상이나 독거노인이나 고령자 가구주의 증가현상 등으로 실버산업이 등장하게 된 배경이 되었다.

핵가족이 일반화되어 있는 선진국들과 마찬가지로 우리나라의 가족현상도 급속히 선진국화되고 있는 추세이다. 이에 노인부양 문제가 사회적인 문제로 대두되어 노인들의 편안하고 안락한 생활을 위해 필요한 상품과 서비스의 요청이 필요하게 된 것이다. 특히 일반적인 생활 관련 서비스는 물론이거니와 교육, 정보화, 여가, 소득보장, 주거, 보건의료 등과 같은 프로그램들이 독거노인이나 고령자 가구주에게 더욱더 필요하게 된 것이다.

---

3) 노령화지수 = (65세 이상 인구/0~14세 인구)×100

기존에 노인들을 부양하고 있었으나 핵가족의 증가로 인하여 가족부양을 대신하는 실버산업이 필요하게 되었다.

우리나라 독거노인 수 및 비율[4]을 〈표 5-3〉에서 보면 우리나라 노인인구 5명 중 1명은 독거노인으로 홀로 생활하는 독거노인 수는 2000년에 544,000명으로 전체 노인인구의 16%에 불과하였지만 매년 증가하여 2015년에는 1,379,000명으로 20.8%로 증가하였다. 이러한 추세로 미루어 볼 때 독거노인의 인구수는 2020년에 21.6%, 2030년은 22.2%로 증가할 것으로 예측이 된다.

즉, 독거노인이 2000년에 544,000명에 비해 2015년에는 1,379,000명으로 2.5배나 증가하여 2030년에는 독거노인 수가 2,820,000명을 예상으로 2015년의 두 배가 될 전망이며, 독거노인의 이 같은 증가추이는 노인인구의 증가와 더블어 점진적으로 가속화될 전망이다.

〈표 5-3〉 **독거노인 인구수** (단위 : 천 명, %)

| 구 분 | 2000년 | 2010년 | 2012년 | 2015년 | 2020년 | 2030년 |
|---|---|---|---|---|---|---|
| 총인구수 | 47,008 | 49,410 | 50,004 | 50,617 | 51,435 | 52,160 |
| 노인 인구수 | 3,395 | 5,452 | 5,890 | 6,624 | 8,084 | 12,691 |
| 총인구수/ 노인인구 비율 | 7.2 | 11.0 | 11.8 | 13.1 | 15.7 | 24.3 |
| 독거노인 수 | 544 | 1,056 | 1,187 | 1,379 | 1,745 | 2,820 |
| 노인/ 독거노인 비율 | 16.0 | 19.4 | 20.2 | 20.8 | 21.6 | 22.2 |

출처 : 통계청. 장래 가구추계 2010~2035.

고령자 가구 수(표 5-4)를 보더라도 2010년 이후 고령자 가구 중 1인 가구의 비중은 부부와 같이 사는 경우보다 더 높게 나타나기 시작했으며, 2015년 가구주 연령이 65세 이상인 고령자 가구는 3,720,000가구로 전체 인구의 19.5%를

4) 독거노인 비율 = (가구주 연령 65세 이상 1인 가구 수 ÷ 65세 이상 인구)×100

차지하였고, 2015년 현재 고령자 가구주가 65세 이상이면서 홀로 사는 가구는(1세대 가구) 전체 인구의 6.4%이나 20년 후인 2035년에는 두 배 이상 증가할 것으로 전망되며, 이에 핵가족과 독거노인, 고령자 가구의 편안하고 안락하게 독립적인 생활이 가능하게 하기 위해 필요한 상품과 서비스가 등장하게 되었다.

〈표 5-4〉 **고령자 가구 수**

(단위 : 천 가구, %)

| | 총 가구 | 고령자 가구[1)] 유형 | | | | | | | | | | |
|---|---|---|---|---|---|---|---|---|---|---|---|---|
| | | 고령자 가구 | 구성비[3)] | 1세대 가구 | 부부 가구 | 구성비[3)] | 2세대 가구 | 부부+자녀 가구 | 구성비[3)] | 3세대 가구 | 1인 가구[4)] | 구성비[3)] |
| 1985T[2)] | 9,571 | 677 | 7.1 | 147 | 146 | 1.5 | 237 | 133 | 1.4 | 166 | 115 | 1.2 |
| 1990T | 11,355 | 963 | 8.5 | 238 | 229 | 2.0 | 303 | 138 | 1.2 | 214 | 193 | 1.7 |
| 1995T | 12,958 | 1,251 | 9.7 | 389 | 381 | 2.9 | 326 | 143 | 1.1 | 171 | 349 | 2.7 |
| 2000T | 14,312 | 1,734 | 12.1 | 587 | 574 | 4.0 | 420 | 185 | 1.3 | 171 | 543 | 3.8 |
| 2005T | 15,887 | 2,448 | 15.4 | 846 | 828 | 5.2 | 583 | 249 | 1.6 | 221 | 783 | 4.9 |
| 2010T | 17,339 | 3,111 | 17.9 | 1,075 | 1,046 | 6.0 | 723 | 298 | 1.7 | 231 | 1,066 | 6.1 |
| 2015R[2)] | 19,111 | 3,720 | 19.5 | 1,264 | 1,232 | 6.4 | 976 | 371 | 1.9 | 233 | 1,223 | 6.4 |
| 전체 구성비[5)] | | (100.0) | | | (34.0) | (33.1) | (26.2) | (10.0) | | (6.3) | (32.9) | |

주 : 1) 가구주의 연령이 65세 이상인 가구
2) T(Traditional) : 전통적 방식, R(Register-based) : 등록센서스 방식
3) 총 가구 중 고령자 가구 유형별 구성비
4) 가구주의 연령이 65세 이상이면서 혼자 사는 가구
5) 총 고령자 가구(가구주의 연령이 65세 이상) 중 가구 유형별 비율
출처 : 통계청. 인구총조사 각 년도.

### (2) 고령친화산업 육성산업

#### ① 고령친화산업 육성전략

인구의 고령화 및 베이비부머 세대의 은퇴 본격화 등에 따른 외적인 환경 변화에 따라 고령 소비자의 니즈를 반영한 기술개발 지원 등으로 경쟁력 있는 새로운 제품 및 서비스를 개발할 필요가 있으나 고령친화산업 자체가 대부분

산업적인 기반이 취약한 중소기업체들이 하고 있어 국가 차원에서 고령친화산업을 육성할 필요가 있어 등장하게 되었다.

이에 2013년 국정과제로 추진한 친고령산업 활성화로 3대 전략 10대 정책 추진과제 발굴 |그림 5-2|와 같이 비전과 목표 및 전략을 수립하였다.

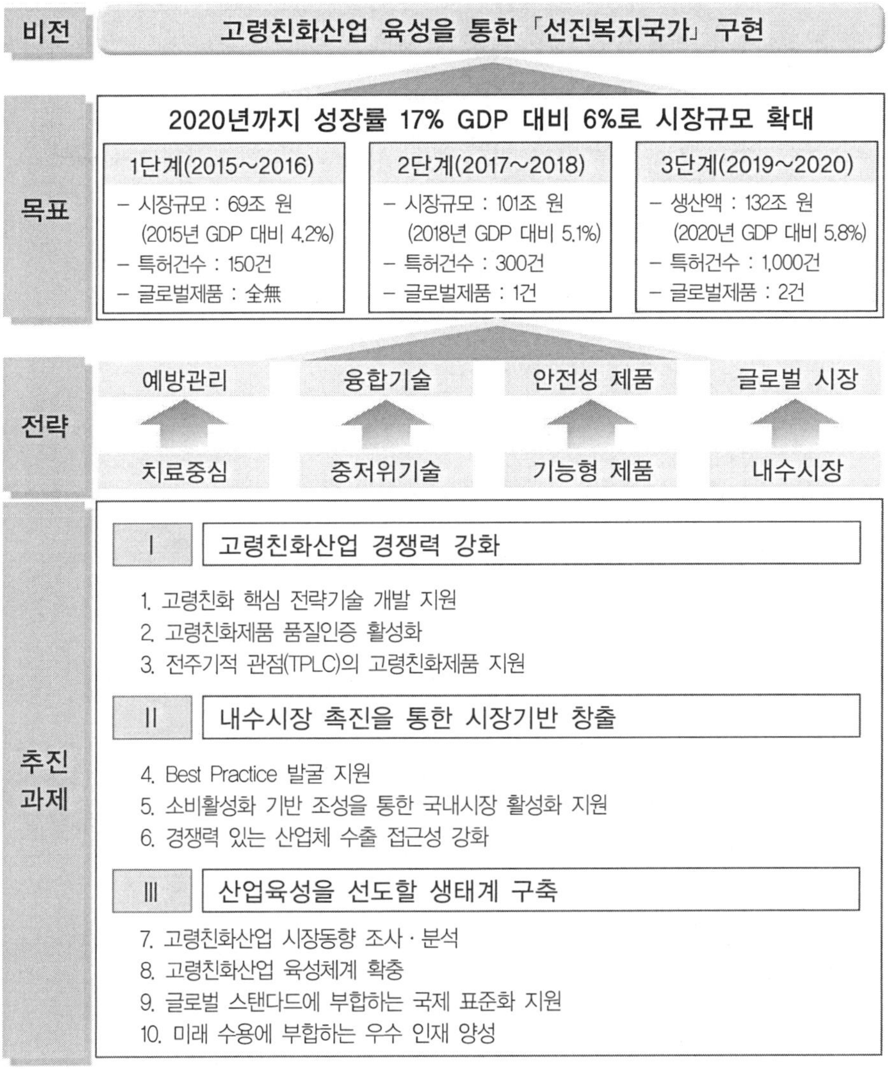


|그림 5-2| **고령친화산업 육성 전략추진**

출처 : 2014년도 고령친화산업 육성산업(2014. 12).

고령친화산업 육성 추진으로 인하여 기대되는 효과는 첫째, 국민의 편의 제공인 고령친화산업의 전 국민 인식 개선 및 고령자를 위한 제품 및 서비스 보급지원, 둘째, 산업경쟁력 향상 방안으로 고령화 사회대응 고부가가치 산업화와 글로벌 시장으로의 진출기반 구축 사업, 셋째, 인프라 수준 향상 방안으로 고령친화산업 지원체계 강화 방안과 고령친화산업 진흥원의 컨트롤타워 역할수행 및 전문인력의 확충 등으로 2020년 GDP 대비 5.8%에 해당하는 132조 원의 시장규모가 형성되며, 생산유발 효과는 295조 원, 부가가치 유발액은 140조 원, 취업유발은 19만 명, 고용유발은 14만 명을 달성할 것으로 기대하고 있다.

### ② 고령친화산업 관련 정책

#### 가. 제1차 저출산 고령사회 기본계획(새로마지 플랜 2010)

제1차 저출산 고령사회 기본계획(제1차 기본계획은 2006~2010)의 정책 브랜드로, “새로마지”는 “새롭고 희망찬 출산에서부터 노후생활의 마지막까지 아름답고 행복하게 사는 사회”라는 의미와 “희망찬 미래와 행복이 가득한 사회를 새로 맞이하겠다”는 의지를 표현하고 있다.

정부는 2006년에서 2010년까지 저출산 문제를 극복하고 고령사회에 적응해 나가는 저출산・고령화 대책의 ‘제1차 저출산・고령사회 기본계획’인 ‘새로마지 플랜 2010’을 확정했다. 저출산・고령사회 기본계획으로 일명 ‘새로마지플랜’은 인구구조 변화에 대비 출산・양육에 유리한 환경을 조성하고, 고령사회 삶의 질을 향상해 고령인력을 활용, 미래 성장동력을 확보하며 모든 세대가 함께 지속발전 가능한 사회로 나아가는 데 초점을 맞추고 있다. 2020년 이전까지는 출산율을 OECD 국가 평균 수준이며 IMF 이전 수준인 1.6명으로 회복한다는 것을 목표로 하는 ‘새로마지 플랜 2010’ 내용을 살펴보면, 먼저 비전으로는 모든 세대가 함께 하는 지속발전 가능 사회를 만드는 것이며, 목표로는 점진적으로 출산율 회복과 고령사회의 대응체계를 확립하는 것이다.

| 시 기 | 추진목표 |
|---|---|
| 제1차(2006~2010) | 출산·양육에 유리한 환경 조성 및 고령사회 대응기반 구축 |
| 제2차(2011~2015) | 점진적 출산율 회복 및 고령사회 대응체계 공고화 |
| 제3차(2016~2020) | OECD 국가 평균수준 출산율 회복 및 고령사회 성공적 적응 |

주요 과제를 살펴보면 다음과 같다.

첫째, 자녀양육 가정의 양육부담을 덜어주고 아동복지 수준을 높이기 위한 아동수당 도입을 적극 검토한다.

중산층을 포함 대다수 자녀양육 가정에 대한 공통적 어려움인 양육비용 부담을 완화시키기 위하여 모든 아동을 대상으로 한 보편적인 지원제도가 필요하다는 공감하에 아동수당 도입을 추진할 예정이며, 이는 저출산·고령화 대책 연석회의에서의 사회협약을 반영한 것이며, 정부는 정책상황 여건을 감안하여 제도의 도입시기, 재원, 방안 등을 검토해 나갈 예정이다.

둘째, 중장기적으로 국공립보육시설을 이용아동 대비 30% 수준으로 확대할 계획이다.

국공립보육시설에 대해서 부모의 만족도가 높으나 이용하는 아동 수는 전체 보육시설 이용 아동의 11.3%에 불과하여 수요에 비하여 시설의 접근성과 수용능력이 많이 부족하다는 지적이 있어왔다.

특히 농어촌 등 취약지역의 국공립보육시설 비중은 도시지역에 비해 저조하며 영아보육 문제 등 추가수요에 대책마련이 필요한 실정이다. 정부는 이를 위해

- 취약지역을 중심으로 보육서비스를 제공하는 국공립보육시설 신축
- 국민임대주택 단지 내에 국공립보육시설을 연차별로 확충방안 마련
- 공동주택 내 의무적으로 설치하는 보육시설을 국공립보육시설로 운영하는 방안
- 지방자치단체의 복합 공공시설, 신축 보육시설 설치의 유도방안 마련 등 계획

셋째, 다자녀 가정의 주택 마련에 대한 부담을 줄여주기 위해 인센티브를 제

공하며 예비부부와 신혼부부의 초기 주거비용 부담을 줄이기 위한 주거문제 지원 방안을 추진한다. 출산 기피 및 결혼 지연의 이유가 되는 주거문제를 해결하기 위해

- 3자녀 이상 다자녀 무주택 가구 대상으로 주택 특별 공급
- 국민임대주택에 입주할 수 있도록 우선 혜택 부여
- 자녀 수에 따른 공동주택 분양 가점을 제공하는 주택청약제도 개편
- 신혼부부와 예비부부 등에 도움을 줄 수 있는 주택자금 대출제도를 개선

### 나. 제2차 저출산 고령사회 기본계획(새로마지 플랜 2015)

새로마지 플랜 2015는(제2차 기본계획은 2011~2015) 저출산·고령사회기본법 제20조, 제21조에 의해 5년마다 범정부적인 저출산, 고령사회 기본계획을 수립하는 데 추진배경과 추진방향은 다음과 같다.

#### 가) 제2차 기본계획 추진배경

우리나라는 세계적으로 유례없는 급격한 저출산과 고령화의 빠른 진행으로 적기에 대응하지 못할 경우 사회경제적으로 큰 충격에 이를 것으로 전망하여 이에 대응하기 위해 범정부적으로 대응체계를 구축했으나 저출산 고령화 속도를 완화하기에 역부족으로 제1차 기본계획의 성과와 한계성을 바탕으로, 제2차 기본계획 수립을 추진하게 되었다.

특히 출산과 양육을 위한 좋은 환경 조성과 일·가정 양립을 위해 사회 각 부문에 확산하고, 출산장려를 위한 결혼, 출산, 양육을 위한 부담 경감을 지속하고, 고령화에 따른 고령자의 삶의 질을 향상하고 부작용의 최소화를 위해 사회 각 부분 제도 개선을 지속을 위해 추진하게 되었다.

#### 나) 제2차 기본계획 추진방향

첫째, 기업이나 국민의 참여를 바탕으로 한 저출산, 고령화에 대응을 위한 정책을 개발, 추진함으로써 국민적 책임의식을 확산한다.

둘째, 정책수요가 비교적 높은 맞벌이 가구와 베이비붐 세대로 정책대상을 확대하여 정책 체감도 및 실효성을 제고한다.

셋째, 사회 각 분야의 실효성 및 영향력에 대해 다각적, 종합적으로 대책을 수립하여 추진한다.

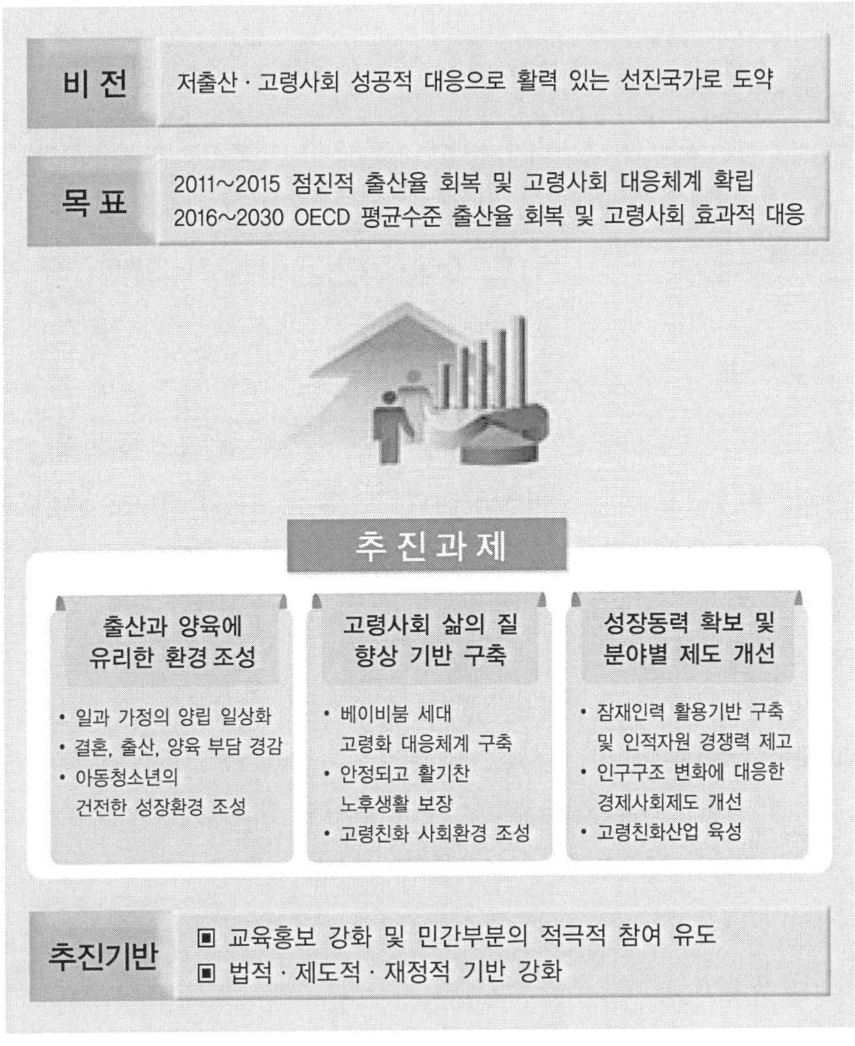


|그림 5-3| **고령사회 보안계획 추진방향**

출처 : 보건복지부. 제2차 새로마지플랜 저출산 · 고령사회 보안계획 확정(2012. 10. 16).

**기본계획 정책 추진방향 비교(제1 · 2차)**

| 구 분 | | 제1차 계획 | 제2차 계획 |
|---|---|---|---|
| 저출산 | 주요 대상 | 저소득 가정 | 맞벌이 등 일하는 가정 |
| | 정책영역 | 보육지원 중심 | 일, 가정 양립 등 종합적 접근 |
| 고령화 | 주요 대상 | 65세 이상 저소득 노인 | 50세 이상 등 베이비붐 세대 |
| | 정책영역 | 소득보장, 요양보호 | 소득, 건강, 주거 등 전반적 사회시스템 |
| 공통 | 추진방식 | 정부주도 | 범사회적 정책공조 |

## 2. 고령화 5대 기본계획

### 1) 소득분야

다층소득보장체계 구축 및 노후소득의 사각지대 해소를 통한 안정적인 노후보장제도를 목표로 하여 퇴직연금 가입 확산을 유도하기 위해서 도입률이 저조한 영세 중소기업 사용자와 근로자에 대한 인센티브 부여 방안을 마련, 퇴직연금 수령 유도를 위해 세제혜택 확대 및 퇴직소득에 대한 과세 정상화를 추진한다.

- 사적연금 소득 원천징수세율 · 유형별 · 연령 차등, 사적연금의 소득분리 과세범위 확대 등
- '내연금' 사이트 : 국민연금 외에 사적연금 관련 정보를 본인이 스스로 입력하면 재무 시뮬레이션을 통해 분석상담서비스 활용 추진

### 2) 건강분야

국민들이 스스로 미리 지키는 건강증진체계를 구축하고 노인건강정책 인프라를 확충하여 건강수명 연장을 유도하고, 생애주기별 특성들을 고려한 건강검진제도를 개선하고 보건소 검진결과 상담 제공 등의 사후관리 강화를 추진

하며, 또한 여성의 기대수명이 남성에 비해 길지만 건강수명은 오히려 낮은 고령자를 위해 관절염 등 여성질환에 대한 예방, 홍보 및 낙상방지 생활수칙 교육과 유방암 자가검진 홍보 및 교육 등을 진행한다.

또한 치매 조기 발견・예방 및 맞춤형 치료의 보호 강화를 위해서 국가건강검진 문항을 확대, 개선하고 치매 발생 위험요인의 사전관리 강화를 위한 노인운동 활성화 추진하여, 저소득층을 대상 치매치료비 지원 확대 및 노인돌봄종합서비스 신규진입자 중 치매환자 우선 선정 등 재가서비스를 확대한다.

### 3) 사회참여 분야

고령자가 좀 더 오래 일할 수 있는 제도기반을 마련하고 자원봉사 및 여가문화의 활성화를 통한 긍정적 노년의 삶을 목표로 하여 노사정위원회 등 사회적으로 공론화를 거쳐 정년연장이나 의무화 등 정년제 개선을 검토한다.

이의 제도적 뒷받침을 위해 임금피크제 지원금 지급요건 개선과 직무성과급 임금체계 개편 등을 추진하여 단기적으로 고령자 고용연장 지원금 확대와 근로단축 청구권 제도 도입 등을 계획한다.

또한 중고령자가 퇴직 후에도 근로활동을 할 수 있도록 예비 고령자 대상 무급 교육훈련, 휴가제공, 장학금제도, 재구조화 등 평생학습에 대한 접근성을 강화하고, 국가평생교육진흥원 내 중고령자에 대한 적절한 직업정보 및 진로상담 제공을 위한 포탈시스템을 구축한다.

### 4) 주거・교통 분야

고령친화적 주거・교통환경 개선 및 농어촌 환경 정비 등을 통한 편리하고 안전한 생활을 목표로 저소득 노인가구를 위해 주택공급 확대를 원활히 공급 받을 수 있도록 주거 약자용 주택건설 등을 추진하며, 주거취약계층이 공동으로 숙식을 할 수 있는 공동생활 홈 조성 및 농어촌 교통약자를 위한 여객운송사업 도입을 추진한다.

### 5) 노후설계 및 인프라 육성

행복한 노후준비를 위한 노후설계서비스 지원과 민관합동으로 개발한 노후준비지표를 활용 노후준비 정도 진단과 설계, 상담 등 노후설계를 확산하고, 고령사회 보완계획에 포함된 과제들은 차질 없이 진행하도록 하며, 고령사회 대응지수 개발을 통한 고령사회 대응수준 점검으로 미흡한 분야를 지속적으로 보완하고 인프라 육성계획을 세운다.

## 3. 브릿지플랜 2020

### 1) 개 념

저출산・고령사회기본법(2005. 5. 18) 제20조와 21조에서 규정하고 있는 저출산・고령사회 기본계획은 2006년부터 5년 단위로 계획을 수립, 발표하는 종합계획이다.

이에 '저출산・고령화' 해소를 위해 '제3차 저출산・고령사회 기본계획(2016~2020)'은 2016년부터 2020년까지 적용되는 3차 기본계획으로, 장기적인 목표로 가기 위한 교두보라는 뜻으로 '브릿지플랜 2020'으로 명명되었다. 제3차 저출산・고령사회 기본계획은 교육, 고용, 주거를 저출산의 근본적 원인으로 보고 있다. 교육은 출산 후 자녀의 과중한 사교육 부담을 뜻하고, 고용은 청년실업 문제를, 주거는 높은 주거비 부담으로 인한 결혼, 출산 기피 현상을 말한다.

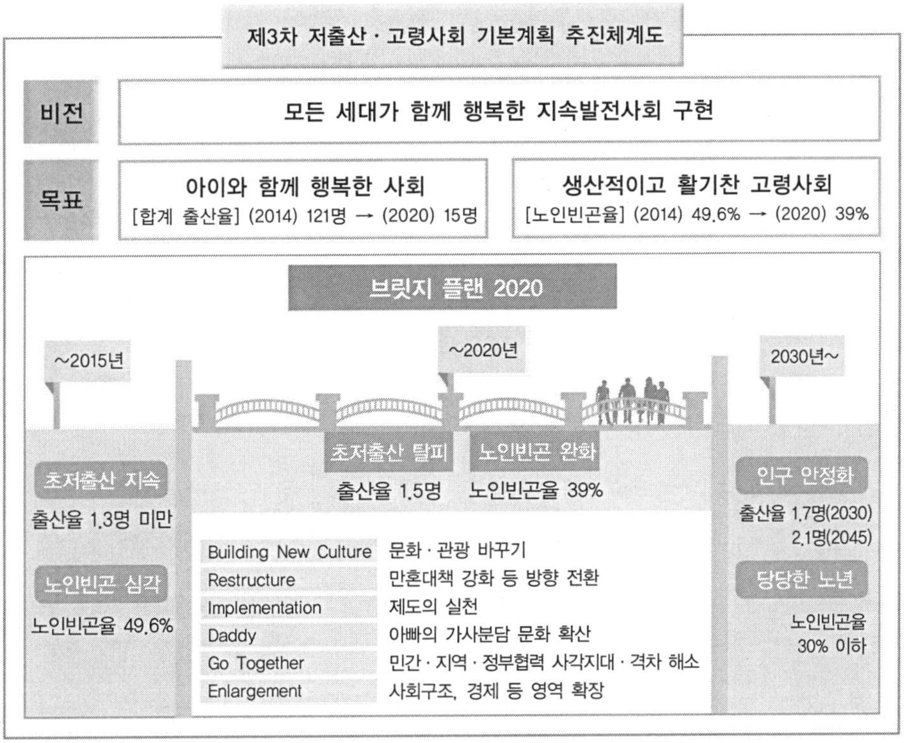


출처 : 보건복지부(2015). 브릿지플랜 2020 수립.

### 2) 주요 내용

#### (1) 저출산 대책

'브릿지플랜 2020'에 따르면, 정부는 2015년 합계 출산율이 1.21명 수준인 것을 2020년까지 1.5명으로 끌어올려 초저출산을 탈피하여, 2030년까지 1.7명, 2045년까지는 인구 대체 수준에 이르는 2.1명까지 끌어올린다는 대책이다. 또 2015년 49.6%에 이르던 노인빈곤율을 2020년까지 39%로 줄이며, 2030년 이후에는 30% 이하로 줄여나가기로 했다. 특히 심각한 저출산의 원인인 늦게 결혼하는 만혼이나 아예 하지 않는 비혼을 해소하는 데 역점을 두고 이를 실천방안으로 세 가지를 제시하였다.

첫째, 엄마와 아빠가 육아부담을 분담하는 '아빠의 달'을 1개월에서 3개월로 확대 운영하고 남성의 가사분담 확대를 위해 사회운동을 확산, 추진한다.

둘째, 난임시술 건강보험 적용 및 휴가제 도입 등을 통해 출산의 어려움을 겪고 있는 난임부부에 대한 대폭적인 지원을 한다.

셋째, 1인 1국민연금 시대를 위해 경력단절여성에게 추후 납부를 허용하며, 일용직 등 근로빈곤층의 가입을 확대하고, 주택연금을 현 2만 8천 가구에서 2025년까지는 34만 가구로 대폭 확대한다.

### (2) 고령화 대책

고령화 대책으로는 국민연금의 가입연령 완화와 무소득 배우자는 추후 납부 허용 등을 통한 '1인 1국민연금'을 장려하며, 현재 9억 원인 주택가격의 한도를 폐지해 주택연금을 대폭 확대하여 소득보장을 강화하기로 했다. 또한 지역사회가 주도하는 만성질환자 관리시스템을 구축하고, '포괄간호서비스'를 모든 병원에 확대해 간병비를 줄이며 가정 호스피스 제도를 활성화한다.

또 고령자에 대해 전직지원을 의무화하며, 여성・중고령자・외국인력을 활용 확대함으로써 고용 측면에서의 구조적인 대응에도 주력한다.

3차 기본계획에 따라서 2016년부터 2020년까지 투입예산은 저출산 분야 108조 4천억 원이고 고령사회 분야는 89조 원에 이른다.

지난 2006년에서 2010년까지 진행한 1차 기본계획 때는 저출산 분야에 19조 7천억 원 투입, 고령화에 15조 9천억 원 등 재정이 투입됐었다. 또한 2011~2015년 2차 기본계획 때는 저출산 60조 5천억 원 투입, 고령화 40조 8천 억 원 등 투입됐다. 지난 10년간 투입된 재정이 총 152조 원 수준인 걸 감안할 때 이보다 50%포인트 늘어난 재정이 향후 5년간 집중되는 것이다.

## 3) 향후 대응방향 결론

저출산을 극복하기 위한 방안은 출산의지를 활성화시킬 수 있는 실질적인 자극점을 찾는 것이 중요하다. 이는 자녀 출산에 대한 목적과 가치로부터 시작되어야 할 것으로 보이며, 저출산을 극복하기 위해서는 가족친화적인 정책을 실시할 때는 가정이 건전하고, 안전하게 성장할 수 있는 중・장기적인 계획으로 체계적인 정책과 지원이 필요하다고 본다.

이런 의미에서 브릿지플랜 2020은 저출산과 고련화의 인식 개선을 위한 종합대책을 체계적으로 수립하여 젊은 층이 미래에 대한 불안으로 결혼과 출산을 꺼리지 않도록 기업의 일・가정 양립 실천 분위기, 남성의 가사분담, 생명존중 등 사회적인 문화, 인식행태가 바뀌어야 하겠다. 이를 위해서는 기업・지방자치단체 등 지역사회 전체가 함께 극복하고 힘을 모아야 할 것이고, 고령화에 대한 대비책으로 기존의 기초연금, 장기요양 등에 따른 노후 기반 마련 대책에서 국민주택연금, 농지연금 등 확대를 통한 노후대비를 정책을 강화하고, 노인복지 대책 위주에서 생산인구를 확충하고 실버산업 등에 재정적인 지원을 통해 구조적으로 대응할 수 있도록 할 필요가 있다.

## 4. 실버산업의 특성 및 한계점

### 1) 실버산업의 특성

실버산업은 노년층이나 노후를 대비하는 연령층을 대상으로 한다는 측면에서 가정에서부터 지역사회, 공적 기관 등을 통해 제공되어져 왔다는 점에서 다른 산업과 다른 특성이 있다고 볼 수 있다(삼성경제연구소, 1992). 또한 노년층의 욕구에 따라 그들의 니즈에 맞는 서비스를 자유시장 원리에 따라 민간 차원에서 생산하고 서비스를 제공하는 경제활동이라고 특정지을 수 있다.

이런 측면에서 볼 때 실버산업이 일반산업과 구별되는 특성을 다음과 같이 정리해 볼 수 있다(최혜경 외, 2001 : 94-95).

첫째, 실버산업은 공공성이 강한 복지사업적 성격이 강하다. 실버산업은 노년층의 권익보호와 안전보장을 위해 국가가 관여함으로써 복지적 성격을 지니며 노인의 인간다운 생활을 영위하기 위해 국가는 복지 관련 제품 및 서비스 구매를 지원하게 된다. 이에 실버산업 육성정책을 통해 실버산업을 지원하기에 일반적인 산업과 구별되는 복지지향적인 산업이다.

둘째, 실버산업은 비영리 산업이 아닌 영리를 목적으로 하는 자유시장 경제원리에 따라 움직이는 경제활동이다.

실버산업은 공공성이 강한 것이지만 공급주체가 민간부문이며 상품과 서비스는 시장경제 원리에 의해 공급되는 것으로 본질적으로 수익자 부담의 영리원칙을 추구하고 있다.

셋째, 실버산업은 구매결정권이 주로 여성에게 있는 여성주도형 산업이라는 특성을 갖는다.

그 이유로는 2015년 65세 이상 여성인구의 성비가 72.6%[5]이고, 2014년 기준 65세 고령자의 기대여명[6]은 여자(22.8년)가 남자(18.3년)보다 4.4년 더 오래 사는 것으로 나타났으며(통계청, 2015), 또한 엄마 마케팅을 통한 입소문 효과(mouse effect)에 의한 여성 정보전달 매체화할 가능성이 높다는 점을 들 수 있다.

넷째, 실버산업은 다품종 소량생산 위주의 상품인 중소기업 적합 상품이다. 노년층의 특성을 고려한 다양한 맞춤형 상품 개발 및 서비스 제공이 필요한 것으로 대기업체보다 중소기업체에서 유리한 제품 생산의 특성을 가지고 있지만 다품종 소량생산은 생산단가를 높이는 요인이 발생할 수 있어 일정 규모 이상의 수요 창출이 되지 않는다면 영리적인 요인만을 생각할 때 성장이 어려울 수 있는 부분이기도 하다.

다섯째, 실버산업은 정보화 산업이다. 노년층은 정보습득 경로가 다른 집단에 비하여 현저히 낮기 때문에 노년층의 고객관리와 이에 따른 정보는 사업성패에 좌우되는 산업으로 실버상품의 정보가 제공되지 않으면 노년층들은 어떤 상품이 있는지 알 수가 없다. 따라서 노인들에게 필요한 맞춤형 서비스를 파악하고 구체적인 정보를 제공이 필요한 산업이다.

여섯째, 실버산업은 서비스 지향형 산업이다. 노년층들은 최고 관심분야인

---

5) 성비 = (65세 이상 남자인구/65세 이상 여자인구)×100

6) 기대여명 = 특정 연령 ×세의 생존자가 앞으로 생존할 것으로 기대하는 평균 생존연수

건상상태와 생명에 대한 욕구가 높아 이를 충족시켜 주기 위한 서비스 제공함으로써 서비스의 질이 중요하다. 노년층들은 본인이 필요한 상품이나 서비스를 찾아다니면서 제공받기가 쉽지 않다. 이에 실버산업은 재택진료나, 건강정보시스템 등을 통한 원스톱서비스(one-stop service)를 받을 수 있도록 이용자 중심이 되어야 한다.

이 외에도 실버산업은 소비자의 평판에 많은 영향력이 미치는 평판산업이며, 노년층을 대상으로 하기 때문에 지역의 문화적 특성을 고려한 지역과의 강한 연계성을 가진 산업으로 노인인구가 일정 규모 밀집되어 있는 도시형 산업이기도 하다(김낙봉, 1991).

### 2) 실버산업의 한계점

첫째, 실버산업이 다품종 소량산업으로 인해 영세한 중소기업 형태의 제조업체들이 활동하고 있으며, 이에 따라 기술경쟁력 확보 등을 통해 시장에 민첩하게 대응하기에 어려운 상황이다.

2017년 한국보건산업 진흥원에서 발표한 ICT(Information & Communication Technology, 정보통신기술) 기반 고령친화산업 혁신을 위한 국내 현황을 보면 고령친화용구, 용품 제조업체의 평균 종사자 수는 19.6명이고, 전체 업체 중 약 72%가 10인 미만의 영세업체인 것으로 나타나 규모를 앞세운 혁신 및 경쟁전략이 쉽지 않은 상황이며, 또한 장기요양보험 공급제품에 주력하고 민간 내수시장이 위축되어 있는 상황에서는 일정 규모 이상의 기업들이 활동하면서 시장을 성장시키기 곤란한 형편이다. 시장 형성 과정에서도 수입제품 중심의 유통기반 산업구조가 자리 잡고 있어 국내 제품의 생산 기반이 취약하고 자체적인 기술 혁신 제품 개발 역량이 미비한 실정이다.

둘째, ICT 기반 융복합형 용구, 용품 개발의 어려움 직면하고 있다.

현재 고령친화 용구・용품은 신체가 건강한 고령자들 위주가 아닌 신체적 기능이 떨어진 고령자들을 위주로 구성되어 있고, 고령친화 용구・용품이 장애인용 재활보조기구와 중복되어 있으며 일반 용품시장과는 구분되는 특수하고 제한적인 시장이 형성되어 있다.

이러한 특수성은 유니버셜 디자인을 채택한 용구 및 용품으로 대중화할 수 있는 기회가 제약될 수 있으며 고령자들의 다양한 수요에 부응하기 어려운 문제가 될 수 있다.

이에 대한 해결방안으로 첨단 ITC를 접목한 융복합형 제품 개발 및 공급을 통한 고령친화 제품의 품질고도화와 신산업 영역 개척 전략이 필요로 하겠다 (2017 : 27-28).

## 기·억·하·기

- 실버산업은 노년층을 대상으로 수요(needs)를 충족시키기 위한 상품 · 서비스를 제조 · 판매하는 것을 목적으로 하며, 광의의 실버산업은 노인뿐만 아니라 장애인, 어린이, 여성 등 신체적으로 열악한 사람, 나아가 사용함에 있어 편의성과 유용성, 안정성을 추구하는 모든 사람이 포함된다.
- 실버산업의 등장배경에는 노인인구의 증가, 기대수명의 증가와 노인부양자수 증가, 가족현상의 변화 등의 요인이 있다.
- 실버산업의 특징은 첫째, 복지사업적 성격이 강하다. 둘째, 영리를 목적으로 한다. 셋째, 여성주도형 산업이다. 넷째, 중소기업에 적합한 상품이다. 다섯째, 정보화 산업이다. 여섯째, 서비스 지향적 산업이다.

## 평가하기

**01. 실버산업에 대한 설명으로 틀린 것은?**

① 협의의 개념으로 노년층을 대상으로 상품·서비스를 제조·판매하는 것을 목적으로 하는 산업이다.
② 광의의 개념으로 제품과 서비스의 유용성과 편의성을 추구하는 노인의 모든 산업부문을 말한다.
③ 법적인 정의로는 고령친화산업으로 공식화하여 정의하고 있다.
④ 유형에는 생물학적 노화와 관련된 산업뿐만 아니라 금융, 평생교육, 정보교육, 여가산업 등도 포함된다.

**02. 실버산업의 등장 배경으로 틀린 것은?**

① 노인인구의 증가
② 기대수명의 증가
③ 가족현상의 변화
④ 노인부양지수 감소

**03. 실버산업이 특성으로 맞는 것은?**

① 공공성이 강한 복지사업적 성격이 강하다.
② 실버산업은 영리가 목적이 아닌 비영리 산업이다.
③ 구매결정권은 주로 남성에게 있는 남성주도형 산업이다.
④ 실버산업은 대량생산 위주의 상품으로 대기업에 적합한 사업이다.

**04. 실버산업의 개념과 유형에 대해 논하시오.**

**05. 실버산업의 특성과 한계점에 대해 논하시오.**

정답 1. ② 2. ④ 3. ①

# Chapter 6
# 실버교육산업

**학·습·목·표**

1. 노인교육의 성격과 내용에 대해 설명할 수 있다.
2. 실버교육산업의 현황에 대해 설명할 수 있다.

## 1. 노인교육의 성격과 내용

### 1) 노인교육의 성격

인생의 각 시기에 발달단계에 따라 고유의 특성이 있으므로 교육은 이를 효과적으로 반영하여 평생에 걸친 통합적 교육과정을 통해 지속적으로 연구 추진되어야 한다. 1950년대 노화에 대한 연구와 노년교육학이 등장, 이에 대표적인 학자인 라벨(Label)은 교육을 아동중심의 교육인 페다고지(pedagogy), 성인중심의 교육인 안드라고지(andragogy), 노인의 성공적 노화를 지지하며 행복한 삶의 주인공이 되는 노인교육 중심인 제라고지(gerogogy)의 세 가지 교육학의 통합이라고 설명하면서 이들의 교육 특성을 〈표 6-1〉과 같이 비교 설명 하였다.

즉, 인생은 단계별로 자아개념, 경험의 역할, 학습내용, 교육과정, 학습결과, 학습조직과 방법, 학습동기로 구분, 비교하여 정리한 것이다(김수영 외, 2012).

요즈음 노인교육은 노년기 학습자들을 대상으로 하는 노인교육인 노인을 위한 교육뿐만 아니라, 어린아이로부터 노년에 이르기까지 모든 연령층을 대상으로 하는 학습이나 은퇴를 준비하는 이들을 대상으로 하는 노인에 관한 교육, 더 나아가 노인들의 경험과 지식을 활용하는 노인에 의한 교육을 포함한 광범위한 성격의 노인교육을 강조하며, 이러한 3세대 교육을 결합하거나 혹은 제3의 교육학으로 세대초월적 교육의 의미를 갖는 트라이고지(trigogy)라는 새로운 용어도 나타났다(한정란, 2014).

〈표 6-1〉 **아동교육, 성인교육, 노인교육의 특성 비교**

| 구 분 | 아동교육 | 성인교육 | 노인교육 |
|---|---|---|---|
| 자아개념 | 타자에 대한 의존성(교사중심) | 자기주도성의 증대(학습자 중심) | 자기주도성 내지는 노화에 따른 타자의존성 증대 |
| 경험의 역할 | 학습의 자원 | 학습-직업(생활)에서 상호 환류됨 | 전문적 경험의 축적, 교육·문화적 계승 혹은 치매로 인한 경험의 퇴화 |
| 학습 내용 | 발달단계와 과학적 연구에 기초를 둔 학습과제(교과중심) | 사회, 직업, 생활에서 요구되는 과제(경험중심, 문제중심) | 생활, 삶의 보람, 취미 등 고령화에 대응하는 과제 (생활·교양중심) |
| 교육 과정 | 공교육으로 법제화된 교육과정(공급자 중심) | 대상별 삶의 과제중심(수요자 중심) | 노년기 삶의 과제에 기초(수요자 중심) |
| 학습 결과 | 학위취득, 직업에 대한 예비적 사회화 | 실생활 활용, 개인개발, 경력개발 | 웰에이징, 심리적 안정 |

| 학습조직 방법 | 공적 교육기관 단위제 · 학년제의 누적 방식 | 평생교육기관 재교육 방식 | 지역사회 평생학습기관 평생학습 방식 |
|---|---|---|---|
| 학습동기 | 학력, 취업 등 외재적 동기 | 개인능력 향상, 삶의 문제 해결 등 내재적 동기 | 인생 여정의 전반적 통합 |

출처 : 松井政明 外(1997), 한정란(2005). 노인교육의 이해 재구성.

### 2) 노인교육의 내용

노인교육의 주요 내용을 보면 〈표 6-2〉와 같이 적응을 위한 교육으로는 건강관리, 여가와 취미, 사회적 변화, 노인심리, 가족의 의미 등에 관한 것이 포함되며, 생존을 위한 교육으로 보수교육, 취업 및 복지 관련 교육이 다루어지고, 사회참여를 위한 교육으로 지역사회에서의 노인들의 역할을 강조하는 사회봉사 및 노인의 권리에 대한 내용이며, 마지막으로 의미에 대한 재발견 교육으로 인생을 회고하는 자서전 및 죽음에 대한 교육과 종교를 다루고 있다.

〈표 6-2〉 **노인교육의 주요 내용**

| | | |
|---|---|---|
| 적응을 위한 교육 | 건강관리 | 노화로 인한 신체의 변화, 노년기 질병의 예방과 치료, 치매와 정신건강, 식생활 운동, 건강습관 등 |
| | 여가와 취미 | 미술, 원예, 공예, 음악, 무용, 서예, 사진, 요리, 동화구연 등 |
| | 사회적 변화 | 노인의 사회적 역할, 새로운 관계망의 구성, 클럽활동 등 |
| | 노인 심리 | 노인의 심리적 변화, 인간의 전 생애 발달, 상담, 기억력 훈련, 노년기 우울증 등 |
| | 노후 경제 | 재산관리, 주거 선택과 관리, 상속과 증여, 지출계획, 저축과 투자, 사회기부의 방법 등 |
| | 가족 | 가족의 의미, 가족 내 노인의 역할, 가족관리 기술, 가족과의 대화, 가족캠프 등 |

<table>
<tr><td rowspan="3">생존을 위한 교육</td><td>일반교양</td><td>외국어, 컴퓨터, 역사, 정치, 사회문제, 신문 읽기, 도서관과 문화원 이용법 등</td></tr>
<tr><td>취업</td><td>노인의 일, 직업탐색 기술, 구체적인 직종과 관련된 기술 및 지식 등</td></tr>
<tr><td>노인복지</td><td>노인복지시설, 노인 이용 가능 시설, 복지제도, 연금제도, 의료보험, 보험상품 등</td></tr>
<tr><td rowspan="2">사회참여를 위한 교육</td><td>사회봉사</td><td>봉사의 중요성, 지역사회에서의 노인의 역할, 각종 봉사단체, 봉사에 필요한 기술훈련 등</td></tr>
<tr><td>노인의 권리</td><td>노인의 권리, 정치의 의미, 의사결정 연습, NGO 활동 등</td></tr>
<tr><td rowspan="3">의미 재발견을 위한 교육</td><td>죽음</td><td>죽음의 의미, 죽음을 위한 준비, 유서작성, 모의 장례식 등</td></tr>
<tr><td>종교</td><td>종교의 의미, 종교의 역사, 경전해석, 각종 종교행사 참여, 성지순례 등</td></tr>
<tr><td>기타</td><td>자서전 쓰기, 회상, 여행, 견학 답사, 독서토론 등</td></tr>
</table>

출처 : 한정란(2001). 교육노년학.

## 2. 실버교육산업의 현황

### 1) 노인 일반 실태

2015년 보건복지부의 전국 노인실태조사의 연령구성 변화(그림 6-1)에 의하면 80세 이상 노인(2004년 16.2% → 2014년 20.6%)로 증가하였고, 교육수준의 변화를 보더라도 중고등학교 졸업 이상자(2004년 25% → 2014년 37.6%) 증가하였으며, 거주형태의 변화에서 독거노인가구가(2004년 20.6% → 2014년 23.0%) 증가한 것으로 나타났다.

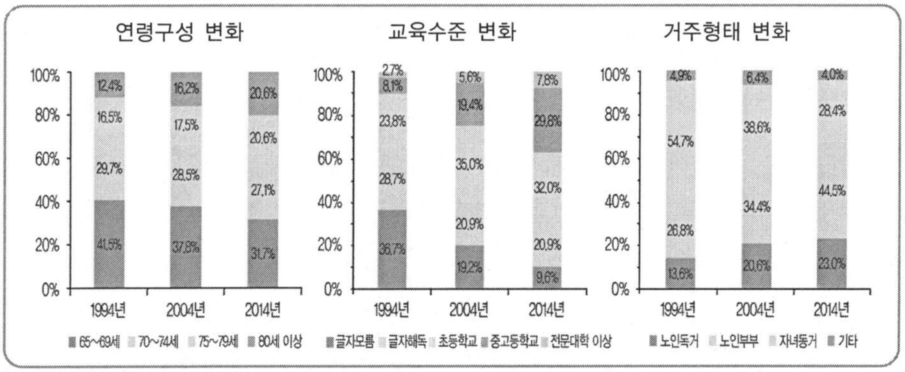


| 그림 6-1 | **연령구성 변화, 교육수준 변화, 거주형태 변화**

출처 : 보건복지부(2015). 2014 노인실태조사.

65세 이상 노인들의 사회활동 참여 비율 및 정보화 능력(그림 6-2)을 보더라도 평생교육 참여율을 보면 전체 노인의 학습활동 참여율이(2004년 4.8% → 2014년 13.7%)로 증가하였고, 컴퓨터, 인터넷을 이용할 수 있는 정보화 수준은(2004년 5.4% → 2014년 17.0%)로 많은 증가를 보이고 있으나 아직도 미흡한 수준에 이르고 있다.

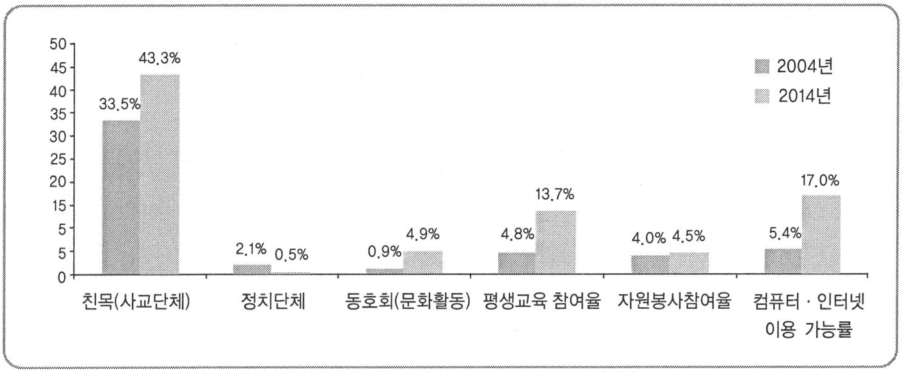


| 그림 6-2 | **65세 이상 노인의 사회활동 참여비율 및 정보화 능력**

출처 : 보건복지부(2015). 2014 노인실태조사.

## 2) 노인교육의 실태와 노인교육기관 현황

### (1) 노인교육의 실태

노인교육은 노화에 적응하고 긍정적으로 자아실현과 노화의 적응력에 필요한 여러 가지 능력을 갖추도록 도와주는 교육으로 단순한 여가나 흥미 위주의 교육이 아닌 자아실현과 노년기에 살아가는 데 실질적으로 도움이 되는 능력 강화교육을 포함한다. 우리나라도 세계에서 유래를 찾아보기 힘든 빠른 속도의 고령화가 진행되고 있는 이때 노년기를 유익하고, 효과적으로 보내기 위해서는 노인교육이 매우 중요한 영역으로 자리 잡고 있다. 노년기의 교육은 다른 교육과 달리 몇 가지 특성이 있다.

첫째, 성인기 이후의 인지적 발달은 인지기능이 퇴화가 아닌 삶의 경험을 바탕으로 성장하기 때문에 지금까지의 경험을 활용하는 것이 노인교육에 중요하다.

둘째, 노인들은 대체적으로 주위 환경에 민감하므로 이런 주위 상황적 특성을 잘 살펴 학습방법을 개발할 필요가 있다.

셋째, 노인교육에 대한 편견들을 사회적인 차원에서 없애도록 노력하며 다양한 자원들을 지원해야 한다.

넷째, 노인교육에 대한 학습욕구 부여를 위해 동기를 증진시켜야 한다.

다섯째, 다양한 프로그램을 마련함으로써 개인 기호에 충족할 수 있도록 노력해야 한다.

지식기반사회 또는 지식창조사회라고 하는 21세기에는 평생학습 관점에서 봤을 때 과거에는 개인에게 주어진 역할에만 충실하였던 것에 비하여 오늘날은 자신들이 창조해 가는 학습사회로 변화하고 있다. 이러한 지식기반 및 창조사회에서 노인들은 자기개발에 따른 학습을 꾸준히 하지 않으면 사회로부터 소외되기 쉽다.

이를 위해 노인을 단순히 복지대상으로 보는 것이 아니라 교육의 대상으로 보는 시작이 필요하다.

아직도 많은 사람들은 노인을 생물학·병리학적으로 쇠퇴하고 있으며 지적 능력이 많이 떨어진다고 인식한다. 이러한 잘못된 의견들이 공공정책을 만드는 데 영향을 끼치며 교육분야에서 마저도 노인은 교육하기 어려운 집단으로 받아들인다. 그러나 노인들의 지적 능력은 다른 세대들에 비해 학습을 습득하는 속도에서의 차이만 조금 있을 뿐 큰 차이가 없는 것으로 받아들여진다(기영화, 2007).

초고령화 사회에서 노인세대들의 노동력은 경제적 자립과 자존감을 높이기 위한 중요한 수단이며, 평균연령대가 점점 더 높아지고 있는 지금 노인인력을 적극적으로 활용해야만 하는 여건으로 상황은 변화하고 있다. 이에 따라 노인세대들에게 사회복지서비스에 한정하는 것이 아니라 노인교육을 필수적으로 해야 하는 당면과제가 된 것이다. 우리나라 노인교육 프로그램은 다양한 유형과 목적을 가지고 만들어서 오랜 기간 진행되어 왔지만 대부분의 교육 프로그램들이 언제, 어떻게 만들어졌는지에 대한 설명은 쉽지가 않다. 노인교육 프로그램의 취약한 이유는 아래와 같다(기영화, 2007).

첫째, 교육이 포함하는 내용에 대한 합의의 부재
둘째, 프로그램을 제공하는 기관의 분산
셋째, 프로그램을 활용하고 조정하는 국가적 조직의 부재
넷째, 프로그램을 후원하는 기금원의 분산
다섯째, 프로그램의 내용과 입학 정도
여섯째, 예산에 관한 자료의 지속적인 수집과 보고의 부족

이에 대한 대안으로 성공적인 노인교육 프로그램을 위해서는 몇 가지 중요한 요소들이 필요하다고 생각된다.

- 노인교육을 담당하는 기관들이 정확한 목표를 정해 운영하여야 한다.
- 교육기관은 지역사회에서 효과적인 의사소통을 위해 네트워크를 형성, 교육 프로그램들을 연계할 수 있도록 힘써야 한다.
- 노인들이 지니고 있는 잠재력을 키워줄 수 있도록 교육 프로그램을 개발하여 노인인력을 효과적으로 사용하는 통로를 마련한다.

- 노인교육을 위해 다양한 재정 마련을 위한 방법과 예산을 독립적으로 운영할 수 있는 통합기관을 만들 필요가 있다.
- 창조적인 생각들이 노인교육을 통해 개발되도록 현재의 프로그램의 장점과 앞으로 개발될 프로그램을 관리하는 노인교육기관들이 현재보다 큰 기관에 속할 수 있도록 노력해야 할 것이다.

노인교육 프로그램은 학습자의 요구만을 받아들이는 것으로 부족하다. 현재 학습자들뿐만 아니라 새로운 학습자(노인)들을 참여시키기 위하여 흥미롭고 활동적인 프로그램을 지속적으로 개발하여야 한다. 그렇지 않으면 기존의 학습자들이 내부적으로만 편안하고 안정감을 느끼는 단순한 프로그램으로 남게 되고 배타적이라는 인식을 주어 새로운 학습자들이 올 수 없게 된다. 새로운 노인학습자들은 교육 프로그램의 지속성에 새로운 영향을 주게 됨으로써 프로그램은 계속 바뀌고 성장해야 한다(기영화, 2007).

### (2) 노인교육기관 현황

우리나라 노인교육은 1972년 10월에 개설한 서울평생교육원(태화관 부설)을 시작으로 1970년대 후반부터 1980년대에 들어서 노인학교 설립이 증가하면서 현재에 이르고 있다. 우리나라 노인복지법과 관련이 높은 기관으로 노인교육 및 여가에 대한 복지시설로 노인복지관, 경로당, 노인교실이 있으나 노인복지법은 노인의 자기계발이나 자기발전을 위해 실질적으로 도움되는 교육보다는 여가활용이나 교양향상 등 여가활동과 관계되는 교육에 한정되어 있다. 이것은 자기계발 또는 인적활용 측면에서도 노인교육이 간과되고 있는 문제점이 있다. 노인복지법이 여가활용 측면에서 주로 노인교육을 담당하고 있다면, 평생교육법은 평생학습적 측면에서 교육과정의 한부분으로 노인교육을 담당하고 있다.

〈표 6-3〉 **노인여가복지시설 현황**

| 시 설 | 2012년 시설 수 | 2013년 시설 수 | 2014년 시설 수 | 2015년 시설 수 |
|---|---|---|---|---|
| 노인복지관 | 300 | 319 | 344 | 347 |
| 경로당 | 62,442 | 63,251 | 63,960 | 64,568 |
| 노인교실 | 1,335 | 1,413 | 1,361 | 1,377 |
| 합 계 | 64,077 | 64,983 | 65,665 | 66,292 |

출처 : e-나라지표. http://www.index.go.kr/potal/main/EachDtlPageDetail.do?idx_cd=2766; 보건복지부(2016). 노인복지시설 현황.

노인복지시설 현황(표 6-3)을 보면 노인복지관은 2012년 300개에서 2015년 347개로 증가하였고, 경로당이나 노인교실도 해마다 증가추세에 있으나 노인교실은 대부분 도시지역에 집중되어 있고, 그 시설과 운영 면에서도 도시와 농촌지역 간에 편차가 크다. 또한 노인교실 운영자들은 전문적이지 못하고 운영할 자금의 부족으로 전문교육인과 시설 및 환경 등이 미흡하며, 프로그램 등의 전문성 결여로 인한 문제점들이 있다. 이러한 노인교실 외에도 노인복지관 등에서 노인교육 프로그램을 실시하는 기관이 늘어나고 있으며, 복지관에서 운영되고 있는 프로그램은 기관이나 지역에 따라 편차가 있지만, 교육대상이 대부분 저소득층 노인학습자에 편중되어 있고, 노인복지관은 대부분 도시에 편중되어 있어 외곽에 거주하는 노인들이 접근하기 어렵다는 문제가 있지만, 노인들의 교육에 대한 욕구에 부족하지만 많은 도움을 줄 수 있을 것으로 본다.

### 3) 교육산업 현황

우리나라 교육산업 사업체 및 종사자 현황(표 6-4)을 보면 2009년에 교육산업을 하는 사업체가 총 141,525개 중에서 기타 교육기관 78,601개 및 일반 교습학원은 61,532개로 기타 교육기관 사업체 수가 17,069 많은 것으로 나타났다.

교육산업별 종사자는 총 513,743명 중 일반 교습학원 종사자는 308,936명이고 기타 교육기관 종사자는 197,450명으로 111,486명이 일반 교습학원 종사자가 많은 것으로 나타났으며, 여기서 사업체 수와 종사자 수가 비례하는 것은 아님을 볼 수 있다.

〈표 6-4〉 **우리나라 교육산업별 산업체 및 종사자 현황**

(단위 : 개소, 명)

| 산업별 | | 2007년 | | 2008년 | | 2009년 | |
|---|---|---|---|---|---|---|---|
| | | 사업체 수 | 종사자 수 | 사업체 수 | 종사자 수 | 사업체 수 | 종사자 수 |
| 합계 | | 133,792 | 485,361 | 139,064 | 505,549 | 141,525 | 513,743 |
| 일반 교습학원 | | 52,846 | 288,974 | 58,176 | 304,733 | 61,532 | 308,936 |
| 기타 교육기관 | | 79,681 | 190,064 | 79,567 | 193,995 | 78,601 | 197,450 |
| 스포츠 및 레크리에이션 교육기관 | 소계 | 22,751 | 41,129 | 22,493 | 40,021 | 22,030 | 39,282 |
| | 스포츠 교육기관 | 18,875 | 32,455 | 18,634 | 31,696 | 18,363 | 31,726 |
| | 레크리에이션 교육기관 | 3,876 | 8,674 | 3,859 | 8,325 | 3,667 | 7,556 |
| 예술학원 | | 43,152 | 73,589 | 42,899 | 72,729 | 41,877 | 71,181 |
| 사회교육시설 | | 1,484 | 13,155 | 1,593 | 15,338 | 1,714 | 18,211 |
| 직원훈련기관 | | 723 | 11,905 | 732 | 13,714 | 806 | 13,472 |
| 기술 및 직업훈련학원 | | 4,732 | 29,041 | 5,300 | 31,815 | 5,670 | 34,227 |
| 그 외 기타 교육기관 | | 6,839 | 21,245 | 6,550 | 20,378 | 6,504 | 21,077 |
| 교육지원 서비스업 | | 1,265 | 6,323 | 1,321 | 6,821 | 1,392 | 7,357 |

출처 : 통계청(2011) KOSIS 국가통계포털. 서비스업 조사(9차 개정).

우리나라 교육산업별 매출현황(표 6-5)을 보면 2009년에 교육산업 총매출액 22조 1,325억 원에서 일반 교습학원 13조 6,469억 원과 기타 교육기관 7조 6,684억 원으로 종사자 수가 많은 일반 교습학원 매출액이 기타 교육기관 매출액보다 상당히 많은 것으로 나타났고, 사업체 수가 가장 많은 예술학원의 매출액도 1조 6,760억 원으로 가장 많았으며, 그 다음으로 직원훈련기관, 기술 및 직업훈련학원, 스포츠 및 레크리에이션 교육기관 순으로 나타났다.

〈표 6-5〉 **우리나라 교육산업별 매출현황**

(단위 : 백만 원)

| 산업별 | | 2006년 | 2007년 | 2008년 | 2009년 |
|---|---|---|---|---|---|
| 합계 | | 16,317,872 | 18,860,916 | 21,053,221 | 22,132,555 |
| 일반 교습학원 | | 9,795,965 | 11,237,151 | 12,822,004 | 13,646,924 |
| 기타 교육기관 | | 6,203,315 | 7,106,856 | 7,510,983 | 7,668,431 |
| 스포츠 및 레크리에이션 교육기관 | 소계 | 992,974 | 1,183,291 | 1,120,807 | 1,084,453 |
| | 스포츠 교육기관 | 855,868 | 990,639 | 920,748 | 876,329 |
| | 레크리에이션 교육기관 | 137,106 | 192,653 | 200,059 | 208,124 |
| 예술학원 | | 1,571,625 | 1,738,648 | 1,755,581 | 1,676,019 |
| 사회교육시설 | | 487,567 | 667,650 | 665,856 | 702,083 |
| 직원훈련기관 | | 1,297,701 | 1,365,729 | 1,567,952 | 1,662,868 |
| 기술 및 직업훈련학원 | | 1,262,426 | 1,303,677 | 1,505,097 | 1,653,525 |
| 그 외 기타 교육 기관 | | 591,023 | 847,859 | 895,690 | 909,481 |
| 교육 지원 서비스업 | | 318,591 | 516,909 | 720,234 | 797,201 |

출처 : 통계청(2011) KOSIS 국가통계포털. 서비스업조사(9차 개정).

2007년 학국개발원의 평생교육 현황을 보면 60세 이상 노년층의 학습참여율은 형식교육이 0.2%이고 비형식교육은 21.4%로 나타나 비형식교육의 비중이 형식교육보다 높은 것으로 나타났으며, 2008년 평생교육 경험 및 실시기관 경험 여부 조사에서도 〈표 6-6〉과 같이 65세 이상 노년층의 13.3%가 평생교육의 경험이 있었다고 답하였으며, 교육 실시기관은 노인복지관, 시군구청, 종교기관, 노인단체 순으로 평생교육을 많이 실시하고 있는 것으로 나타났다.

〈표 6-6〉 **평생교육 경험 여부 및 실시기관**

(단위 : %)

| 2008년 | | 전체 65세 이상 | 60~64세 | 65~69세 | 70~74세 | 75~79세 | 80~84세 | 85세 이상 |
|---|---|---|---|---|---|---|---|---|
| 교육경험 있음 | | 13.3 | 8.7 | 11.2 | 15.3 | 15.8 | 14.3 | 9.1 |
| 실시기관 | 시군구청 | 31.6 | 63.4 | 41.9 | 32.3 | 24.7 | 20.3 | 10.5 |
| | 노인복지관 | 38.0 | 19.7 | 39.1 | 38.3 | 39.2 | 35.6 | 27.2 |
| | 노인단체 | 6.3 | 2.2 | 4.3 | 8.1 | 5.2 | 8.4 | 7.3 |
| | 종교기관 | 23.7 | 9.4 | 17.8 | 18.4 | 30.2 | 32.3 | 55.0 |
| | 대학부설 | 2.3 | 5.4 | 3.9 | 1.9 | 1.3 | 0.7 | 2.2 |
| | 사설기관 | 5.0 | 5.8 | 2.7 | 6.8 | 4.4 | 8.1 | 3.8 |
| | 기타 | 1.0 | 1.8 | 0.8 | 1.5 | 1.0 | 0.3 | 0.0 |

출처 : 보건복지부. 2008 노인실태조사(전국 노인생활실태 및 복지욕구 조사) 기초분석보고서.

2006년 고령친화산업 활성화 전략보고서(저출산고령사회 위원회 2006)에 의하면, 교육시장의 규모는 2020년 실버교육사업 매출전망이 약 1조 957억 원으로 2001년의 118배 정도 증가할 것으로 전망하고 있으며, 2001년 실버교육산업은 모태산업 전체의 0.24%에 불과하지만 2020년에는 1.28% 정도로 그 비율이 높아질 것으로 〈표 6-7〉 예측되어 실버교육산업의 지속적인 성장 가능성을 내다보고 있다.

〈표 6-7〉 실버교육산업의 시장규모 추정

(단위 : 백만 원)

| 구 분 | 2001 | 2010 | 2020 | 연평균 성장률 |
|---|---|---|---|---|
| 모태산업 | 383,069 | 560,013 | 857,256 | 4.3% |
| 실버교육산업 | 935 | 3,594 | 10,957 | 13.8% |
| 모태산업대비 비중 | 0.24% | 0.64% | 1.28 | |

출처 : 저출산 고령사회위원회(2006). 고령친화산업 활성화 전략(Ⅱ).

## 3. 실버교육산업 활성화 방안

### 1) 노인 여가 및 사회활동 참여 현황

노인들의 여가 및 사회활동 프로그램의 다양화로 인해 노인들이 참여할 수 있는 프로그램들이 과거보다 증가한 것으로 나타나고 있다. 2015년 보건복지부의 노인실태조사를 보면, 평생교육을 받을 수 있는 교육기관을 보면 시·군구민회관/ 동·읍 주민센터 24.3%, 노인복지관 24.2%, 공공문화센터(사회복지관, 종합복지관, 여성회관, 문화예술회관 등) 14.4%, 경로당 12.6%, 종교기관 9.3% 순으로 나타났으며, 참여한 적이 있는 평생교육 프로그램으로는 예술문화(댄스, 가요, 음악) 41.5%로 가장 많이 여가활동에 참여한 것으로 조사됐으며, 건강관리 증진(운동) 36%, 어학교육 10.4%, 정보화 교육 6.9%, 인문학 2.9% 순이었다. 참여내용을 보면 경로당을 순회하며 건강 여가활동 프로그램을 보급하는 경로당 순회 프로그램 운영이나, 노인들이 선호하는 게이트볼 등 강습운영 및 야외 건강 체력교실 확대와 노인 생활체육 프로그램 운영 등을 볼 수 있고, 공공문화센터인 복지관을 통해 연극, 무용, 미술, 사진 등의 문화예술 체험기회를 제공해 주거나 전통문화 확산의 일환으로 어린이집 등에 할머니가 옛날이야기 등 동화구연을 전하므로 어르신들의 자긍심과 사회의 일원으로서의 사회통합을 이루는 등 다양한 방향을 제시하고 있다.

또한 보건복지부에서는 2016년 고령친화산업 육성사업으로 고령친화교육산업을 추진하는 데 전문인력 양성과정을 네 가지로 부문으로 첫째, 고령자취업상담사는 고령자취업컨설팅을 하면서 업무역량 파악 및 재취업 지원을 하며, 둘째, 시니어교육전문가는 고령친화교육 콘텐츠 개발하면서 콘텐츠 개발이나 상품화을 할 수 있도록 지원하며, 셋째, 고령친화교육 기획 전문가는 고령친화교육을 기획하면서 기획설계 및 관리평가를 하고, 넷째, 고령친화교육 운영 전문가는 고령친화교육 운영 및 평가를 하면서 홍보, 운영계획 수립, 진행, 평가를 할 수 있도록 전문인력을 양성한다. 전문가 육성 중장기 로드맵을 보면 향후 4년(2017~2020)간 시행할 계획으로, 기반 강화기(2017), 질적 발전기(2018~2019), 성과 창출기(2019~2020)의 3단계로 나누어 발전계획을 수립한다. 하지만 전문인력의 양성도 중요하지만, 양성된 전문인력을 수용할 산업의 발전 및 일자리 창출도 중요함을 인식하여 연계 추진하였으면 한다.

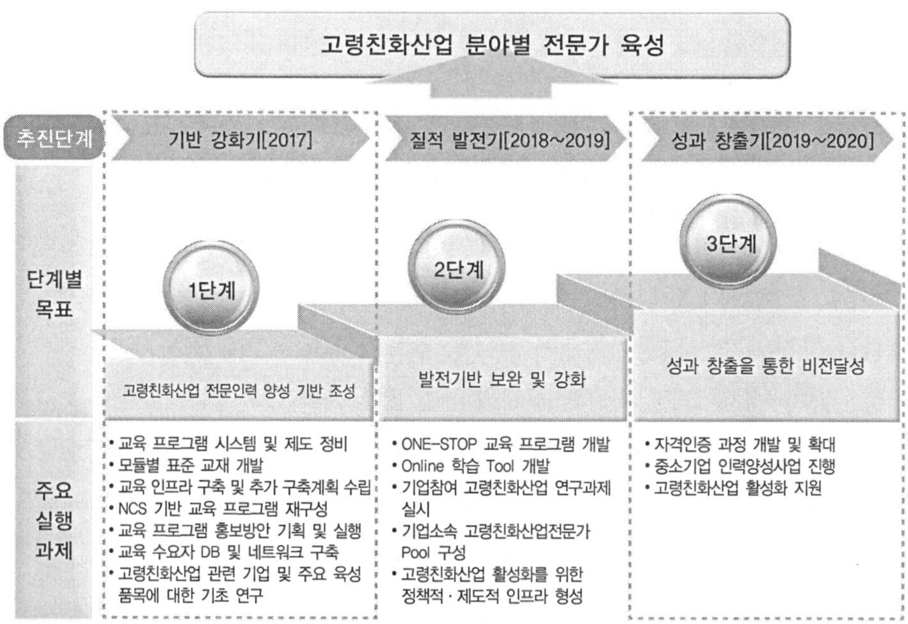


| 그림 6-3 | **중장기 발전 로드맵**

출처 : 보건복지부. 한국보건산업 진흥원(정책-고령친화-2016-122). 2016년도 고령친화산업 육성 사업, p. 235.

실버교육산업 전략품목 활성화 방안으로 직업훈련과 교양강좌, 시민교육 세 가지 부문으로 나누어 활성화 방안을 제시했는데, 각 영역별로 살펴보면 첫째 직업훈련과 관련된 취업이나 직무능력 향상을 위한 직업훈련이며, 둘째, 교양강좌와 관련된 문화, 건강, 교양, 컴퓨터, 어학, 여가선용 관련 교육이고, 셋째, 시민교육 분야로 이는 사회봉사나 사회참여 관련 교육으로 구체적으로 〈표 6-8〉에서 살펴볼 수 있다.

이러한 실버교육산업의 육성정책은 전문성이 제고되면서 다양한 욕구를 가진 실버계층에게 맞춤형 교육을 제공하게 될 것이다. 또한 노인들은 이러한 맞춤형 교육을 통해서 교육기회가 증대되고, 인적자원으로서의 능력 배양을 통해 가지고 있는 재능을 충분히 발휘하면서 자원봉사 활성화, 노인일자리 등을 통해 사회참여 기회를 확대하여 보람차고 활력이 넘치는 노후를 보낼 수 있는 여건을 확충한다.

- 시니어 인턴, 재능기부 및 老老케어 등 공익형 일자리를 확대하여 현재 34만 개 수준의 일자리를 2020년에는 59만 개까지 확대
- 공무원 · 전문직 은퇴자에 대한 참여기회 확대 등을 통해서 낮은 수준의 노인 자원봉사 참여율을 2020년에는 선진국 수준인 20%까지 올릴 수 있도록 하겠다고[노인자원봉사 참여율(2013) : 英 41%, 獨 26%, 美 24.4%, 韓 6.2%] 2015년 저출산 고령사회위원회에서 제3차 저출산 · 고령사회 기본계획을 발표

이로써 노년층들의 자립과 자활능력이 강화되면서 자긍심과 함께 사회의 일원으로서 사회화와 사회통합에 크게 기여할 것이다.

〈표 6-8〉 실버교육산업 전략품목의 활성화 방안

| | 전략품목/ 정책지원 | 구체적 내용 |
|---|---|---|
| 직업훈련 | 취업이나 직무능력 향상을 위한 직업훈련 | |
| | 고령자 적합 유망직종의 개발 | 미래 산업수요의 변화와 노동시장 환경 변화 및 외국의 사례 등을 토대로 고령자 적합 유망직종의 발굴 및 개발 |
| | 직업훈련 프로그램의 개발 및 보급 | 고령자 적합 유망직종의 원활한 수행이 가능하도록 양질의 직업훈련 프로그램을 개발하고 이를 적극적으로 보급 |
| | DB 구축/ 제공 | 직업훈련 프로그램의 내용, 실시장소 등에 대한 DB를 구축하여 훈련 희망자에 대한 상담 및 정보제공 기능 강화 |
| 교양강좌 | 문화, 교양, 건강, 컴퓨터, 어학, 여가선용 관련 교육 | |
| | 대학시설 활용 촉진 | 야간과 주말을 이용하여 대학시설이 적극 활용될 수 있도록 지원 및 유도 |
| | 저소득층에 대한 바우처제도 도입 | 저소득층의 교양강좌 참여지원을 위한 바우처 제도 시행 |
| | DB 구축/ 제공 | 교양강좌 프로그램의 내용, 실시장소 등에 대한 DB를 구축하여 교육희망자에 대한 상담 및 정보제공 기능 강화 |
| 시민교육 | 사회봉사나 사회참여 관련 교육 | |
| | 시민교육 프로그램 개발/ 보급 | 사회봉사나 사회참여 관련 교육 프로그램을 개발하여 관계교육 기관에 보급 |
| | 고령자 자원봉사단에 대한 교육 지원 | • 자원봉사 희망 고령자 주도 모임에 대해 필요한 교육 지원<br>• 고령자 자원봉사단 지도자 연수 프로그램의 개발 및 연수 실시 |
| | 시민교육 실무자에 대한 체계적 연수 지원 | 시민교육 담당 실무자의 연수를 지원함으로써 시민교육의 질 개선 도모 |
| | DB 구축/ 제공 | 시민교육 프로그램의 내용, 실시장소 등에 대한 DB를 구축하여 교육희망자에 대한 상담 및 정보제공 기능 강화 |

출처 : 저출산 고령사회위원회(2006). 고령친화산업 활성화 전략(Ⅱ).

## 2) 국내 평생교육 기관 현황

♠ 50+ 포털(http://senior.seoul.go.kr)
♠ 서울특별시 평생학습포털(http://sil.seoul.go.kr)
♠ 한국씨니어연합(http://www.seniorleague.kr/)
♠ 고령사회고용진흥원(http://www.ask.re.kr/)
♠ 50+KOREAN(http://www.50pluskorean.or.kr)
♠ 인재개발평생교육원

**평생 현역을 응원합니다!**

**인생이모작을 위한 생애설계서비스 지원**

**정리해고 후 40년간 익힌 봉제기술을 바탕으로 봉제기술 전문강사로 인생이모작 성공한 사례**

- 재취업 계획도 없이 패턴사로 40년간 일해온 회사로부터 경영난을 이유로 해고통보를 받고 막막했습니다.
- 국가에서 무료로 운영하는 생애설계서비스를 접하고 새로운 일에 도전할 때 나이는 중요하지 않으며, 관련 자기개발과 경력개발을 잘 한다면 평생 현역도 가능하다는 자신감을 갖게 되었습니다.
- 얼마 전 기술학교 강사로 재취업에 성공해서 40년간 익힌 봉제기술을 후배들에게 가르치고 있는데, 작게나마 후진양성을 위한 교육기관을 운영하는 꿈을 꾸며 매일 강단에 오르고 있습니다.

〈장ㅇㅇ씨, 61세, 봉제기술사〉

출처 : 저출산고령사회위원회(2016. 3. 3). 인생이모작을 위한 생애설계서비스 지원.

## 기·억·하·기

- 노인교육은 노인학습자 역할인 노인을 위한 교육, 노화와 노년학을 중심으로 한 노인에 관한 교육, 노인이 교수자인 노인에 의한 교육 등을 모두 포함하여 노인교육이라 지칭하며, 즉 노화와 노인 전반에 관한 교육을 말한다.
- 적응을 위한 교육, 생존을 위한 교육, 사회참여를 위한 교육, 의미 재발견을 위한 교육으로 노인교육의 종류를 나눌 수 있다.
- 65세 이상 노인들의 전체 노인의 학습활동 참여율이(2004년 4.8% → 2014년 13.7%)로 증가 하였고, 컴퓨터, 인터넷을 이용할 수 있는 정보화 수준은(2004년 5.4% → 2014년 17.0%)로 많은 증가를 보이고 있으나 아직도 미흡한 수준에 있다.

## 평가하기

**01. 노인교육의 필요성으로 틀린 것은?**

① 노인교육은 현재의 삶을 유지할 수 있게 해준다.
② 노인교육은 세대 간의 화합과 이해를 증진시킨다.
③ 노인교육은 공헌적 욕구를 충족시켜 준다.
④ 노인교육은 젊은 세대에게 노화에 대한 교육이 이루어지게 한다.

**02. 노인교육의 주요 내용으로 틀린 것은?**

① 적응을 위한 교육
② 자아실현을 위한 교육
③ 사회참여를 위한 교육
④ 생존을 위한 교육

**03.** **노인교육에 대한 특성으로 틀린 것은?**

① 경험을 활용하는 것이 중요하다.

② 노인들은 주위 환경에 민감하므로 주위 상황적 특성을 잘 살펴 학습방법을 개발해야 한다.

③ 학습욕구 부여를 위해 동기를 증진시켜야 한다.

④ 일관적 프로그램을 마련함으로써 노인 간 화합을 도모해야 한다.

**04.** **우리나라 노인교육 프로그램의 현황과 발전방안에 대해 논하시오.**

**05.** **실버교육산업의 현황과 이에 따른 문제점과 극복방안에 대해 논하시오.**

정답 1. ① 2. ② 3. ①

# Chapter 7

# 실버여가산업 및 일자리 사업

**학·습·목·표**

1. 여가산업의 개념에 대해 설명할 수 있다.
2. 실버여가산업의 특성에 대해 설명할 수 있다.
3. 일자리 사업의 개념 및 유형에 대해 설명할 수 있다.

## 1. 실버여가산업

### 1) 여가산업의 개념

여가(leisure)의 사전적 의미는 직업상의 일이나 필수적인 가사활동 외에 소비하는 시간으로 경제적 기능의 반대되는 개념이며, 카플란(Kaplan, 1960)은 의무성이나 강제성이 희박한 자발성이 최대한으로 발휘되는 선택적 행위이며, 자신이 속한 사회문화적 가치에 위배되지 않는 것을 기반으로 한다. 곧 여가활동이란 노동에 대한 의무에서 벗어나 정신적 및 정서적으로 자유롭고 즐겁게 시간을 보내며 자발성이 최대한 발휘되는 선택적이고 임의적인 활동이라 할 수 있다.

파커(Parker, 2002)는 젊은 세대에게 여가활동은 심신의 피로를 회복하고 새로운 생활을 창조하기 위해 에너지를 충전하기 위한 수단이 된다. 그러나 노인들은 생활 전체가 여가시간이므로 막연히 긴 시간을 보내는 경우가 많아 젊은 세대의 여가와는 다른 성격일 수 있다.

여가산업(leisure industry)은 여가활동을 산업화한 것으로 노인의 특성을 고려한 제품이나 서비스를 영리목적으로 하는 산업을 말한다. 여가산업을 이해하는 것을 네 가지로 분류해 볼 수 있다(김광득, 1994).

첫째, 여가산업은 융·복합적 산업으로 본다. 여가산업은 노인의 특성을 고려한 여가시설, 여가인력, 여가제품, 프로그램 등을 공급하는 산업이라고 볼 수 있다.

둘째, 여가산업을 여가구조의 관점에서 볼 수 있다.

여가산업은 여가행동이 포함된 것으로 자원은 주로 자연적·인공적인 물체를 바탕으로 하여 제품화되지만 여가구조와 관련한 산업은 유형이 아닌 무형의 서비스인 프로그램 등을 중심으로 하는 산업이다.

셋째, 여가산업은 경제적 행위를 수반한다고 볼 수 있다.

여가활동은 경제적 활동과 비경제적 활동을 수반한 여가활동으로 나누어 볼 수 있다. 대가를 지불하지 않는 비경제적인 여가활동은 대가의 지불이 없기에 산업의 범주에 들어가지 않지만 대가를 지불하는 경제적 행위를 수반하는 여가활동은 여가산업에 속한다고 볼 수 있다.

넷째, 여가산업은 여가서비스 조직이라고 볼 수 있다.

여사서비스 조직은 여가시간 동안 소비하는 서비스의 중요한 기능을 수행하는 것이며, 여가서비스업은 다양한 욕구가 필요한 수요자들에게 만족할만한 서비스를 제공해 주는 것을 말한다.

따라서 실버여가산업은 노년층의 육체적·정신적 기능을 유지하거나 향상시키고, 노년의 만족한 삶을 위하여 민간이 영리 차원에서 시장경제에 입각하여 상품이나 서비스를 제공하는 일련의 경제활동을 말한다.

## 2) 노년기 여가활동 현황

노년기의 여가활동은 평균수명의 연장과 함께 점차 증가하고 있으며, 특히 은퇴 이후 노년기에 접어들어 즐기는 여가활동은 경로당, 교회, 노인대학, 복지관 등에서 노인복지 관련 프로그램에 참여하여 생활만족을 느끼게 된다.

한국문화관광연구원에서 노년기 여가활동의 유형(그림 7-1)에 의하면, 노인들은 평소 복지관이나 문화센터(93.3%)에서 주로 여가시간을 보내는 것으로 나타났으며, 다음으로 TV 보기, 라디오 청취, 독서(90.2%), 사교모임, 종교단체 순으로 나타나 주로 집안 내에서 여가활동을 하는 것으로 나타났다.

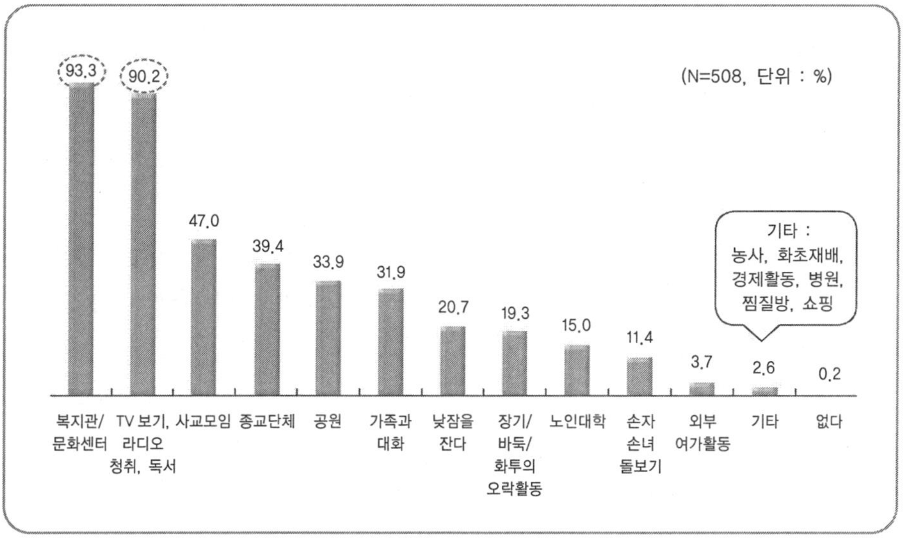


|그림 7-1| **노년기 여가활동의 유형**

출처 : 한국문화관광연구원(2008). 노인 여가문화 활성화 방안을 위한 실태조사.

위의 그림에서 보듯이 노년기에는 건강과 함께 이동성, 접근성이 여가활동을 결정하는 것으로 주로 가까운 문화센터, 복지관, 집에서 TV 시청, 라디오 청취, 독서 등 정적인 휴식활동에 참여하는 경향이 나타났다.

성별에 따른 노인의 여가활동을 보면 여성노인이 남성노인보다 종교활동, 문화관람 활동, 단순 휴식시간이 많고, 남성노인은 스포츠 및 레저 활동, 사교오락 활동이 더 많았으며, 여성노인은 활동적인 여가활동에서 남성노인보다 참여가 낮게 나타나고 있으며, 학력에 따른 노인의 여가활동 연구에 따르면 학력이 높은 노인들이 스포츠 활동과 같은 활동적인 여가활동을 많이 하는 경향이 있다.

### 3) 노년기 여가활동의 효과

#### (1) 노년기 여가활동은 삶의 만족도를 높인다

리딕(Riddick, 1986)은 노인의 경우 생활만족의 가장 영향력을 미치는 것이 여가활동이라고 하면서 노인이 사회와 가족의 소외로부터 벗어나 자신감과 자긍심을 주며 자아실현을 이룰 수 있는 계기를 마련해 주는 것으로 신체 및 정신적·심리적 안녕과 삶의 만족감을 고양한다고 했다.

노인들의 다양한 여가활동은 신체적·문화적·사교적·자연적·정신적인 활동으로 이어져 일상생활 수행능력에 긍정적인 효과를 나타내며, 삶의 만족도를 높인다.

#### (2) 노년기 여가활동은 건강에 큰 편익을 준다

모자파리안(Mozaffarian, 2008)에 의하면, 화단 가꾸기, 골프, 걷기 등 가벼운 신체 여가활동은 고령자의 심방세동[1] 위험을 낮춘다고 했다. 한국문화관광연구

---

1) 심장은 2개의 심방(atrium), 2개의 심실(ventricle)로 나뉘어 있는데 심방은 정맥혈을 심실로 전달해 주어 심실이 효과적으로 혈액을 짜낼 수 있도록 도와준다. 사람이 두 다리로 번갈아 걷듯 정상 맥박일 때 심방과 심실은 순차적으로 한 번씩 번갈아 뛴다. 심방세동(AF : Atrialfibrillation)은 심방이 불규칙적이며 가늘게 빠른 속도로 떨게 되는 병이다.

원의 2014년 여가활동 생애주기별 효과에 의하면, 노년기의 여가활동은 첫째, 노인들의 여가활동은 신체적 · 사회적 · 심리적 건강에도 긍정적인 효과를 발생시킴으로써 노인들에 대한 의료비에도 절감효과를 기대할 수 있다. 둘째, 노인들은 여가활동을 통해 성취감, 자아실현 효과, 사회적 관계 유지를 통해 삶에 대한 만족감의 증진효과를 얻을 수 있다. 셋째, 노인들의 다양한 여가활동을 통한 일상생활 수행능력에 긍정적인 효과를 주고 이를 통해 생활 만족도를 높일 수 있다. 넷째, 노년기 여가활동을 통해 노인들은 자신에 대한 신념과 자신감 부여, 자기가치성의 확신, 자율적인 생활에 대한 기능의 증진, 즐겁고 재미있는 삶의 영위 등을 도모할 수 있다.

### 4) 실버여가산업의 특성

실버여가산업이란 여가활동을 산업화한 것으로 여가산업을 노인의 특성에 맞도록 상품, 서비스를 제공하는 것으로 이때 노인의 특성이란 신체적(신체의 변화, 체력과 건강상태의 변화), 심리적(소외감 및 고독감, 경직성 및 폐쇄성, 노년기 의존성, 노년기 자아존중감), 인지적(지능, 기억, 창의성) 특성을 말하며, 이런 특성을 반영하여 여가시설이나, 제품, 프로그램 등이 여가산업에 포함된다.

실버여가산업은 주로 복지적 성격이 강하며, 노인들의 여가활동이 다양하고 소규모이기에 공급주체가 다양하고 많은 특성을 가지고 있다.

2006년도에 제정된 고령친화산업 진흥법에서 제시한 산업[2)]을 기초로, 2014년 고령친화산업 소비자 수요조사를 분석하여 여가산업을 핵심산업으로 선정하였고, 2017년 한국보건산업진흥원에서 조사한 고령친화 여가산업 전략품목은 노인의 접근성, 경제적 측면, 기술적 측면 등을 고려하여 “문화(콘텐츠)산업”, “스포츠산업” 및 “여행관광산업”을 기능성 게임, 고령친화 휴양단지 등 6개 분야을 선정 핵심산업으로 제시하고 있다.

2) 의약 · 화장품/ 용구 · 용품 또는 의료기기/ 건강기능식품 · 의류 및 급식서비스/ 정보기기 및 서비스/ 관광 · 여가 · 문화 또는 건강지원서비스/ 금융 · 자산관리서비스/ 요양서비스/ 거주 및 이용하는 주택, 그 밖의 시설/ 농업용품 또는 영농지원서비스/ 이동에 적합하는 교통수단 · 교통시설 및 그 서비스

### 5) 실버여가산업 현황

고령친화 여가산업은 2012년 기준으로 전체 고령친화산업 중 36.0%로 제일 큰 비중을 차지하고 있고, 고령친화 여가산업 전략품목은 전체 고령친화 여가산업의 32.2%의 비율을 〈표 7-1〉에서 보이고 있다.

〈표 7-1〉 **고령친화 여가산업 전략품목 시장규모**

(단위 : 억 원, %)

<table>
<tr><th colspan="4">구 분</th><th>2011년</th><th>2012년</th></tr>
<tr><td rowspan="7">전략<br>품목</td><td rowspan="3">문화<br>(컨텐츠)</td><td colspan="2">기능성 게임</td><td>200</td><td>230</td></tr>
<tr><td colspan="2">고령친화방송</td><td>18,062</td><td>20,823</td></tr>
<tr><td colspan="2">정보 제공 웹사이트</td><td>2,693</td><td>3,310</td></tr>
<tr><td rowspan="2">스포츠</td><td colspan="2">시설운영업</td><td>1,631</td><td>1,891</td></tr>
<tr><td rowspan="2">고령친화<br>휴양단지</td><td>스포츠 및 레크리에이션 교육기관</td><td>537</td><td>672</td></tr>
<tr><td>여행관광</td><td>관광편의시설업</td><td>2,726</td><td>3,042</td></tr>
<tr><td colspan="3">합 계</td><td>26,149</td><td>29,968</td></tr>
<tr><td colspan="4">고령친화 여가산업</td><td>82,184</td><td>93,034</td></tr>
<tr><td colspan="4">고령친화 여가산업 대비 비중</td><td>31.8</td><td>32.2</td></tr>
</table>

출처 : 한국보건산업진흥원(2014). 고령친화산업 실태조사 및 산업분석.

또한 고령자들의 여가활동조사(표 7-2) 결과 현재 일상에서의 여가활동은 80% 이상이 휴식 중 TV 시청, 음악감상, 산책 등의 수동적인 활동을 하고 있으며, 등산, 낚시, 독서, 각종 스포츠 참여는 11.5%에 불과한 실정이고, 향후에는 여행, 등산, 독서, 오락 등 능동적 활동이 28% 정도로 증가할 것으로 조사되었고, 노후에 가장 필요한 여가지원서비스로는 휴양단지시설, 스포츠 활동, 영화, 오락, 공연 등 문화콘텐츠 부문 순으로 수요가 조사되었다.

현재 국내 고령자의 여가활동은 휴식과 취미 및 오락활동에 집중되어 있으며 여행과 같은 관광 및 기타 사회활동 등 참여율은 비교적 낮은 편이나, 베이비붐 세대의 사회활동 특성에서는 여가활동 지출, 평일 여가활동, 사회활동 중요성, 향후 공공시설 욕구 등 고령자에 비해 높은 사회참여활동을 희망하고 있어 베이비붐 세대 특성상 지금보다도 다양한 여가산업의 수요가 예상되고 있다.

〈표 7-2〉 **고령자 여가활동조사**

| 구 분 | 내 용 |
|---|---|
| 평소 주로 하는 여가활동 | • TV 시청 · 음악감상 · 산책 등 휴식활동(82.8%)<br>• 등산 · 낚시 · 독서 등 취미 오락활동(6.8%)<br>• 조깅 · 요가 · 헬스 등 스포츠 참여(4.7%) |
| 향후 하고 싶은 여가활동 | • TV 시청 · 음악감상 · 산책 등 휴식활동(54.5%)<br>• 여행 · 드라이브 · 온천 등 관광(19.2%)<br>• 등산 · 낚시 · 독서 등 취미 오락활동(8.7%) |
| 노후에 가장 필요한 여가지원서비스 | • 고령자를 위한 휴양단지 및 시설(42.8%)<br>• 고령자를 위한 운동 및 스포츠 활동(18.9%)<br>• 고령자를 위한 영화 · 공연 · 오락 등 문화콘텐츠(17.9%) |

출처 : 국보건산업진흥원(2014). 고령친화산업 소비자 수요조사.

위 내용에서 보면 먼저 향후 노년층의 여가활동 욕구가 다양해진다는 점이다. '실버 서퍼', '노노족' 등은 이전 실버세대의 이미지와 다른 차별화된 신조어까지 등장할 정도로 실버세대들의 인터넷 이용률이 증가하고 있고, 상대적으로 경제적 어려움이나 건강문제는 줄고 문화 · 스포츠 관람 및 국내외 여행이 늘고 있다.

다음으로는 독립적이고 적극적인 성향을 가지고 있고 경제력을 바탕으로 하는 여가생활 등 의미가 있는 가치 소비로 노년기 정체성과 행복한 삶의 목적을 추구하는 엑티브 시니어가 많아졌다.

한편 위협요인도 몇 가지 뒤따르고 있다.

첫째, 여가시설들이 삼성 노블카운티처럼 고급화되면서 이용가격이 높아 경제적으로 어려운 노인들은 이용할 수 없는 부익부빈익빈 현상이 심화될 수 있다.

둘째, 급속한 고령화와 영세한 중소기업체들이 여가산업에 종사하고 있어 수요 확대에 따른 부족한 시설이나 질 좋은 상품의 부족으로 수입에 의존하는 현상이 있다.

셋째, 노인을 대상으로 하기에 복지성 제품과 서비스를 제공하므로 공공 차원에서 접근한다는 인식이 있어 민간 차원의 산업화가 지연될 수 있다.

노인들의 대부분이 여가활동을 희망하고 있어 지속적인 노인 문화활동의 지원이 필요하며, 앞으로는 가사, 손자녀 양육이라는 소득적 노후생활 희망에서 여가활동을 통한 취미생활, 자원봉사, 소득창출 등 적극적인 사회참여를 위해 노인들의 문화활동의 욕구에 맞는 맞춤형 여가활동이 되도록 하는 여가활동서비스가 충분해야 할 것으로 본다. 또한 정부의 역할보다 시민사회나 민간시장에서의 여가산업이 활성화되도록 많은 참여를 모색하고 지원할 수 있도록 하는 방안이 필요로 하겠다.

### 6) 노년기 여가활동의 효과

노년기의 여가활동에 따른 여가산업은 가장 활발한 은퇴 이후 삶의 질의 향상과 자기개발 증진은 물론 사회적·정서적 안정을 도모해 건전하고 안정된 노후생활을 영위하고, 누구나 은퇴 후에 직면할 수 있는 다양한 문제들을 예방함과 동시에 노후생활에 대한 자신감과 적응력을 제고하고 나아가 사회발전에 기여함으로써 여가활동은 창조적이고 활발한 노후생활의 기회를 제공한다.

이 밖에도 상담사업이나 노인 일자리 사회활동지원사업 등을 진행함으로써 무료하게 여가를 보내는 노인들에게 소외감과 고독감 해소 및 이웃과의 교제를 통한 정서적 지지를 제공하고 있다.

여가활동에 필요한 여가시간과 여가지출에 대한 관계를 보면 드레어와 칼릴(DeLeire & Kalil, 2010)은 노인대상으로 행복이 미치는 영향요인에서 여가활동에 대한 지출이 많을수록 사회적 네트워크에 참여율이 높아 행복으로 이어진다는 결과를 제시했다.

이는 여가활동과 관련된 여가산업이 기존의 수동적인 소비형태에서 여가생활을 즐기고 자신에게 투자를 아끼지 아니하는 성향으로 변함에 따라 향후 여가산업은 새로운 트렌드를 가지고 올 것으로 전망된다.

다양한 여가활동 사례

다양한 여가활동으로 액티브한 삶

## 2. 일자리 사업

### 1) 일자리 사업의 개념

노인 일자리 사업은 고용 없는 성장에 대한 대책의 일환으로서 2004년 노인의 소득보충과 사회참여를 목적으로 시작되었다. 시행 10년을 지나면서 예산과 참여자 수는 시행 초기에 비해서 거의 10배 정도 증가하였고, 지방자치단체에서 공공근로사업 등과 함께 큰 규모로 시행하고 있는 재정지원 일자리 사업으로 정착되고 있다. 그러나 노인 일자리 사업의 양적 성장과정에서 이면도 존재하고 있다. 특히 소득보충과 사회참여라는 상호 보완적이면서도 현실적으로 충돌하는 두 가지 목적을 달성하려다 보니 결과적으로 참여노인에게 적절한 소득보장도, 충분한 사회참여의 장도 제공하고 있지 못한 결과를 초래하고 있다(남기철, 2013; 지은정, 2014). 이러한 노인 일자리 사업의 모호하고 일관되지 못한 성격 때문에 최근에는 노인 일자리 사업 참여자들의 열악한 처우 및 예산제약에서 비롯되는 참여노인의 근로자성에 대한 논란이 발생하기도 한다(박지순, 2014; 서정희, 2012). 아무튼 노인 일자리 사업은 향후 노인들에게 사회봉사와 여가의 장을 제공하는 비근로성 참여활동 지원으로 정립되어야 할지, 아니면 노인들에 대한 정규근로 제공을 통한 노동시장 대책으로서 역할 것인지를 결정해야 하는 이른바 노인 일자리 사업의 정체성 및 방향성 확립의 과제를 안고 있다(지은정, 2014).

### 2) 일자리 사업의 유형

노인 일자리 사업은(표 7-3) 2014년까지 사회공헌형, 시장진입형, 시장자립형으로 구분되어 추진되다가 2015년에는 공익활동, 창업활동, 취업활동, 자원봉사활동으로 사업유형이 바뀌었다. 하지만 실제 민간보조로 지원하는 자원봉사활동이 추가되었을 뿐으로 자치단체의 경상보조로 지원되던 기존 사업들은 세부사업의 명칭 변경 이상의 큰 변화가 없었다.

2014년 기준으로 각 사업별로 세부사업을 살펴보면, 공익성과 시장성을 기준으로 사회공헌형 사업과 시장진입형 사업으로 구분된다. 사회공헌형을 세분하면 공익형, 교육형, 복지형으로 세분되는데, 공익형은 공공서비스 향상 및 지역사회 현안문제 해결을, 교육형은 전문적 역량이 있는 노인의 전문성 활용을 이용한 교육기여, 그리고 복지형은 소회계층 대상에 대해 사회서비스 확대와 사회적응을 지원하는 목적을 두고 있다. 또한 시장진입형은 공동작업형과 제조판매형, 인력파견형으로 세분되는데, 전자는 소규모 창업 및 전문직종 사업단이 공동으로 운영되고, 후자는 수요처의 요구에 따라 수요처에 파견하여 근로활동을 하는 특성이 있다.

노인 일자리 사업의 전달체계는 보건복지부-자치단체-시행기관(수요처)으로 이어진다. 각 주체별의 역할을 보면 보건복지부는 노인 일자리 사업의 종합계획을 수립하며 국고에서 예산을 책정한 후에 자치단체를 통하여 집행된다. 자치단체에서는 지방비와 결합하여 노인 일자리 사업을 수행하게 되는데, 사업들의 구체적인 시행은 자치단체와 노인종합복지관, 대한노인회, 시니어클럽, 노인복지센터, 사회복지관 등의 사업수행기관들이 담당한다. 사업수행기관에서는 자체적으로 작업장 혹은 수요처를 통하여 노인 일자리 사업 참여자를 배치하여 운영한다.

최근 적극적 노동시장사업들의 조정과정에서 재정지원의 직접 일자리 사업 규모가 전반적으로 축소되고 있는 추세를 보이고 있는데, 노인 일자리 사업만은 인구고령화와 노인복지 문제 등으로 예외적으로 예산과 참여자 수 면에서 모두 증가추세를 지속하고 있다.

노인 일자리 사업 관련 예산은 2014년에 2,870억 원에서 2015년 3,246억 원으로 증가하였고, 일자리 규모는 2014년에 310천 개에서 2015년 337천 개로 증가하였다.

〈표 7-3〉 **노인 일자리 사업 유형**

<table>
<tr><th colspan="4">2014</th><th colspan="4">2015</th></tr>
<tr><th colspan="2">구 분</th><th>정 의</th><th>근무조건</th><th colspan="2">구 분</th><th>정의</th><th>근무조건</th></tr>
<tr><td rowspan="3">사회공헌형</td><td>공익형</td><td>공공서비스 향상 및 지역사회 현안문제 해결 등을 목적으로 창출한 일자리로서 공공의 이익에 부합하고 사회적으로 유용성이 강한 일자리</td><td rowspan="3">1일 3~4시간, 1주 3~4일 근무, 매월 20만 원씩 총 9~12개월간 참여</td><td rowspan="3">공익활동</td><td>전국형 (자원봉사 활동)</td><td>취약노인 가구 방문하여 안부 확인, 말벗, 생활상태 점검 등 수행</td><td rowspan="3">매월 20만 원씩 총 9~12개월 참여</td></tr>
<tr><td>교육형</td><td>전문성을 갖는 노인이 다양한 계층을 대상으로 자신의 경륜과 지식을 전달함으로써 세대 간 문화전승의 효과를 살리고 교육대상자의 능력을 향상시키는 일자리</td><td rowspan="2">지역형 (표주 프로그램)</td><td rowspan="2">구 공익형, 복지형, 교육형 + 기타 사업</td></tr>
<tr><td>복지형</td><td>사회·경제·문화적 소외계층을 대상으로 제공되는 사회서비스 확대를 도모하고 서비스 이용자의 사회적응 및 안정적 생활을 유지할 수 있도록 지원하는 일자리</td></tr>
<tr><td rowspan="4">시장진입형</td><td rowspan="2">공동작업형 · 제조판매형</td><td rowspan="2">노인에게 적합한 업종 중 소규모 창업 및 전문 직종 사업단을 공동으로 운영하여 창출되는 일자리로서 일정 기간 사업비 또는 참여자 인건비를 일부 보충 지원하고 추가 사업소득으로 연중 운영하는 일자리</td><td rowspan="2">공동작업형 : 180만 원<br>제조판매형 : 200만 원</td><td rowspan="3">창업활동</td><td>공동 작업형</td><td>공동작업장 운영, 지역영농사업, 기타 공동작업형 사업</td><td rowspan="3">좌동</td></tr>
<tr><td>제조 판매형</td><td>식품제조 및 판매 사업 등 7개 사업으로 구분</td></tr>
<tr><td rowspan="2">인력 파견형</td><td rowspan="2">수요처의 요구에 의해서 일정 교육을 수료하거나 관련된 업무능력이 있는 자를 해당 수요처로 파견하여 근무기간에 대한 일정 보수를 지급받을 수 있는 일자리</td><td rowspan="2">연중참여 참여자 1인당 연간 15만 원의 부대경비 지원</td><td>고령자 친화 기업</td><td>고령자가 경쟁력을 가질 수 있는 적합 직종에 근로자 대부분을 고령자로 구성하는 기업</td></tr>
<tr><td></td><td>인력 파견형</td><td>일회성 파견사업과 지속 파견사업으로 구분</td><td>좌동</td></tr>
</table>

| 시장자립형 | 시니어 인턴십 | 일회성 파견사업과 지속 파견사업으로 구분 | 인건비의 50% 지원 (3개월 45만 원) | 취업활동 | 시니어 인턴십 | 기업이 만 60세 이상 노인 대상 인턴으로 신규채용 | 좌동 |
|---|---|---|---|---|---|---|---|
| | 고령자 친화 기업 | 기업이 만 60세 이상 노인대상 인턴으로 신규채용 | | | 시니어 직능 클럽 | 퇴직자 경험, 기술, 지식을 활용하여 일자리, 자원봉사활동, 평생교육 등을 지원하기 위해 설립한 단체 | 좌동 |
| | 시니어 직능 클럽 | 퇴직자 경험, 기술, 지식을 활용하여 일자리, 자원봉사활동, 평생교육 등을 지원하기 위해 설립한 단체 | | 자원봉사활동 | | 사회복지시설 등 봉사 | |

출처 : 보건복지부(2014; 2015). 노인인력개발원 홈페이지 등 참고로 재구성.

### 3) 일자리 사업 현황

2016년 한국노인인력개발원에서 조사한 노인 일자리 사업 유형별 창출 실적을 보면(그림 7-2) 공익활동 부문이 2015년 대비 2016년에 30만 5천 개에서 29만 개로 줄은 반면, 시장형은 22천 개에서 77만 개로 늘어난 추세로 향후 공익활동에서 시장(창업, 취업)형으로 전환되는 양상을 보이고 있다.

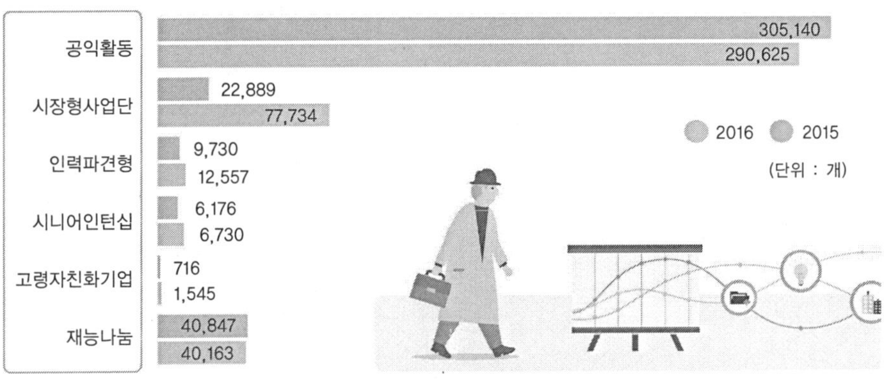


|그림 7-2| **노인일자리 사업 유형별 창출 실적**

출처 : 한국노인인력개발원 노인일자리사업정보(새누리)시스템 Database(2016). 취업연계시스템 Database.

근로 희망자들이 장래 일자리 선택 시 주요 고려사항은(표 7-4) 2012년까지는 임금수준이 다른 일자리 선택기준보다 우선시되었지만 2013년부터는 일의 양과 시간대를 우선시하는 경향이 나타났고, 2016년에는 일의 양과 시간대(26.9%), 임금수준(24.0%), 계속근로 가능성(17.4%)의 순으로 일자리 선택 시 고려한 것으로 나타났으며, 결국 직업활동을 하는 이유는 돈을 벌기 위해서, 건강 유지을 위해, 사람들과 어울리고 싶어서 순으로 활동하는 이유가 나타났다.

또한 노인일자리 선택 시 주요 고려사항을 성별로 비교해 보면, 남성은 임금수준과 일의 양과 시간대를, 여성은 일의 양과 시간대와 임금수준을 우선적으로 고려하는 것으로 나타났다.

〈표 7-4〉 **고령층 일자리 선택기준(성별)**

(단위 : 천 명, %)

| 구 분 | | 장래근로 희망자 전체 | 일자리 선택기준 | | | | | | |
|---|---|---|---|---|---|---|---|---|---|
| | | | 임금 수준 | 일의 양과 시간대 | 일의 내용 | 출퇴근 거리 등 편리성 | 계속 근로 가능성 | 과거 취업경험 연관성 | 그 외[1] |
| 2010년 전체 | 인원 | 5,698 | 1,869 | 1,141 | 523 | 212 | 1,291 | 527 | 135 |
| | 비율 | 100.0 | 32.8 | 20.0 | 9.2 | 3.7 | 22.7 | 9.2 | 2.4 |
| 2011년 전체 | 인원 | 5,819 | 1,584 | 1,245 | 672 | 264 | 1,300 | 613 | 141 |
| | 비율 | 100.0 | 27.2 | 21.4 | 11.6 | 4.5 | 22.3 | 10.5 | 2.4 |
| 2012년 전체 | 인원 | 6,198 | 1,818 | 1,348 | 653 | 296 | 1,352 | 610 | 121 |
| | 비율 | 100.0 | 29.3 | 21.8 | 10.5 | 4.8 | 21.8 | 9.8 | 1.9 |
| 2013년 전체 | 인원 | 6,541 | 1,624 | 1,702 | 822 | 344 | 1,230 | 716 | 103 |
| | 비율 | 100.0 | 24.8 | 26.0 | 12.6 | 5.3 | 18.8 | 11.0 | 1.6 |
| 2014년 전체 | 인원 | 7,053 | 1,628 | 1,975 | 917 | 379 | 1,313 | 743 | 98 |
| | 비율 | 100.0 | 23.1 | 28.0 | 13.0 | 5.4 | 18.6 | 10.5 | 1.4 |

| | | | | | | | | | |
|---|---|---|---|---|---|---|---|---|---|
| 2015년 전체 | 인원 | 7,244 | 1,674 | 2,002 | 972 | 379 | 1,301 | 821 | 75 |
| | 비율 | 100.0 | 23.2 | 27.7 | 13.5 | 5.3 | 18.0 | 11.4 | 1.0 |
| 2016년 전체 | 인원 | 7,582 | 1,816 | 2,036 | 974 | 393 | 1,320 | 935 | 108 |
| | 비율 | 100.0 | 24.0 | 26.9 | 12.8 | 5.2 | 17.4 | 12.3 | 1.4 |
| 남성 | 인원 | 4,325 | 1,126 | 859 | 595 | 147 | 882 | 632 | 84 |
| | 비율 | 100.0 | 26.0 | 19.9 | 13.8 | 3.4 | 20.4 | 14.6 | 1.9 |
| 여성 | 인원 | 3,255 | 690 | 1,177 | 379 | 245 | 438 | 303 | 23 |
| | 비율 | 100.0 | 21.2 | 36.1 | 11.6 | 7.5 | 13.4 | 9.3 | 0.7 |

주 1) : 사업장 규모나 사회적 지위 유지 가능성, 기타를 포함
출처 : 통계청(2016). 경제활동인구조사 고령층 부가조사.

고용률(경제활동참가율)을 보더라도(그림 7-3) 60세와 65세 이상, 각각 2011년 37.4%와 29.5%에서 2016년 40.4%와 31.5%로 상승하였다. 이는 노년층의 노동시장 진입은 점차 확대되고 있다는 것이다.

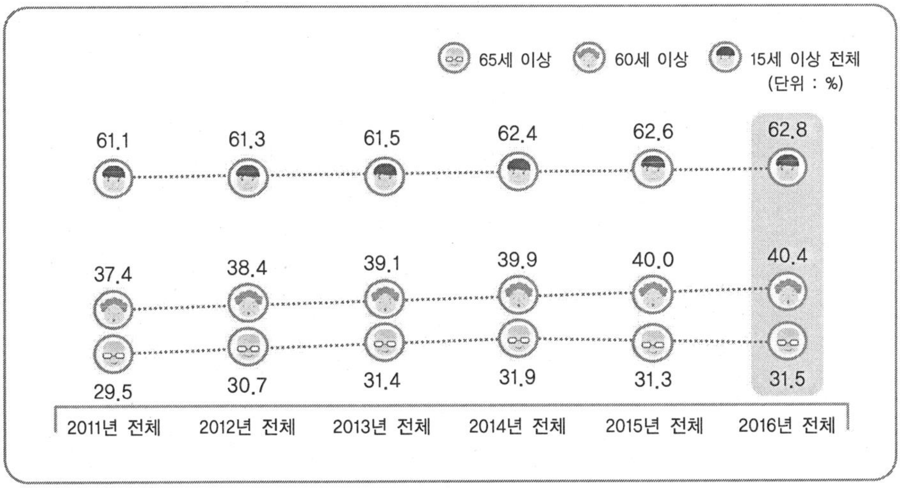


|그림 7-3| **연도별 경제활동참가율 추이**

출처 : 통계청. 경제활동인구조사 각 년도.

2016년 기준 경제활동참가율을 보면 전년 대비 소폭 상승하여 15세 이상의 전체 경제활동참가율은 62.8%, 60세 이상은 40.4%, 65세 이상은 31.5%로 나타났고, 경제활동참가율은 전 연령에서 여성보다 남성이 높은 것으로 나타났으며, 경제활동인구는(표 7-5) 65세 이상이 218만 명으로 2011년 166만 명보다 52만 명 증가된 것으로 나타났다.

이는 정부의 강력한 고용유지, 재취업 지원, 사회공헌 일자리, 창업지원 등 일자리 정책을 적극 추진함으로써 고용기회를 확대할 수 있게 되었다.

〈표 7-5〉 **경제활동참가율 현황(성별, 연령별)**

(단위 : 천 명, %)

| 구 분 | | 전체 인구수 | 경제활동 인구수[1] | 경제활동참가율[2] |
|---|---|---|---|---|
| 15세 이상 전체 | 2011년 전체 | 41,052 | 25,099 | 61.1 |
| | 2012년 전체 | 41,582 | 25,501 | 61.3 |
| | 2013년 전체 | 42,096 | 25,873 | 61.5 |
| | 2014년 전체 | 42,513 | 26,536 | 62.4 |
| | 2015년 전체 | 43,017 | 26,913 | 62.6 |
| | 2016년 전체 | 43,416 | 27,247 | 62.8 |
| | 남성 | 21,282 | 15,718 | 73.9 |
| | 여성 | 22,134 | 11,529 | 52.1 |
| 60세 이상 | 2011년 전체 | 7,913 | 2,963 | 37.4 |
| | 2012년 전체 | 8,290 | 3,185 | 38.4 |
| | 2013년 전체 | 8,575 | 3,350 | 39.1 |
| | 2014년 전체 | 8,954 | 3,570 | 39.9 |
| | 2015년 전체 | 9,399 | 3,756 | 40.0 |
| | 2016년 전체 | 9,870 | 3,989 | 40.4 |
| | 남성 | 4,360 | 2,305 | 52.9 |
| | 여성 | 5,510 | 1,684 | 30.6 |

| | | | | |
|---|---|---|---|---|
| 65세 이상 | 2011년 전체 | 5,624 | 1,661 | 29.5 |
| | 2012년 전체 | 5,930 | 1,822 | 30.7 |
| | 2013년 전체 | 6,145 | 1,927 | 31.4 |
| | 2014년 전체 | 6,406 | 2,045 | 31.9 |
| | 2015년 전체 | 6,669 | 2,087 | 31.3 |
| | 2016년 전체 | 6,930 | 2,180 | 31.5 |
| | 남성 | 2,923 | 1,232 | 42.2 |
| | 여성 | 4,008 | 948 | 23.7 |

주 1) : 경제활동인구 : 해당 연령급 간 전체 인구 중 취업자 + 실업자
2) : 경제활동참가율 : 경제활동인구(취업자+실업자)/해당 연령급 간 전체 인구×100
출처 : 통계청. 「경제활동인구조사」 각 년도.

### 4) 향후 일자리 개선 활성화 방향

고령화 추세 속에서 대부분의 노인들은 부족한 노인복지 혜택에 따른 심각한 노인빈곤 상황에 직면하여 노인들에 대한 지속적인 노인 일자리 사업은 노인들의 사회활동과 소득보전을 위한 중요한 대책으로 역할을 해왔다.

노인 일자리 사업이 종료된 이후에도 계속 참여할 의향이 있는 참여노인이 대다수를 차지한 것으로 참여노인들의 일자리에 대한 욕구는 매우 강한 것으로 나타났다.

노인 일자리 사업 참여자 특성을 보면 다음과 같은 몇 가지를 개선하여 활성화할 필요가 있다.

첫째, 참여노인의 임금을 현실화할 필요가 있다. 노인 일자리 사업은 2004년 시행된 이후 참여자 임금이 월 20만 원에 그대로 묶여있다. 노인들의 절반 이상이 생계유지를 위한 경제적 목적을 위해 노인일자리 사업에 참여하고 있는 실정이기 때문이다.

둘째, 노인친화적인 일자리의 확대이다. 해마다 노인연령대로 진입하는 노

인 수는 증가하는 반면 노인들을 위한 적합한 일자리 수는 극히 제한되어 있는 상황에서 노인 일자리 사업에 참여하고자 지원하는 노인들의 수는 증가할 수밖에 없다. 따라서 노인 일자리 사업의 참여 일자리 수 증가가 필요한 상황이다. 특히 고령자를 위해 적합한 일자리 확대가 절실하며, 지역공동체는 노인들의 경험과 숙련을 활용하여 지역 특성을 고려한 노인친화적 일자리 확보를 위하여 적극 협력할 필요가 있다.

셋째, 노인 일자리 사업의 지원환경 개선이다.

노인 일자리 사업은 사회활동과 소득보전의 두 가지 목적을 충족하기 위하여 사업유형을 시장형과 공익형으로 구분하여 실시하고 있다. 그러나 공익형은 일자리 부족에 처해있는 상황이고, 시장형은 경쟁업체들의 존재로 인해 판로 개척 등 수익확보에 애로를 갖고 있다. 이런 어려운 환경하에서 노인 일자리 사업 수행전담조직인 사회복지기관 전담인력들이 사업의 발굴, 유지 및 재생산 등을 위해 고군분투하고 있으나 이들의 급여는 열악한 수준으로 전담인력의 낮은 보수는 사업추진 과정에서 동기부여를 약화시켜 그들의 빈번한 직장이동과 그로 인한 사업현장의 노하우 축적과 성과 제고를 방해할 수 있다(전용석, 2014). 젊고 활기찬 현장에서의 전문인력이 소명감을 활동하면서 장기 근속할 수 있도록 처우개선이 필요하다.

100세 시대의 고민 중 하나인 일자리 부족과 이로 인한 세대 간 갈등이 유발할 가능성이 있다는 것이다. 선진국은 일자리 창출을 위해 자국의 산업구조를 제조업 기반에서 서비스업 기반으로 전환하였으며, 이를 통해 새로운 일자리의 창출을 지속적으로 성장을 도모하고 있는 실정이다. 그러나 우리나라는 아직도 국가산업 구조의 변화에서 서비스산업으로의 전환이 느린 상황이라 이 부분에 더욱 정책적 투입이 필요하다 하겠다.

한국노인인력개발원 일자리 사업 운영사이트

## 기・억・하・기

- 여가산업(leisure industry)은 여가활동을 산업화한 것으로 노인의 특성을 고려한 제품이나 서비스를 영리목적으로 하는 산업을 말하며, 노년기의 여가활동은 삶의 만족도와 건강에 큰 편익을 준다.

- 실버여가산업이란 여가활동을 산업화한 것으로 여가산업을 노인의 신체적・심리적・인지적 특성에 맞도록 상품, 서비스를 제공하는 것이다.

- 노인 일자리 사업은 고용 없는 성장에 대한 대책의 일환으로서 2004년 노인의 소득보충과 사회참여를 목적으로 시작되었고, 공익활동, 창업활동, 취업활동, 자원봉사활동의 네 가지 사업 유형으로 구분된다.

## 평가하기

**01. 여가산업에 대한 설명으로 틀린 것은?**

① 여가산업은 융・복합적 산업이다.
② 여가산업은 유형의 서비스를 중심을 한다.
③ 여가산업은 경제적 행위를 수반한다.
④ 여가산업은 여가서비스 조직으로 볼 수 있다.

**02. 실버여가산업의 특성으로 틀린 것은?**

① 여가산업을 노인의 특성에 맞도록 상품과 서비스를 제공하는 것이다.
② 복지적 성격이 강하다.
③ 공급주체가 다양하고 많은 특성을 지닌다.
④ 2003년에 제정된 고령친화산업 진흥법에서 제시한 산업이다.

**03.** 노인 일자리 사업의 유형으로 틀린 것은?

① 공익활동
② 지원활동
③ 취업활동
④ 자원봉사

**04.** 실버여가산업의 특성에 대해 설명하고 여가활동의 효과에 대해 논하시오.

**05.** 우리나라 노인일자리 현황과 활성화를 위한 방안에 대해 논하시오.

정답 1. ② 2. ④ 3. ②

# Chapter 8

# 노인 정보화 교육

**학•습•목•표**

1. 노인 정보화 교육의 개념을 설명할 수 있다.
2. 노인 정보화 교육의 필요성과 과제를 설명할 수 있다.

## 1. 노인 정보화 교육 개념 및 현황

### 1) 정보화 교육의 개념

65세 이상 노인인구 비율은 2000년에 7%를 넘어 고령화사회로 진입, 2017년에는 노인인구 비율이 14% 이상 예상되는 고령사회, 2026년에는 20% 이상 예상되는 초고령사회로 진입하게 된다. 급격한 노년층의 증가는 현재 우리 사회가 안고 있는 사회문제 중 하나이다. 특히 정보사회의 급속한 변화에 취약한 계층이 노인층에 속한다. 지속적인 평균수명의 증가로 정보의 취약계층은 계속적으로 증가할 것이기에 노인 정보화 교육은 우리 사회가 안고 있는 사회

문제이다. 노년층의 정보격차 문제는 사회통합을 위해서는 반드시 해결해야 할 이슈로 대두되고 있다(한국정보화진흥원, 2013 : 373).

노인 정보화 교육은 노년층에게 정보화 교육을 제공함으로써 노인들이 겪는 심리적・지적・기능적 소외감에서 극복하여 자신감을 찾음으로써 삶의 질을 향상하는 데 있다. 정보화 교육은 소외되고, 열악한 환경에 있는 노인들에게 평생학습과 같은 복지적 차원의 교육을 제공하여 세대 간 정보의 격차를 해소하는 체계적이고 제도적으로 정부와 사회가 개입하고 있다.

노년층의 정보화 교육 수준은 컴퓨터에 관한 교육수준으로 기초적 수준이며, 컴퓨터 문맹 탈출을 위한 정도의 이해와 사용방법을 익히는 기초소양교육을 뜻했으나, 최근 들어서는 정보통신 기기를 포함하는 도구를 활용하는 데 필요한 지식, 태도, 기술을 육성하는 교육을 포함한 포괄적인 개념으로 발전했다(송윤정, 2006).

정보화 교육은 노년층의 심리적・정서적 안정과 자신감을 갖게 함으로써 삶의 질 향상에 기여하고 세대 간의 격차를 해소하는 데 크게 기여하며, 일상생활에 활용함으로써 웹버족(webver)[1]으로 디지털라이프를 즐기는 계층으로 자리하고 있고, 전자정부서비스에 걸맞게 정부, 지방자치단체 등 공공기관에서 지속적인 교육을 통해 이용하는 데 어려움이 없도록 하여 사회통합에 함께하고 있다.

## 2) 노인 정보화 교육 현황

### (1) 정보화 교육 실적

우리 사회는 2000년을 기점으로 해서 이미 전체 인구에 65세 이상의 비율이 7%를 넘어선 고령화사회로 진입하였으며, 2017년에 고령사회(전체 인구 대비 65세 이상 비율이 14% 이상), 2026년에는 초고령사회(전체 인구 대비 65세 이상 비율이 20% 이상)로 예상되고 있다. 이런 급속한 고령화 추세는 우리 사회가 겪고 있는 심각한 사회문제 중 하나이다. 특히 정보화 사회에 있어 노년층의 정보

---

1) webver : 인터넷을 뜻한 웹(web)과 노인을 의미하는 실버(silver)의 합성어

격차 문제는 사회통합에 있어 서로 해결해야 할 중요 이슈로 대두되고 있다.

이에 정부는 2000년부터 고령층의 정보격차 문제를 해소하기 위해 고령층 정보화 교육을 추진하고 있다. 장·노년층들을 위한 정보화 교육은 지역적인 접근성을 고려하여 자체적으로 정보화 교육장 시설을 갖추고 있는 교육기관을 선정하여 교육을 지원하는 집합교육과 노년층이 노년층을 노노케어(老老care)[2] 돌보거나 가르침으로써 노년층의 눈높이에 맞는 맞춤 정보화 교육 서비스를 제공하고 있다.

또한 정보활용능력을 사회에 환원하는 재능기부 형식의 지식 나눔 운동 같은 일환으로 '어르신 IT 봉사단'이 이루어지고 있다.

고령층 정보화 교육(표 8-1)을 통해 2000년부터 2014년까지 총 57만여 명의 노년층에게 교육을 실시하였고, 2014년에는 21개팀 100명의 어르신들이 IT 봉사단이 활동하였고, 창업기관 지원도 2014년도부터 시작되어 3개 기관이 설립되었다. 창업지원 기관은 급속한 고령화의 진행으로 장·노년층의 일자리 창출을 위한 2014년에 신규 사업으로 '장노년층 IT 창업 아카데미'의 교육을 시범 추진하여 45명이 수료하였다.

2014년에는 전국 50개 집합교육기관과 21개 어르신 IT 봉사단과 3개 장노년층 IT 창업 아카데미 교육지원기관을 통해 1만 3,600명의 노년층에게 정보화 교육을 실시하고 있다(국가 정보화백서, 2015).

〈표 8-1〉 **연도별 고령층 정보화 교육 실적** (단위 : 명, 개소, 팀)

| 구 분 | 2000년 | 2001년 | 2002년 | 2003년 | 2004년 | 2005년 | 2006년 | 2007년 | 2008년 | 2009년 | 2010년 | 2011년 | 2012년 | 2013년 | 2014년 | 계 |
|---|---|---|---|---|---|---|---|---|---|---|---|---|---|---|---|---|
| 교육실적 | 23,535 | 42,059 | 41,332 | 54,029 | 47,292 | 60,127 | 75,687 | 79,362 | 25,964 | 18,691 | 21,745 | 21,062 | 20,303 | 19,618 | 19,535 | 570,341 |
| 집합교육 기관 | 270 | 412 | 298 | 295 | 200 | 202 | 229 | 216 | 49 | 50 | 51 | 49 | 50 | 49 | 50 | – |
| 어르신 IT봉사단 | – | – | – | – | – | 27 | 38 | 36 | 33 | 20 | 20 | 33 | 20 | 21 | 21 | – |
| 창업교육 지원기관 | – | – | – | – | – | – | – | – | – | – | – | – | – | – | 3 | – |

출처 : 한국정보화 진흥원. 2015 국가정보화 백서.

2) 건강한 노인이 병이나 다른 사유로 도움을 받고자 하는 노인을 돌보거나 가르치는 합성어

### (2) 정보화 교육 지원

한국정보화진흥원에서는 취약계층 정보화 교육을 위해 1997년부터 컴퓨터 교육이 가능한 우수인력을 확보하여 정보화 교육을 위한 강사지원단사업을 추진하고 있다. 정보화 교육 강사지원단은 공공기관, 사회복지시설, 각종 단체 등으로부터 교육신청을 받아 저소득층, 장애인 · 노인 · 농어업인 등 정보 취약계층을 대상으로 무료로 정보화 교육을 실시하고 있다. 1997년부터 2014년까지 총 62만 5,199명에 대하여 정보화 교육을 실시하였으며, 2014년 기준 등록 강사 수는 409명이다(국가 정보화백서, 2015).

정보화 교육 기반 조성을 위해 2001년에 온라인 정보화 교육 사이트인 '배움나라'를 구축 · 운영하면서 점차 활용도를 높여가고 있다. 또한 교육대상자의 정보화 참여욕구나 정보이용능력에 따라 세분화된 맞춤교육 과정의 개발, 컨설팅 제공 등을 위한 맞춤교육 콘텐츠 개발, 보급을 추진하고 있다. 정보 취약계층을 포함한 국민 누구나 정보화 교육을 받을 수 있도록 무료 온라인 정보화 교육시스템 배움나라(www.estudy.or.kr)를(그림 8-1) 운영하고 있으며, 2014년까지 170만 명이 교육을 받았다.

|그림 8-1| 무료 온라인 정보화 교육 시스템 배움나라

한국정보화진흥원에서는 고령층의 생산적인 활동을 도모하고 사회·경제적 참여를 유도하기 위하여 고령자 정보격차 해소의 일환으로 2000년부터 표준 고령층 정보화 교육(표 8-2)을 실시해 오고 있다. 그 교육과정을 살펴보면 초급과정은 컴사랑 글사랑 과정으로 컴퓨터 기초, 한글 프로그램 기초, 인터넷 기초로 구성되어 있다.

중급과정으로는 재미난 디지털, 디지털로 일하기, 인터넷에 집짓기 과정으로 구성되어 컴퓨터 정보화 활용능력을 향상시키는 교육으로 구성되어 있다.

〈표 8-2〉 **표준 정보화 교육 과정(고령층)**

| 대상 | 수준 | 과정명(교재명) | 주요 내용 |
|---|---|---|---|
| 고령층 | 초급 | 컴사랑 글사랑 | • 컴퓨터 기초(마우스/ 키보드 연습, 윈도우창 다루기, 파일과 폴더 생성, 편집, 이동과 삭제)<br>• 한글 프로그램 기초(글자/ 문단모양 바꾸기, 표 만들기, 표 꾸미기)<br>• 인터넷 기초(웹브라우저 활용하기, 전자우편 활용하기, 게시판 글쓰기, 라디오/ 영화 감상) |
| | | 한글 첫걸음 | • 한글 프로그램 기본 기능 이해<br>• 입력과 저장, 문서 편집과 출력, 그림 삽입<br>• 도표 생성 및 편집, 계산식 사용<br>• 문서인쇄, 파일 압축과 해제 |
| | 중급 | 재미난 디지털 | • 디지털카메라 사진의 컴퓨터로 이동과 인화<br>• 스위시 프로그램을 이용한 사진 편집<br>• 인터넷에서 노래 듣기<br>• 인터넷을 통해 드라마와 영화 감상 |
| | | 디지털로 일하기 | • 엑셀을 이용한 데이터 입력 및 편집<br>• 간단한 함수 활용(RANK, SORT, IF 함수기능 등)<br>• 프레젠테이션의 작성과 편집, 슬라이드 효과 |
| | | 인터넷에 집짓기 | • 웹에디터의 이해와 기본 사용법<br>• 슬라이드 및 동영상 제작과 편집(2단 홈페이지)<br>• 홈페이지 출판과 유지·보수<br>• 미니홈피 제작 및 관리 |

출처 : 한국정보화진흥원. 정보 소외계층 집합정보화 교육 운영·관리.

한국정보화진흥원은 장·노년층에게 IT를 통한 사회참여 및 재능기부의 기회를 제공하기 위해 2005년부터 지난해까지 총 1500여 명이 어르신들이 봉사단원으로 선정되어, 약 2만 7천 명의 동료 어르신들에게 교육과 봉사활동을 펼쳐왔는데, 봉사단은 일정 수준의 정보화 활용능력을 갖춘 55세 이상의 어르신 3~5명이 한 팀을 구성하여 노인교실, 복지관, 경로당, 독거노인 등 정보화에 취약한 시설을 방문하여 다양한 IT 봉사활동을 실시한다.

'2017년도 어르신 IT 봉사단 운영 기관'을 모집하는데 올해 현재로 13년째 이어지는 봉사단은 인터넷과 스마트폰에 능숙한 어르신이 동년배 분들에게 같은 눈높이로 일대일 맞춤교육을 진행한다는 점에서 어르신들 사이에서 높은 인기가 있다. 또한 스마트폰, 컴퓨터, 인터넷 기초과정 등의 정보화 교육 외에도 영상뉴스, 독거노인 영정사진 촬영, 디지털 콘텐츠 제작 및 활용, 정보기기 수리 및 정비와 소상공인의 홈페이지 관리 및 운영 등 다양한 IT 봉사활동도 전개하게 된다.

어르신 IT 봉사단은 디지털 기술을 활용한 장·노년층의 사회참여와 노인일자리 제공, 복지 증진 등을 도모함으로써 개인과 사회의 당면하고 있는 고령화 문제를 해결하려고 하는 새로운 노인복지 전략 중에 하나인 디지털 에이징(digital ageing)의 대표적 사례라고 볼 수 있다.

### (3) 주요 성과 및 이슈

장애인, 저소득층, 고령층 등 취약계층 대상에 대한 정보화 교육을 통해 고령층의 정보활용 역량 수준이 강화된 것으로 나타났다. '2014년의 정보격차지수 및 실태 조사' 결과(표 8-3)에 의하면, 일반 국민들의 역량 부문 정보화 수준을 100%로 가정할 때,[3] 일반 국민 대비 4대 취약계층의 평균 정보화 수준이 2010년 50.8%에서 2014년 64.1%로 13.3%p 상승한 것으로 나타났고, 활용 면에서도 2010년 56.5%에서 2014년 63.5%로 7%p 상승한 것으로 나타났다.

---

3) 대비수준은 전체 국민의 정보화 수준을 100으로 가정할 때, 전체 국민 대비 소외계층의 정보화 수준을 의미

〈표 8-3〉 **부문별 일반 국민 대비 정보화 수준(%)**

| 구 분 | 2004년 | 2005년 | 2006년 | 2007년 | 2008년 | 2009년 | 2010년 | 2011년 | 2012년 | 2013년 | 2014년 |
|---|---|---|---|---|---|---|---|---|---|---|---|
| 접근 | 63.7 | 71 | 80.2 | 86.5 | 89.7 | 91 | 91.8 | 92.7 | 93.4 | 93.6 | 94.3 |
| 역량 | 27.5 | 35.2 | 42.9 | 44.5 | 45.7 | 48.9 | 50.8 | 52.8 | 56.1 | 60 | 64.1 |
| 활용 | 33.1 | 41 | 49.2 | 51.4 | 53.1 | 54.8 | 56.5 | 58.2 | 59.9 | 62.3 | 63.5 |
| 양적 활용 | 34.2 | 42.2 | 50.3 | 52.8 | 54.4 | 55.7 | 57.5 | 58.6 | 59.7 | 62.6 | 63.5 |
| 질적 활용 | 29.6 | 37.7 | 46.4 | 48 | 50.1 | 52.3 | 54.1 | 56.8 | 60.4 | 61.6 | 63.4 |
| 종합 | 45 | 53.3 | 62 | 65.9 | 68 | 69.7 | 71.1 | 72.4 | 74 | 75.2 | 76.6 |

출처 : 한국정보화진흥원(2015. 3). 2014 정보격차지수 및 실태조사.

한편 2014년 정보격차 지수 및 실태 조사 결과, PC 및 모바일 융합 기반의 소외계층의 일반 국민 대비 '스마트 역량 수준(모바일 등 스마트기기 이용능력, PC 이용 능력을 통합한 정보 이용 역량 수준)'은 42% 수준에 불과하여 개선이 필요한 실정이다. 최근 스마트폰 등 스마트 기기 확산과 관련한 모바일 서비스가 대중화되고 있다. 이러한 추세로 볼 때 앞으로도 장애인・고령층 등 소외계층의 생활편익 증진을 위해서는 스마트 기기의 이용능력 향상을 위한 정책 강화가 필요하다.

2004~2015년도 정보격차지수를 통해 알아본 우리 사회의 정보격차지수 개선 추이를 볼 때 기술 발전과 사회 변화의 급진화 속에서 우리는 산업사회, 정보화사회를 거쳐 이제 제4차 산업인 지능정보사회로 접어들고 있다. 불과 몇 십 년 사이만 해도 PC를 통해 유선으로 인터넷에 접속하던 사람들이 이제는 다양한 종류들의 모바일기기를 활용하여 언제 어디서나 수시로 무선으로 인터넷에 접속하고 있다. 이러한 일련의 변화과정들은 일상생활을 자유롭게 영위할 수 있는 일반인들에게는 큰 문제가 되지 않는다. 다만, 취약계층인 장애인, 농어촌 거주자, 저소득층, 장・노년층과 같이 신체적・경제적・지역적 접

근성 등 다양한 요인들로 인해 ICT 기기들의 접근과 활용에 제약이 있는 노년층들에게는 이러한 변화들이 또 다른 차이를 야기하게 한다. 예를 들어, 누군가는 집 안에서 명절 기차표를 몇 번의 터치만으로 예약하는 동안 또 다른 누군가는 이른 새벽부터 긴 줄을 서가며 밤을 새워 명절 기차표를 구매하고 있다는 것이다.

정부는 우리 사회의 다양한 정보격차의 현상을 파악하고 정책적 추진방향을 도출하기 위하여 2004년부터 장애인, 저소득층, 장・노년층, 농어민 등 취약계층을 대상으로 정보격차 실태를 꾸준히 조사해 왔었다. 한국정보화진흥원에서는 유선 PC를 기반으로 조사한 2004~2015년의 정보격차지수를 통해 본 우리 사회의 정보격차가 그동안 얼마나 개선되었고, 소득이나 교육수준과 같은 특성에 따른 정보격차 양상이 어떠한 차이를 보였는지를 보면(표 8-4), 2004년 4대 계층(장애인, 저소득층, 농어민, 장・노년층) 전체의 정보화 격차수준은 45.0%로 일반 국민의 절반에도 미치지 못한 것으로 조사됐지만 2015년 4대 소외계층의 정보화 격차지수 수준은 일반 국민의 79.5%까지 향상되었다. 특히 지수개선 산출 초기인 2004년부터 2007년까지는 정보화 수준이 지속적으로 향상되는 추세를 보여 측정 초기의 3년간 일반 국민과의 정보화 격차가 급격히 줄어들었음을 알 수 있다.

〈표 8-4〉 **정보격차지수를 통한 정보격차 개선 추이**

(단위 : %)

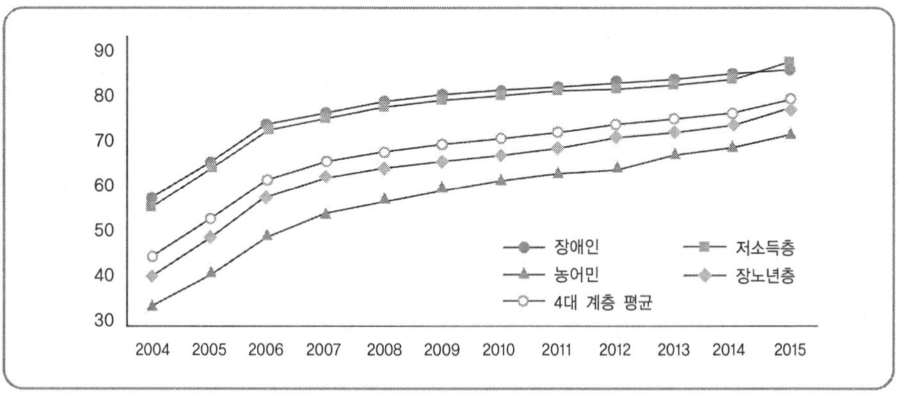

| 구 분 | 2004년 | 2005년 | 2006년 | 2007년 | 2008년 | 2009년 | 2010년 | 2011년 | 2012년 | 2013년 | 2014년 | 2015년 |
|---|---|---|---|---|---|---|---|---|---|---|---|---|
| 장애인 | 57.5 | 65.2 | 73.9 | 76.0 | 78.8 | 80.3 | 81.3 | 82.2 | 83.4 | 83.8 | 85.3 | 86.2 |
| 저소득층 | 55.6 | 64.2 | 73.0 | 75.5 | 78.1 | 79.5 | 80.5 | 81.4 | 82.2 | 83.2 | 85.3 | 87.7 |
| 농어민 | 33.8 | 41.7 | 49.8 | 54.6 | 57.9 | 60.3 | 61.8 | 63.6 | 64.8 | 67.8 | 69.4 | 72.2 |
| 장노년층 | 40.9 | 49.3 | 58.4 | 62.6 | 64.2 | 65.9 | 67.5 | 69.2 | 71.2 | 72.6 | 74.3 | 77.4 |
| 4대 계층 평균 | 45.0 | 53.3 | 62.0 | 65.9 | 68.0 | 69.7 | 71.1 | 72.4 | 74.0 | 75.2 | 76.6 | 79.5 |

출처 : 한국정보화 진흥원(2016. 5. 3). 2004~2015 정보격차지수 개선 추이.

## 2. 노인 정보화 교육의 과제와 위험관리

### 1) 정보화 교육의 과제

#### ① 정보화 교육의 지속적인 추진

지식정보화사회의 도래로 인한 '1,000만 명 정보화 교육' 사업을 시작한 정부 대 국민 정보화 교육 사업은 나날이 발전하는 정보화사회의 변화 속에 낙오되거나 소외된 계층의 정보격차 해소를 위하여 2004년부터 장애인, 고령층, 농어민, 저소득층의 4대 취약계층을 중심으로 추진하여 2013년 말까지 총 427만 305명을 대상으로 정보화 교육을 실시하였고, 4대 취약계층의 정보격차 수준은 일반 국민 대비 75.2%로 상당히 개선되었다. 그러나 정보 활용이나 역량의 수준은 60%대로 여전히 상당히 낮다. 이는 4대 취약계층의 정보활용능력 향상을 위해 정보화 교육 서비스를 꾸준히 추진해야 한다는 반증이다.

#### ② 정보교육을 통한 사회 재참여 도모

정부는 지속적으로 장애인과 고령층을 포함한 4대 취약계층의 정보활용능력 향상을 위해서, 기초 및 실용 교육을 포함 IT를 활용한 사회 재참여 위해 필요한 전문교육까지 맞춤형 정보화 교육을 추진할 필요가 있으며, 한편 어르신 IT 봉사단, IT 방문 지도사 등의 활동들을 지원하여 정보화를 통한 사회 재참여의 일환으로 지식나눔문화 확산도 지속적으로 추진하고, 고령화 추세를 감안하여 노년층의 정보화 교육을 확대하여 노년층에 대한 일자리 참여와 사회참여 등 부가가치 창출에 앞장서야 할 것이다.

③ 정보격차 해소 위한 지속적인 정보화 교육

언제 어디서나 손쉽게 정보화 교육을 받을 수 있도록 배움나라서비스와 같은 무료 온라인 정보화 교육 사이트를 통해 서비스를 제공하고, 기존의 정보격차 해소를 위해 추진한 교육사업 외에 미래사회에 대비한 정보화 교육 서비스도 지속적으로 확장해 나가야 할 것이다. 즉, 꾸준히 발전하는 정보기술 변화와 사회 변화에 맞춰 취약계층의 정보화 교육 서비스도 변화되어야 할 것이다. 즉, 모바일 환경 변화에 따른 스마트폰 활용능력 교육과 같은 모바일기기 이용능력 향상 교육을 실시하여야 하며, 정보격차는 개인의 삶의 질 향상뿐만 아니라 사회의 구성원 간 소통과 사회통합을 유도하는 중요한 수단이 되므로, 사회발전과 사회통합을 위해 지속적으로 정보격차 문제의 해결에 노력해야 할 것이다.

## 2) 위험관리

정보화사회가 진행되면서 2006년부터 고령자에게도 급증하고 있는 금융사기(보이스피싱) 및 불법 사금융 피해사례가 속출하고 있어 이에 대한 대비책과 피해사례 예방책에 대한 교육이 필요하여 예방적 차원에서 금융사기와 관련하여 다루고자 한다.

### (1) 전화금융사기의 정의

「전기통신금융사기 피해 방지 및 환급에 관한 특별법」에 제1조에 의하면, 전기통신금융사기를 방지하기 위하여 정부의 피해 방지 대책 및 금융회사의 피해 방지 책임 등을 정하고, 전기통신금융사기의 피해자에 대한 피해금 환급을 위하여 사기이용계좌의 채권소멸절차와 피해금환급절차 등을 정함으로써 전기통신금융사기를 예방하고 피해자의 재산상 피해를 신속하게 회복하는 데 이바지하는 것을 목적으로 한다 및 제2조 제2항에 "전기통신금융사기"란 전기통신기본법 제2조 제1호에 따른 전기통신을 이용하여 타인을 기망(欺罔)·공갈(恐喝)함으로써 재산상의 이익을 취하거나 제3자에게 재산상의 이익을 취하게 하는 다음 각 목의 행위를 말한다. 다만, 재화의 공급 또는 용역의 제공 등을 가장한 행위는 제외하되, 대출의 제공·알선·중개를 가장한 행위는 포함한다. 자금을 송금·이체하도록 하는 행위, 개인정보를 알아내어 자금을 송금·이체하는 행위를 뜻하는 것으로 전화(메신저)를 통해 자금이체를 요구하여 편취하거나 개인정보를 빼내 자금편취를 하는 행위로 전화금융사기(voice phishing)는 음성(voice) + 개인정보(private data) + 낚시(fishing)의 합성어이며, 재화의 공급이나 용역의 제공 등을 가장한 사기는 적용 제외(물품사기, 대출사기, 조건만남 등)된다.[4)]

|그림 8-2|에서와 같이 먼저는 사기계좌 확보를 위해 불법으로 예금통장 매입이나 편취 등을 총해 대포통장을 확보한 후 주로 해외(중국 등 동남아 지역)에서 발신자 번호를 변조하여 국내로 전화문자 메시지나, 피싱사이트에 접속하여 편취하는 것으로 보내는 메시지상에는 기방이나 공갈 등의 내용을 명시하여 경찰청이아 금융감독원 직원 등으로 사칭하여 신용카드나·인터넷 뱅킹 등 금융거래정보 편취하여 계좌보호 및 범죄혐의 탈피 등의 명분으로 계좌이체를 유도하여 현금인출책이나 송금책을 이용하여 해외송금 편취하는 수법을 주로 이용한다.

---

4) 전기통신금융사기 피해 방지 및 피해금 환급에 관한 특별법(약칭 : 통신사기피해환급법)[시행 2017. 7. 26][법률 제14839호, 2017. 7. 26., 타법개정]

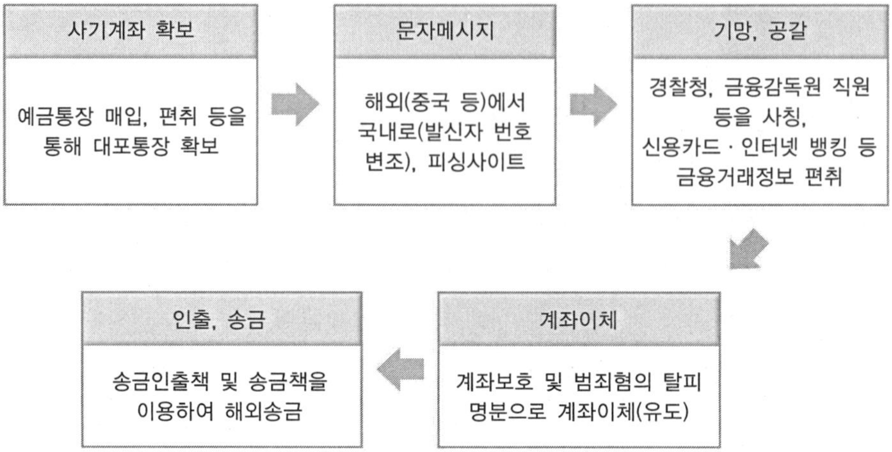


|그림 8-2| **전화금융사기의 정의 도해**

### (2) 보이스피싱 피해사례 및 예방법

#### ① 피해사례

※ 이체사실을 모르는 경우

**1단계**

일반전화로 전화를 걸어 "안녕하십니까, 우체국 직원 ○○○입니다. 고객님에게 발송된 우체국 카드가 반송되었습니다. 상담을 원하시면 9번을 누르세요"라는 녹음된 멘트가 나온다.

**2단계**

'9'번을 누르게 되면 "우체국 직원"이라고 하며 이름과 주민등록번호 등 개인정보를 알아내어 개인정보를 빼내가거나 개인정보가 노출되었으니 경찰서에 신고해 주겠다고 하고 끊는다.

**3단계**

잠시 후에 경찰을 사칭하는 자가 전화하면서 피해접수를 해주겠다고 해 금융거래의 안전을 위해 금융감독원 직원을 연결해 주겠다고 하면서 끊는다.

4단계

이후 금융감독원 직원이라 사칭하는 자가 전화해 계좌의 안전조치를 위해 현금지급기로 가라고 하면서 계좌이체를 유도하여 자금을 편취한다.

※ 이체사실을 아는 경우

• 대학 추가합격 빙자

학생의 지원한 대학명세서를 빼내 실제 대학교 전화번호로 변조하여 학생 및 학부모에게 전화하여 추가합격 등을 빙자하여 등록금을 편취

• 메신저 피싱

인터넷 메신저의 아이디와 비밀번호를 해킹 로그인 후 이미 등록되어 있는 가족, 친구 등 지인에게 대화, 쪽지 등으로 사기범 계좌로 긴급자금 송금을 요청

• 납치 등 빙자

부모에게 마치 자녀가 사고를 내거나 납치상태인 것처럼 가장해 자금을 편취하는 수법(예 학교에 간 자녀 납치, 군대 간 아들 사고, 유학 중인 자녀 납치, 사고 빙자 등)

※ 카드론, 피싱사이트

• 카드론

정보유출, 명의도용, 범죄사건 연루 등 명목으로 현혹하여 피해자의 신용카드 정보를 알아낸 후 피해자 명의로 카드론을 받음과 동시에 허위로 범죄자금이 입금되었다고 속여 사기범 계좌로 이체하도록 유도

• 피싱사이트

|그림 8-3|에서와 같이 금융회사(금융감독원) 등에서 보내는 공지사항인 것

처럼 허위 문자메세지를 발송하여 피싱사이트로 유도 금융거래 정보를 입력하게 함(예 보안승급, 정보유출 피해확인 등)

• 물품대금

물품을 구매하기로 통화하고, 발신자 명의를 은행번호로 조작하여 송금 문자메세지를 전송한 후, 실수로 영(0)을 더 붙였다고 속여 차액을 이체하도록 유도

[금융감독원 공지]
강○○님
개인정보유출로 피해가 발생할 수 있으니, 고객님의 [○○○○○○○○] 계좌를 확인바랍니다. 금융감독원 모바일
웹주소 www.kyhqz.net

절달 : NH농협은행
[공지] 김○○고객님
믿음으로 함께하는
NH농협은행입니다.
고객님의
[○○○○○○○] 계좌를 개인정보 유출방지를 위한 보안강화 서비스에 등록해주세요.
웹주소 www.nbah.net

|그림 8-3| **피해 사례 핸드폰 문자 예시**

② 피해 예방법

• 금융회사, 공공기관, 우체국, 통신사 사칭

금융회사 및 수사기관, 감독기관 등에서는 전화를 이용하여 개인 신용정보나 금융거래정보를 요구하는 경우가 절대 없다.

• 통장, 카드 양도

대출이나 취업을 미끼로 통장이나 카드를 양도하는 경우에는 대포통장으로 이용될 가능성이 아주 높고 또한 양도자는 형사처벌 대상임에 유의해야 한다.

• 피싱사이트(파밍)

금융거래정보(신용카드 번호, 은행 계좌번호, 인터넷 뱅킹정보, 보안카드 등) 입력창이 뜨면 무조건 피싱사이트로 간주하여야 한다.

※ 예방 주요 제도

• 지연지출제도

2017년 9월 2일부터 보완 추가 시행한 것으로 100만 원 이상 현금 입금된 건에 대해서 카드 등을 통해 자동화 기기에서 인출할 경우, 입금된 때로부터 30분간 인출을 지연시킴으로써 보이스피싱 사기범이 피해금을 인출하기 전에 사기범 통장에 대하여 지급정지를 용이하게 하기 위한 피해예방제도이다.

• 공인인증서 추가 인증제도

금융기관을 통해 공인인증서를 재발급받거나 사용하기 위해 단말기 지정 또는 추가 인증하는 방안으로 본인확인제도를 재검증하여 피해를 예방하기 위한 제도이다.

• 대포통장 근절

2012부터 시행하고 있는 것으로 지급정지 이력이 있는 고객의 신규계좌 개설 제한이나 대포통장 의심 계좌에 대한 실시간 모니터링으로 대포통장의 개설 및 사용을 차단하는 제도로 대포통장 근절을 목적으로 하고 있다.

③ 보이스피싱 피해신고 및 피해금 환급절차

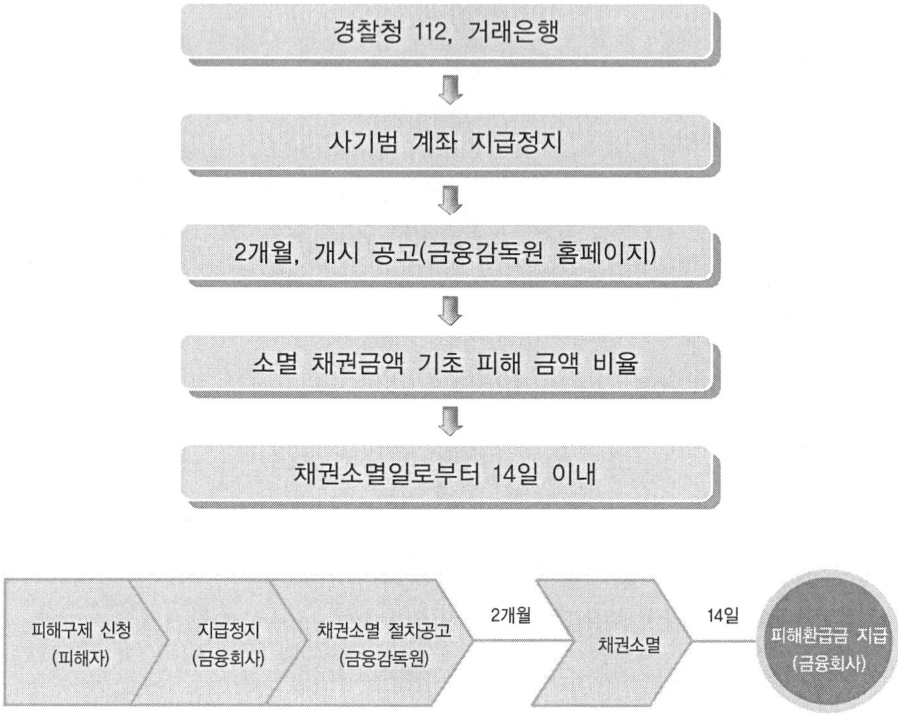


|그림 8-4| **피해금 환급 흐름도**

※ 피해금 환급 절차

- (피해구제 신청) |그림 8-4|에서와 같이 피해자는 피해금액을 송금·이체한 계좌를 관리하는 금융기관 또는 사기이용계좌를 관리하는 금융기관에 피해구제 신청을 하고, 피해구제 신청을 받은 금융기관은 다른 금융기관의 사기이용계좌로 피해금이 송금·이체된 경우 해당 금융기관에 지급정지 요청
- (지급정지) 금융기관은 보이스피싱 피해자의 요청이 있는 경우 입금내역 등을 확인한 후 계좌 전체에 대하여 지급정지

- (채권소멸 절차) 금융기관은 지급정지를 한 후 금융감독원에 채권소멸 절차 개시 공고를 요청함 → 금융감독원의 개시 공고 후에 이의제기 없이 2개월이 경과하게 되면 해당 계좌의 채권 소멸하게 됨. 이때 사기이용계좌 명의인은 채권소멸 공고기간 중에 사기계좌가 아니라는 사실을 소명함으로써 지급정지에 대해 이의제기 가능함
- (피해환급금 결정 · 지급) 금융감독원은 채권소멸일로부터 14일 이내에 환급금액을 결정 → 금융기관은 지체 없이 피해자에게 환급하도록 한다.

**보이스피싱 예방 신문광고**

출처 : 금융감독원.

## 3) 불법사금융

### (1) 불법사금융신고센터

정부는 사금융 피해예방 및 금융이용자 보호를 위해 2001년 4월 「사금융피해예방센터」를 설립·운영하면서 피해자의 애로사항들을 One-stop으로 해소할 방안이 제기됨에 따라 2009년 12월 31일 경찰청, 금융감독원, 한국자산관리공사, 신용회복위원회 등 관계기관이 합동으로 '사금융애로종합지원센터'를 출범하게 하여, 2011년 1월 3일 기존 사금융애로종합지원센터를 확대함으로써 사금융 피해뿐만 아니라 서민들의 금융 애로사항에 대한 종합적인 서비스를 제공하는 '서민금융종합지원센터'로 확대 개편하게 되었다. 또한 2012년 4월 18일에 범정부적인 '불법 사금융 척결대책'에 일환으로서 서민금융종합지원센터의 조직을 유지하면서 상담인력과 법률지원단을 보강함으로써 '불법사금융피해신고센터'가 설치되었다.

2014년 1월 27일 정부는 '개인정보 불법 유통·활용 차단조치'의 일환으로 개인정보의 불법유통 관련 신고업무를 집중적으로 수행하기 위하여 기존의 '불법사금융피해신고센터'를 확대 '불법사금융 및 개인정보 불법유통 피해신고센터'로 개편하였다.

주요 업무내용은 다음과 같다(금감원콜센터 1332).[5)]

- 고금리 사채피해 상담
- 대부업법 및 이자제한법에서 정하고 있는 최고 이자율을 초과하는 이자를 징수한 사례 등에 대한 대처방법 안내
- 불법채권추심 상담
- 「채권의 공정한 추심에 관한 법률」과 관련한 대부업자의 불법채권 추심에 대한 상담 및 대처방법 등을 안내
- 대출사기 상담

5) 금융감독원 - http://s1332.fss.or.kr/fss/s1332/privateloan/center/history.jsp

- 대출 관련 서류 등을 전송 후 연락두절 등 대출 관련 사기에 대한 대처방법 등을 안내
- 개인정보 불법유통 관련 상담 및 신고·제보접수
- 개인정보 불법유통 관련 상담 및 대처방법 등을 안내하고, 신고 및 제보를 접수하여 수사기관 등에 통보
- 기타 사금융 관련 상담
- 대부업법 관련 문의 등 사금융 관련 제반 내용에 대한 안내 및 상담

### (2) 대부계약에 따른 채권추심 시 금지사항[6)]

- 폭행 또는 협박을 가하거나 위계 또는 위력을 사용하는 방법
- 채무자(보증인 포함, 이하 같다) 또는 관계인(채무자와 동거 또는 생계를 같이 하는 자, 채무자의 친족, 채무자가 근무하는 장소에 함께 근무하는 자)에게 채무에 관한 허위사실을 알리는 행위
- 엽서에 의한 채무변제 요구 등 채무자 외의 자가 채무사실을 알 수 있게 하는 행위
- 정당한 사유 없는 채무자 방문 등 채무자 또는 그의 관계인에게 공포심과 불안감을 유발하여 사생활 또는 업무의 평온을 심히 해치는 행위
- 관계인에게 채무자의 소재지 등을 문의하면서 채무사실을 알리는 행위
- 야간(21:00~익일 08:00)에 채무자 및 관계인 방문
- 채무자, 관계인에게 금전차용 등을 통해 변제자금 마련 강요
- 변제의무가 없는 자에게 채무변제를 반복요구
- 채권추심을 위하여 타인 또는 단체명칭의 무단도용
- 혼인, 장례 등 곤란한 사정을 이용, 공개적으로 채권추심의사 표시 등

---

6) 금융감독원 - http://s1332.fss.or.kr/fss/s1332/privateloan/center/history.jsp

### (3) 사금융 거래 시 유의사항

#### ① 미등록 대부업체 이용금지

반드시 등록 대부업체 이용하여야 하며 대부업 등록 여부 문의는 관할 지방자치단체에 할 수 있다. 유의사항은 아래와 같다.

- 돈을 빨리 빌려준다거나 너무 좋은 조건을 내세우면 주의한다.
- 알선한다며 선수수료를 요구하면 절대 응하지 않는다.
- 피해 발생 시 증거 확보 후 금감원 또는 수사 당국에 신고한다.
- 사금융 관련 고민은 반드시 가족한테 알려 함께 극복한다.

#### ② 불법 채권추심 시 적극 대응 등[7)]

- 불법 채권추심 시 증거 확보 후 금감원 또는 수사 당국에 신고
- 채무변제와 관련된 금전지급에 대한 증빙 확보(현금수수 금지)

### (4) 불법채권 추심사례

얼마 전부터 자금 사정이 어려워져 카드대금을 연체하고 있었습니다. 그런데 며칠 전부터 채권추심인들이 야간에 집으로 찾아와 소속도 밝히지 않고 부모님께 채무사실을 알리며 돈을 갚으라고 하고 있어 너무 괴롭습니다. 이런 경우 어떻게 대응해야 하나요?

A : 채권추심은 금융거래 과정에서 발생한 금전채권에 대해 정당한 사유 없이 채무내용대로 돈을 반환하지 않는 경우 채권자가 채무자에게 상환할 것을 촉구하는 행위다. 이 과정에서 관련 법규를 위반하는 행위를 불법채권추심이라고 하는데 채무자는 이런 행위에 대해 자기 스스로를 보호할 수 있는 대응방안을 꼭 알아둘 필요가 있다.

첫째, 채권추심인의 신분을 확인해야 한다. 위 사례와 같이 채권추심인의 신분을 밝히지 않거나 법원·경찰청 직원 등 사실과 다른 직함을 사용해 추심하는 경우는 불법이다.

---

7) 대부업의 등록 및 금융이용자 보호에 관한 법률(제10조)

둘째, 채권추심 방법이 정당한지 확인하자. 정당한 사유 없이 반복적으로 또는 야간(저녁 9시~아침 8시)에는 전화, 문자메시지, 자택 방문 방법으로 공포심이나 불안감을 유발하거나, 협박조의 욕설·폭언과 함께 금전차용 등의 방법으로 채무의 변제자금을 마련할 것을 강요하는 행위는 불법이다.

셋째, 부모·자식 사이라도 채무를 대신 변제할 의무가 없음을 기억하자. 부모, 형제, 지인 등 제3자에게 채무사실을 알리거나 채무변제를 요구하는 행위도 불법채권추심에 해당된다.

넷째, 채권추심 내용과 자신의 채무가 일치하는지 꼼꼼하게 확인해야 한다. 사망한 채무자의 상속인이 상속을 포기한 사실을 알면서도 채무를 변제하라고 요구하거나, 채무자가 채무를 변제한 증거를 제시했음에도 불구하고 사실관계 확인 없이 추심을 지속하는 행위도 불법채권추심이다.

만약 자신이 이런 불법채권추심을 당하거나 목격했다면 당황하지 말고 침착하게 대처하는 것이 좋다. 우선 채권추심인에게 불법채권추심 행위로 해당할 수 있음을 고지하고, 소속이 파악된 경우는 소속 회사의 감사담당자에게 연락하여 위반 여부에 대해 질의하고 필요한 조치를 취할 것을 요청하는 것이 바람직하다. 필요 시에는 증거자료(휴대폰 녹취, 목격자 진술, 사진 등)를 사전에 확보해 금감원 콜센터(전화 1332) 또는 관할 경찰서에 신고하면 도움을 받을 수 있다.[8]

### (5) 불법채권추심 피해사례 및 대응요령

불법채권추심에 대응하기 위해 무엇보다도 증거자료 확보가 매우 중요하며 평소 휴대폰 등의 녹취 및 촬영 기능을 잘 숙지하였다가 불법채권추심을 당

---

8) 금융감독원 금융교육국(http://www.fss.or.kr) 제공
※ 금융정보 · 금융제도에 대해 궁금한 점이 있으시면 edu3@fss.or.kr로 문의

할 경우 당황하지 않고 휴대폰을 이용해 통화내용을 녹취, 사진, 동영상 촬영 등을 통한 증거자료를 반드시 확보하여 신고·상담하는 것이 최소한의 피해를 예방할 수 있다.

**피해사례** 채권을 추심하는 자가 소속을 밝히지 않는다면?

- 대출채권을 추심하는 자가 채무자 또는 그의 관계인에게 자신의 소속과 성명을 밝히지 않는 것은 일반적으로 불법채권추심에 해당
- 채권을 추심하는 자가 검찰·법원 등 사법 당국을 도용, 사칭하거나 법무사, 법무팀장 등 사실과는 다른 직함을 사용하는 것도 불법

**관련법규**

- "대부업법" 제10조의2 대부계약에 따른 채권의 추심을 하는 자는 채무자 또는 그의 관계인에게 그 소속과 성명을 밝혀야 한다(위반 시 5백만 원 이하의 과태료).
- "채권의 공정한 추심에 관한 법률(이하 채권추심법)" 제6조 제1항 채권추심자가 채권자로부터 채권추심을 위임받은 경우에는 채권추심에 착수하기 전까지 다음 각호에 해당하는 사항을 채무자에게 서면으로 통지하여야 한다(위반 시 1천만 원 이하의 과태료).
  1. 채권추심자의 성명·명칭 또는 연락처(채권추심자가 법인인 경우에는 채권추심 담당자의 성명, 연락처를 포함한다)
  2. 채권자의 성명·명칭, 채무금액, 채무불이행 기간 등 채무에 관한 사항
  3. 입금계좌번호, 계좌명 등 입금계좌 관련 사항

**대응방법**

1. 채권추심자에게 소속과 성명을 밝히도록 요구하고 이에 응하지 않을 경우 채권추심에 응할 필요가 없다.
2. 채권추심자가 소속과 성명을 밝히지 않고 채권추심을 계속할 경우 관할

지방자치단체에 신고하고, 미등록 사채업자가 추심을 하는 경우에는 경찰서에 신고한다.

피해사례 채권추심자가 협박 또는 폭언을 한다면?

- 채권추심자가 협박조의 내용으로 언성을 높이거나, 욕설 등 폭언을 하였다면 이는 불법채권추심에 해당될 수 있음
- 또한 언어 이외의 폭행·체포·감금, 기타 위계·위력을 사용한 행위도 모두 불법채권추심에 해당

관련법규

- "채권추심법" 제9조 제1호 채무자 또는 관계인을 폭행·협박·체포 또는 감금하거나 그에게 위계나 위력을 사용하는 행위 금지(위반 시 5년 이하의 징역 또는 5천만 원 이하의 벌금)

대응방법

1. 전화협박 등의 불법채권추심은 증빙이 어려워 처벌이 곤란한 경우가 많으므로 반드시 증거자료를 확보, 전화로 채권추심자가 협박을 하는 경우에는 당황하지 말고 통화내용을 녹취하고, 자택방문의 경우에는 핸드폰 등을 이용한 녹화·사진촬영, 이웃 증언 등을 확보한다.
2. 이후 확보한 증거자료를 가지고 관할 지방자치단체 또는 경찰서에 적극 신고한다.

피해사례 반복적으로 또는 야간에 채권추심 전화가 온다면?

- 정당한 사유 없이 반복적으로 전화·문자메시지 등을 이용하여 추심하거나 저녁 9시 이후 아침 8시 이전에 전화·문자메시지, 자택방문 등의 채권추심을 하여 공포심이나 불안감을 유발, 정상적인 업무나 사생활을 해친다면 불법채권추심에 해당

관련법규

- "채권추심법" 제9조 제2호 정당한 사유 없이 반복적으로 또는 야간(오후 9시 이후부터 다음 날 오전 8시까지)에 채무자나 관계인을 방문함으로써 공포심이나 불안감을 유발하여 사생활 또는 업무의 평온을 심하게 해치는 행위 금지(위반 시 3년 이하의 징역 또는 3천만 원 이하의 벌금)
- "채권추심법" 제9조 제3호 정당한 사유 없이 반복적으로 또는 야간에 전화하는 등 말·글·음향·영상 또는 물건을 채무자나 관계인에게 도달하게 함으로써 공포심이나 불안감을 유발하여 사생활 또는 업무의 평온을 심하게 해치는 행위 금지(위반 시 3년 이하의 징역 또는 3천만 원 이하의 벌금)

대응방법

1. 전화·문자메시지 발송, 자택방문 등이 반복적으로 또는 야간에 발생하였음을 입증해야 하므로 전화기록 등을 필히 보관(채무자가 휴대전화 전원을 꺼놓거나, 통화불능 지역에 있어 채권추심업체가 정상 시간대 발송한 것이 심야시간에 도달한 경우 등은 제외)
2. 채권추심업체에 공식적으로 반복적 또는 야간 추심행위 중단을 요청하고 관할 경찰서에 신고(전화기록 등 입증이 불가능한 경우에는 추심 시간대·횟수 등을 기록한 일지를 경찰수사에 제공하면 조치 가능성이 높음)

**피해사례** 채권추심자가 집 또는 회사로 찾아온다면?

- 채권추심자의 자택·회사 방문 자체를 불법채권추심으로 간주할 수는 없으나 혼인·장례 등 채무자가 곤란한 사정을 이용하여 방문 등을 통해 채권추심 의사를 공개적으로 표시하는 경우는 불법

  예 1. 혼인·장례식장에 찾아오겠다고 협박하는 사례

  2. 딸 결혼식날 예식장에 실제로 찾아와 하객들이 보는 앞에서 채무상환을 요구하며 계란을 투척하고 이후 "둘째, 셋째 때도 보자"라고 협박한 사례

• 방문 시 채무사실을 가족·회사동료 등 제3자에게 직간접적으로 알리는 것 또한 불법이다.

관련법규

• "채권추심법" 제12조 제1호 혼인, 장례 등 채무자가 채권추심에 응하기 곤란한 사정을 이용하여 채무자 또는 관계인에게 채권추심의 의사를 공개적으로 표시하는 행위(위반 시 2천만 원 이하의 과태료)

대응방법

1. 혼인·장례식 등에 찾아오겠다고 협박하는 경우 당황하지 말고 협박내용을 녹취하고 채권추심자에게 이는 불법이므로 지방자치단체·경찰서에 신고하겠다며 즉시 중단 요청
2. 협박이 지속되거나 불안한 경우 관할 지방자치단체 및 경찰서에 신고
   * 증빙자료를 확보하지 못한 경우도 지방자치단체에 즉시 민원제기 등을 통해 조치
3. 혼인·장례식 등에 직접 찾아오는 경우에는 마찬가지로 증거자료 확보 후 지방자치단체에 신고

피해사례 채무사실을 제3자에게 고지하거나 이를 협박하면?

• 채권추심자가 채무사실을 가족이나 회사동료 등 제3자에게 직간접적으로 알리는 것은 불법
• 채무자의 소재 파악이 곤란한 경우가 아님에도 관계인에게 채무자의 소재, 연락처 등을 문의하는 행위도 금지

관련법규

• "채권추심법" 제12조 제2호 채무자의 소재 파악이 곤란한 경우가 아님에도 채무자의 관계인에게 채무자의 소재, 연락처 또는 소재를 알 수 있는 방법등을 문의하는 행위를 금지(위반 시 2천만 원 이하의 과태료)

• "채권추심법" 제12조 제5호 엽서에 의한 채무변제 요구 등 채무자 외의 자가 채무사실을 알 수 있게 하는 행위를 금지(위반 시 5백만 원 이하의 과태료)

대응방법

1. 채권추심자가 가족 등에게 채무사실을 알리겠다고 협박하는 경우에는 "불법이므로 신고하겠다"며 즉시 중단 요청, 협박이 지속되는 경우에는 녹취기록 등을 확보하여 지방자치단체에 즉시 신고
2. 가족 등 제3자에게 채무사실을 알린 경우에는 가족 등의 도움을 받아 채권추심자의 제3자 고지행위, 일자, 내용 등을 상세히 기록하고 진술자료 등도 확보하여 지방자치단체에 신고

피해사례 채무자 또는 채무자의 가족에게 대위변제를 요구한다면?

• 채무자 또는 채무자의 가족·친지 등에게 연락하여 대위변제를 강요하거나 유도하는 행위도 금지되어 있음
  예 최근 채무자 또는 채무자의 친·인척 등에게 "햇살론" 등 서민전용 대출 등을 활용하여 채무를 변제하도록 강요하거나 대위변제를 유도

관련법규

• "채권추심법" 제9조 제5호 채무자 또는 관계인에게 금전의 차용이나 그 밖의 이와 유사한 방법으로 채무의 변제자금을 마련할 것을 강요함으로써 공포심이나 불안감을 유발하여 사생활 또는 업무의 평온을 심하게 해치는 행위를 금지(위반 시 3년 이하의 징역 또는 3천만 원 이하의 벌금)
• "채권추심법" 제9조 제6호 채무자 외의 사람에게 채무자 대신 변제할 것을 반복적으로 요구함으로써 공포심·불안감을 유발하여 사생활 또는 업무의 평온을 심하게 해치는 행위를 금지(위반 시 3년 이하의 징역 또는 3천만 원 이하의 벌금)

대응방법

1. 채권추심자가 채무미납에 따른 불이익, 도의적 책임 등을 암시하는 방법으로 대위변제를 유도하더라도 절대 응할 필요가 없음
   예 "따님이 평생 취직도 안되고 빚쟁이로 살도록 내버려두실 겁니까" 등으로 부모의 대위변제를 유도
2. 지속적으로 대위변제 요구 시 녹취 등 증거자료를 확보하여 관할 경찰서에 신고

피해사례 채권추심자가 압류, 자택실사, 경매 등을 한다고 협박하면?

- 채권추심자가 압류·경매, 채무불이행 정보 등록 등의 조치를 직접 취할 수 없으며, 이러한 조치로 위협하는 것은 불법
- 또한 채권추심에 관한 민·형사상 법적인 절차가 진행되고 있지 아니함에도 그러한 절차가 진행되고 있다고 거짓으로 표시하는 행위도 불법

관련법규

- "채권추심법" 제11조 제3호 채권추심에 관한 법률적 권한이나 지위를 거짓으로 표시하는 행위를 금지(위반 시 1천만 원 이하의 과태료)
- "채권추심법" 제11조 제4호 채권추심에 관한 민사상 또는 형사상 법적인 절차가 진행되고 있지 아니함에도 그러한 절차가 진행되고 있다고 거짓으로 표시하는 행위를 금지(위반 시 1천만 원 이하의 과태료)

대응방법

1. 채권의 압류·경매, 채무불이행 정보의 등록행위는 법원의 결정사안이므로 이에 동요할 필요는 없음 * 며칠 연체되었다고 압류가 가능한 것이 아니라 대부계약서상에 명시된 기한의 이익이 상실된 경우에 한하여 압류가 가능하므로 이 외의 경우에는 이의를 제기할 수 있음

2. 지속적으로 압류 등 의사표시를 포함한 독촉장 · 문자메시지 등으로 괴롭히면 이러한 증거자료를 확보하여 관할 지방자치단체에 신고

**피해사례** 오래된 채무에 대해 갑자기 변제를 요구한다면?

- 채권추심자가 압류 · 경매, 채무불이행 정보 등록 등의 조치를 직접 취할 수 없으며, 이러한 조치로 위협하는 것은 불법
- 또한 채권추심에 관한 민 · 형사상 법적인 절차가 진행되고 있지 아니함에도 그러한 절차가 진행되고 있다고 거짓으로 표시하는 행위도 불법

**관련법규**

- "채권추심법" 제11조 제3호 채권추심에 관한 법률적 권한이나 지위를 거짓으로 표시하는 행위를 금지(위반 시 1천만 원 이하의 과태료)
- "채권추심법" 제11조 제4호 채권추심에 관한 민사상 또는 형사상 법적인 절차가 진행되고 있지 아니함에도 그러한 절차가 진행되고 있다고 거짓으로 표시하는 행위를 금지(위반 시 1천만 원 이하의 과태료)

**대응방법**

1. 만기가 5년 이상 경과한 채무의 경우 소멸시효 완성 여부, 개인회생 개시결정 여부 등 본인 채무가 추심대상인지를 1차적으로 확인
2. 소멸시효 완성 등으로 추심대상이 아닌 것으로 확인되면, 추심업체에 추심중단을 요청하고, 추심이 지속될 경우 관할 지방자치단체 · 경찰서에 신고

**피해사례** 변제 완료한 채무에 대해 채권추심을 한다면?

- 채무 변제를 완료하였음에도 장기간 경과 후에 동일한 채무에 대해 추심을 하는 경우에는 다음과 같이 대응

대응방법

1. 채무변제확인서가 있는 경우 채무변제확인서를 제시하거나, 통장 거래내역 증빙 등을 통해 채무변제 완료를 입증 * 채무상환은 채권자 명의계좌에 입금함으로써 객관적인 증빙을 확보하고, 채무변제를 완료한 경우 반드시 채권추심자로부터 채무변제확인서를 교부받아 최소 소멸시효 완성기간인 5년 이상 보관하는 것이 바람직
2. 입증서류가 없는 경우 경찰서 수사의뢰 등을 통해 조치

◇ 불법채권추심 관련 상담 및 신고 방법은?

불법채권추심으로 피해를 당했거나 채권추심 행위의 적정성 여부 등의 상담을 원할 경우에는 혼자 고민하지 말고, 금융감독원(불법사금융피해신고센터)과 상담하고, 각 지방자치단체 소관부서 또는 지역 경찰서(지능범죄수사팀)에 적극 신고한다.

◇ 사금융피해 관련 상담 · 제보 방법[9)]

1. 사금융피해 관련 상담 · 제보
   - 사금융 피해 관련 상담 : 금융감독원 불법사금융피해신고센터(1332)
   - 인터넷을 통한 상담 · 제보 : 인터넷 포털에서 "서민금융1332" 검색 〉불법사금융 〉 불법사금융 피해 신고
     * 은행 · 저축은행 · 여전사 · 신용정보회사 등의 불법채권추심 행위는 금융감독원 금융민원센터(1332, www.fcsc.kr) 또는 해당 부서에서 처리
2. 관할 지방자치단체 신고 : 대부업체 주소지 관할 지방자치단체(시청 또는 구청)
3. 경찰청 상담 · 신고처 : 업체 주소지 관할 경찰서 수사과

9) 금융감독원 금융교육국(http://www.fss.or.kr) 제공

## 기·억·하·기

- 노인 정보화 교육은 노년층에게 정보화 교육을 제공함으로써 노인들이 겪는 심리적·지적·기능적 소외감에서 극복하여 자신감을 찾음으로써 삶의 질을 향상하는 데 있다.
- 정부는 고령층 정보화 교육 통해 2000년부터 2014년까지 총 57만여 명의 노년층에게 교육을 실시하였고, 2014년에는 21개팀 100명의 어르신들이 IT 봉사단이 활동하였고, 창업기관지원도 2014년도부터 시작되어 3개 기관이 설립되었다.

## 평가하기

**01. 노인 정보화 교육에 대한 설명으로 틀린 것은?**

① 노인들이 겪는 심리적·지적·기능적 소외감 극복에 있다.
② 정보화 교육을 통해 세대 간 정보의 격차를 해소하고자 한다.
③ 정보화 교육을 통해 삶의 질을 높이고자 한다.
④ 컴퓨터 문맹 탈출을 위한 기초소양교육만 뜻한다.

**02. 우리나라 정보화 교육에 대한 설명으로 틀린 것은?**

① 1995년대부터 고령층의 정보화 교육을 추진하고 있다.
② 재능기부 형식의 지식나눔 일환으로 '어르신 IT 봉사단'이 이뤄지고 있다.
③ 노년층이 노년층을 가르침으로써 노년층의 눈높이에 맞는 맞춤 정보화 교육서비스를 제공하고 있다.
④ 2000년대부터 표준 고령층 정보화 교육과정을 실시해 오고 있다.

**03.** **전자금융사기 대한 설명을 틀린 것은?**

① 전기통신을 이용하여 타인을 기망(欺罔) · 공갈(恐喝)함으로써 재산상의 이익을 취하는 것을 말한다.

② 재화의 공급 또는 용역 등을 가장한 행위도 포함된다.

③ 자금을 송금 · 이체하도록 하는 행위이다.

④ 개인정보를 알아내어 자금을 송금 · 이체하도록 하는 행위이다.

**04.** **노인 정보화 교육의 개념과 중요성에 대해 논하시오.**

**05.** **노인 정보화 교육의 활성화를 위해서 문제점과 극복방안에 대해 논하시오.**

정답 1. ④ 2. ① 3. ②

# Chapter 9

# 실버금융산업

**학·습·목·표**

1. 실버금융산업의 개념을 설명할 수 있다.
2. 실버금융상품의 특징을 설명할 수 있다.
3. 실버금융산업의 필요성과 현황에 대해 설명할 수 있다.

## 1. 실버금융산업의 개념

### 1) 실버금융산업의 개념과 의의

실버금융산업은 고령화에 대응하여 노후에 안정된 생활을 영위하기 위한 금융자산의 축척과 관리를 통하여 노후소득의 안정화를 유지하기 위한 금융산업 분야로, 근로행위가 가능한 중장년에게 안정적이며 인간다운 삶의 노후를 준비하기 위해서 연금, 저축, 부동산 등을 활용하여 노후에 대응하여 사용할 수 있는 소득을 사전에 준비할 수 있게 하도록 하는 것이다. 인생의 황혼기에 반드시 경험하는 자산관리와 상속 등 금융과 관련된 사항들을 처리할 수 있도록 지원해 줌으로써 노후에 발생할 수 있는 예기하지 못한 각종 질병이나 불의의 재난사고로부터 발생할 수 있는 경제적 손실에 미리 대비할 수 있도록 하는 것으로, 실버계층이 겪어야 할 생존리스크, 재무리스크, 건강리스크를 중심으로 범위가 설정될 수 있다.

생존리스크에 대하여는 노후소득 보장 장치인 국민연금, 개인연금, 주택연금 제도 등의 금융상품이 되겠으며, 재무리스크와 관련해서는 자산관리의 중요성에 대한 금융서비스가 되겠고, 건강리스크와 관련해서는 건강보험 등의 금융상품 및 서비스가 해당된다.

### 2) 실버금융상품의 특징

실버금융상품은 미래의 부담을 일시에 지지 않기 위해서는 장기간 미리 준비해야 하기 때문에 노후준비를 위해 자산을 준비하는 30~50대 계층과 노후소득관리를 받는 60대 이후 층으로 구분할 수 있다.

실버금융 상품 및 서비스는 정부의 사회보장정책을 통해 보장하고 있는 기본적인 것에 추가하여 각 개인의 필요에 따라 선택을 해야 하며, 사회보장제도와 다르게 민영보험은 형평성 원리보다 수익성 및 효율성의 원리가 중요시되고 있다.

실버금융상품은 단순한 금융상품이 아니라 본인이 은퇴 후의 안정적으로 노후생활을 유지하기 위하여 종합적으로 검토하고 계획하여 해결해야 할 상품인 것이다. 이런 해결책들은 기초연금, 국민연금, 개인연금, 주식, 채권, 주택연금, 예금 등 다양한 형태로 구성할 수 있다.

또한 100세 시대에 대한 재정적 준비와 현재 자산의 미래 수입으로의 전환전략 등을 계획하고 상담함으로써 금융기관들은 잠재고객에 대한 차별화된 서비스를 개발해야 한다.

실버금융상품은 고령사회로의 진입으로 은퇴 등에 따른 많은 성장동력 요인이 있기에 전문적이고 체계적인 관리에 따른 자산관리의 니즈가 증대되고 있고, 노년층의 간병에 대한 보험 및 리스크 관련 사업 등 금융산업은 확대일로에 있다고 볼 수 있다.

### 3) 실버금융상품의 필요성

고령화사회에서 안정적인 노후생활을 영위하기 위해서는 퇴직 전 월 급여의 70% 정도를 퇴직 후에도 지속적으로 확보할 수 있어야 한다고 한다. 이를 위해 소득의 10% 정도는 노후생활을 위해 투자하는 것이 지극히 당연하다고 충고한다. 노후생활 자금은 국민연금과 퇴직연금이 각각 30%를 담당하고 나머지는 40% 정도가 개인연금으로 해야 하는 것이 일반적이라 하겠다.

일반적으로 노후생활은 크게는 건강과 소득 두 가지 측면으로 나누어 볼 수 있다.

#### (1) 건강유지 비용이 많이 든다

노인들은 질병이나 상해 위험에 많이 노출되어 있다. 그리고 젊은 사람들에 비해 상대적으로는 질병이나 상해를 입었을 때에 회복할 때까지 시간이 많이 걸려 의료비 지출이 크다.

#### (2) 노인들의 소득이 없다

고령화로 인해 노년층의 수가 증가하는 데 비하여 경제활동을 할 수 있는 공간들은 거의 찾아보기 힘들다.

장수로 인해 질병이나 상해 등의 증가로 필요 생활자금은 더욱 커가고 있음에도 불구하고 실질적인 소득은 이에 미치지 못하는 현실이다.

따라서 이 같은 건강 및 소득과 관련한 위험에 대해서는 경제활동을 할 때부터 저축이나 보험과 같은 금융상품을 이용해 하나하나 준비하는 자세가 필요하다.

### (3) 소유하고 있는 자산에 대한 관리의 필요성이 증가한다

평생 동안 모은 자산에 대하여 관리하는 데 많은 관심을 기울이게 된다. 고령사회에 따른 금융소득과 자산관리를 해야 할 기간이 길어지고 어떻게 운용해야 할지에 따른 리스크 관리가 중요하게 됐다.

## 2. 실버금융산업의 유형 및 현황

### 1) 실버금융산업의 유형

우리나라 노년층의 빈곤문제를 해결하고 예방하기 위한 실버금융정책에는 사회보험, 공적부조 등이 있다.

#### (1) 사회보험

① 국민연금

1986년 국민연금법이 제정되어 1988년에 실시되었다. 처음에는 10명 이상 사업자의 근로자만이 연금으로 가입할 수 있었으나 그동안 여러 차례에 걸친 법 개정을 통해 1996년 4월 1일부터 18세 이상 60세 미만의 소득이 있는(단, 공무원연금, 군인연금, 사립학교 교직원 연금에 가입자는 제외) 국민(주부 포함)이면 누구나 가입할 수 있다.

② 공무원연금

가장 오래된 사회보험으로서 1959년 제1공화국 당시 중앙행정기관인 국무원 사무국에서 공무원연금법을 제정 1960년 1월 1일에 시행되었다. 1982년 2월에는 공무원연금 업무를 집행하는 공무원연금공단이 설립되었다.

③ 사립학교 교직원 연금

1973년 사립학교 교원 연금법이 제정되고 1975년부터 시행되었으며, 급여의 종류와 수준 등은 공무원연금법에 준용되기에 공무원연금과 거의 비슷하다. 교원연금은 교육부장관의 위탁을 받아서 사립학교교직원연금공단에서 운영한다.

### (2) 공적부조

① 기초연금

2014년 5월 20일 제정하여 7월 1일 시행한 법으로 노년층의 편안한 노후생활을 위하여 연금혜택을 공평하게 드리기 위하여 시행한 연금제도로, 이는 국민기초생활보장제도와 다르게 65세 이상 노인계층만을 대상으로 하며 소득 하위 70% 노인에게 월 20만 원씩 지급하는 것으로 2018년도부터 기초연금액이 20만 9914원으로 인상된다. 2017년 현재 노인가구 소득인정액은 단독가구노인 119만 원과 부부가구노인 190만 4천 원 이하이면 받는다.

② 국민기초생활보장제도

2000년 10월 1일부터 시행된 국민기초생활 보장법으로 수급권자는 과거보다 실질적인 혜택을 보게 되었다. 생활보호법을 대체하는 국민기초생활 보장법이 1999년 9월 7일에 제정되어 2000년 10월 1일부터 시행되었다.

③ 퇴직연금제도

1953년부터 근로기준법에 의해 실시된 제도로서 1993년부터 5인 이상 사업장에 강제적으로 적용되고 있으며, 1년 이상의 근로자에 대해 1년마다 1개월의 급여를 퇴직금으로 적립하도록 제정되었다. 공적연금과 달라서 직장의 이동에 따라 통산 적립되지 않고, 일시불로 지급되는 등 근로자의 노년기 소득보장 대책으로는 많이 부족하다고 하겠다.

④ 경로우대제도

경로우대제도는 노인들에게 사회보험이나 공적부조와 같이 직접적인 소득을 보장하지는 못하지만 이용요금의 연체와 할인혜택을 통해 간접적인 소득을 보장해 주는 프로그램이다. 제도에 따라 65세 이상 노인들에게는 철도, 수도권 철도, 고궁, 미술관, 박물관, 국내 항공기와 여객선 이용 시 요금의 일부 또는 전부를 할인해 주고 있다.

### (3) 금융기관(보험사)

① 보험

보험회사는 생명보험회사와 손해보험회사로 나뉘는데, 생명보험회사는 주로 건강보험이나 간병보험이 결합된 상품과 상해보험을 개발하여 상품을 판매하고 있으며, 손해보험회사에서는 주로 간병보험을 개발・판매하고 있다.

금융기관들은 노후생활에 필요한 생활비를 지급하는 연금상품과 예기하지 못한 사고로 인해 소요되는 의료비나 간병비 등의 비상자금을 지불하는 질병보험과 상해보험 등의 건강보험 및 간병보험이 있고, 연금상품으로는 개인을 대상으로 하는 개인연금과 단체를 대상으로 하는 기업연금인 퇴직보험이 있다.

② 유언신탁

유언신탁이란 일반 유언장 형식을 빌린 녹음이나 자필증서를 가지고 유언자의 사망 후 집행하는 것이 아닌 별도의 유언장 없이 금융기관을 통하여 하는 신탁계약으로 생존 중에는 본인이 수익을 확보하면서 사후까지도 자산관리가 가능한 것으로 금융기관이 일정 수수료를 받고 유언서를 보관하였다가 유언자의 사망 시에 유언서의 내용에 따라 배우자나 자녀 등 사전에 지정한 사람에게 내용대로 재산을 분배해 주는 서비스를 말하며, 이는 금융회사가 유언자의 유지대로 재산을 분배해 줄 수 있고 상속인 사이의 법적 다툼을 방지할 수 있다. 재산의 많고 적음을 떠나서 유언자의 죽음 이후를 매끄럽게 유산을 배분할 수 있는 방법이다.

금융기관을 통한 유언신탁은 주로 공정증서로 유언을 남기며, 2인의 증인과 공증인이 동석한 가운데서 유언자가 유언의 취지를 말하면 공증인이 내용을 기록하고 유언자에게 들려주어 정확한지 여부 확인한 후 각자 서명 날인, 작성된 유언서의 원본은 공증인이 보관하고 정본은 금융기관, 사본은 본인이 보관하게 되며, 유언신탁은 공정증서에 의한 유언방식을 따르기에 유언방식상의 문제로 인한 법적인 분쟁 소지는 거의 찾아볼 수 없다고 하겠다.

유언신탁은 오래전부터 금융기관에서 시행된 금융상품이었으나, 그동안 민법의 상속편에서의 유언의 방식 및 절차 등과의 상충되는 사항에 따라 일반적으로 활성화되지 못하고 있었으나 다음과 같은 이유로 유언신탁의 관심도가 증가되고 있다.

첫째, 고령화사회로 진입에 따라 1세대 자산가들의 자산의 이전 수요 증가

둘째, 현금성 자산 이외의 부동산과 같은 실물 자산까지 상속 플랜 대상으로 포함 종합자산관리서비스 제공이 가능

셋째, 개정 신탁법상 '유언대용신탁'과 '수익자연속신탁' 개념을 최초 도입

넷째, 다양하고 복잡한 관계성으로 인한 재산분쟁 가능성에 대하여 사전·사후적 예방조치 필요성 증가

다섯째, 상속인이 어린 자녀나 장애인 이어서 상속인의 사후가 염려되는 경우 활용

여섯째, 배우자나 자녀가 떨어져 생활하는 1인 가구, 나홀로 가구의 증가에 따른 수요 증가

유언신탁의 종류로는 크게 세 가지로 구분할 수 있다.

첫 번째로 살아생전에 작성한 유언서를 금융기관이 맡아서 보관하다가 고객의 사후에 유가족에게 유언서를 단순 전달하는 '유언서 보관서비스'가 있다.

두 번째로 고객이 금융기관을 유언집행자로 지정하여, 사망 후에 유언서의 내용대로 상속재산을 상속인에게 분배하도록 '유언집행'을 의뢰할 수도 있다.

마지막으로 유언서 내용에 따라서 자녀 등 상속인들이 일정 연령 미만(만

19세 이하)인 경우에 일정 기간 상속재산을 신탁으로 운용을 한 후 상속재산과 그 수익을 자녀에게 돌려주는 '신탁 설정' 또한 가능하다.

유언식탁 계약 체결 이후에는 유언서 열람은 금지되고 있기에 보관된 유언서는 언제든지 변경 가능하며, 현재 은행, 증권 등 몇몇 금융기관에서 유언신탁 서비스를 제공하고 있다. 방법은 고객이 거래하는 금융기관 창구를 방문해 '유언신탁'을 신청할 수 있고, 전문가를 통해 사전에 상속할 재산에 대한 포트폴리오를 조정하고 상속세 등이 얼마나 나오는지에 대해서도 조언을 받을 수 있다.

③ 가족신탁

가족신탁은 노인이 금융상품이나 재산 등을 금융기관에 위탁하여 이를 금융기관이 수탁 운용함으로써 그 운용수익으로 노후를 보내는 것이다. 노인은 사고능력이나 신체기능이 저하되게 되면 자산관리나 운용에 부담을 가질 수밖에 없기 때문에 가족신탁을 통하여 발생한 운용수익을 건강관리 등에 필요한 의료비, 간병비용 등에 충당하고 신탁한 재산에 대한 관리나 처분은 본인의 의지대로 결정할 수 있으며, 원활한 자산승계도 가능하다(서윤석, 2008).

## 2) 실버금융산업의 현황

### (1) 고령사회 대비한 은퇴자산의 범위

노인과 관련한 금융산업은 다른 실버산업과 다르게 일부 상품(시니어카드, 즉시연금 등)을 제외하고는 대부분 최소 10년에서 20년 이상 적립한 금액에 대하여 노후에 받는 형태를 말한다.

"미래에셋퇴직연금연구소 보고서(2012. 01)"에 의하면, 은퇴한 이후의 안정적인 생활을 기대하며 미리 예치해 가는 자금을 "은퇴자산"이라는 개념으로 접근했으며, 이는 은퇴 이후에 발생하는 생활비 등 필요한 모든 자산으로 정의하고 있다.

노후를 대비하기 위해서 젊은 시절부터 미리 자신의 취향이나 재무적인 상황 등을 감안하여 다양한 방법으로 포트폴리오를 구성하여 자산을 저축해 오기 때문에 은퇴 이후의 안정적 삶을 기대하며 미리 저축해 가는 재원을 은퇴자산으로 정의하고 있으며, 연금자산, 금융자산, 실물자산으로 구분하고 있다.

- **연금자산** : 공적연금(국민연금 등), 사적연금(개인연금, 퇴직연금 등)
- **금융자산** : 연금자산을 제외한 금융상품에 저축되어 있는 은퇴준비용 금융자산
- **실물자산** : 주택(주택연금), 농지(농지연금 등), 단 수익형 부동산인 상가, 도시형 생활주택 등은 제외

"2011 고령친화산업 실태조사 및 산업분석(진흥원)"에서는 본 산업을 "고령친화 금융산업"으로, 또한 "고령친화 금융산업"의 범위를 인구의 고령화에 대비한 개인 금융자산의 축적과 관리를 통해 노후소득의 안정적인 흐름을 유지하는 금융서비스 전반을 총칭하는 개념으로 정의하였다.

고령화사회에 대비한 은퇴자산의 범위를 노년층이 안게 될 위험요소인 생존리스크, 건강리스크, 재무리스크로 범위를 설정할 수 있고 그 내용은(표 9-1)과 같다.

- 생존리스크 관리는 노후소득 마련을 위해서 개인연금, 주택연금, 농지연금 등의 금융상품 및 서비스를 포함한다.
- 건강리스크 관리는 건강보험, 장기요양보험 등의 금융상품 및 서비스를 포함한다.
- 재무리스크 관리는 자산관리를 위해서 금융서비스를 포함한다.

〈표 9-1〉 **고령화사회 대비한 은퇴자산의 범위**

| 구 분 | 사회보험 | 은퇴자산 | 고령친화 금융산업 |
|---|---|---|---|
| 생존 리스크 | 국민연금, 특수직역연금 | 국민연금, 퇴직연금, 개인연금, 주택연금 | 개인연금(즉시연금보험 포함), 퇴직연금, 주택연금 제도 |
| 건강 리스크 | 국민건강보험, 노인장기요양보험 | | 건강보험(암보험, 상해보험 포함), 장기간병보험 |
| 재무 리스크 | 기초연금 | 은퇴준비 대비 금융자산 | 자산관리서비스 |

출처 : 은퇴자산 - 중장기(2011~2020) 은퇴자산 추정 및 시사점(미래에셋퇴직연금연구소, 2012. 01);
고령친화 금융산업 - 고령친화산업 실태조사 및 산업분석(한국보건산업진흥원, 2011. 12).

### (2) 고령사회 대비한 분야별 은퇴자산 추이

#### ① 국민연금

2016년 국민연금 통계연보에(그림 9-1) 따르면, 사업장 가입자가 60.43%, 지역가입자 36.92%, 임의가입자 1.36%, 임의계속가입자 1.30%의 가입자 현황을 볼 수 있으며, 1988년 말 기준으로 가입자는 4,433천 명에 불과하였으나 2016년 말 현재 21,833천 명으로 괄목할 수준으로 증가하였다. 2016년에는 연금 수급자가 4,385천 명으로 수급자 400만 명 시대를 열었다. 적립금도 연말 기준으로 558조 원을 넘겼다. 1999년 전 국민연금시대를 연 국민연금은 이제 명실상부 실질적인 전 국민이 가입하고 혜택을 얻는 제도로 성숙한 것이다.

**2016년 가입자 현황** Number of Insured Persons as of Dec. 31, 2016.

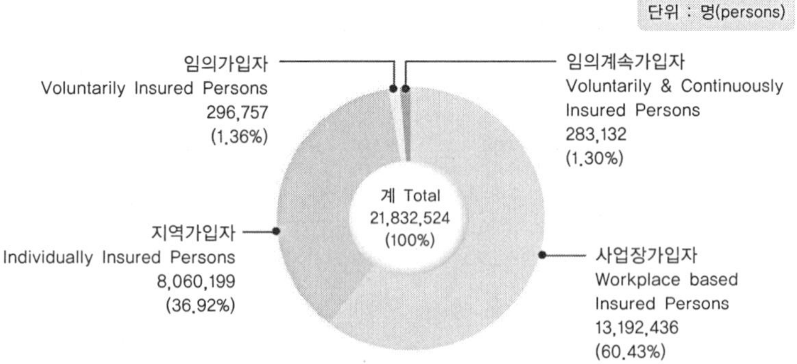

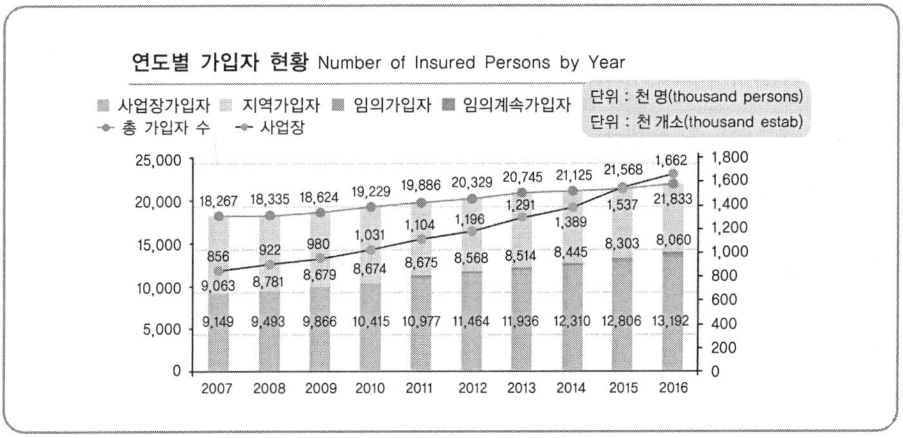


주 : 지역가입자 중에서 납부예외자를 포함하였음

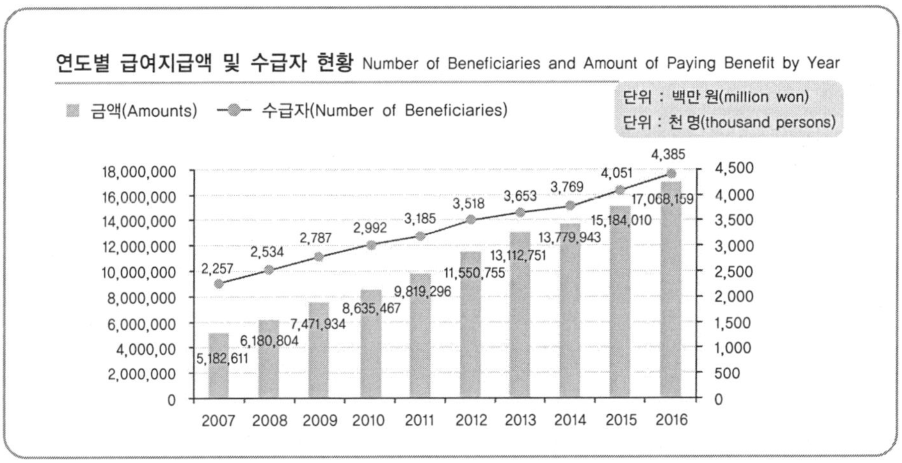


|그림 9-1| **국민연금 가입자, 연도별 가입자 및 수급자 현황**

출처 : 국민연금 통계연보(2016).

### ② 퇴직연금

2017년 5월 4일 금융감독원 보도자료(표 9-2)에 따르면, 안정적인 노후보장을 위하여 2005년 도입된 퇴직연금은, 2016년 현재 적립금 규모는 147조 원으로 전년말 126.4조에 비해 16.3%가 증가하였으며, 제도유형별로 보면 DB형은

99.6조 원으로 전체 대비 67.8%로 가장 많이 차지하고 있으며, 다음으로 DC형 23.3%, 개인형 IRP 8.4%, 기업형 IRP 0.6% 순으로 나타났다.

〈표 9-2〉 **퇴직연금제도 유형별 적립현황**

(단위 : 조 원, %)

| 구 분 | DB[1)] | DC[2)] | 기업형 IRP[3)] | 개인형 IRP[3)] | 합 계 |
|---|---|---|---|---|---|
| 2015년 말(비중) | 86.3(68.3) | 28.4(22.5) | 0.8(0.6) | 10.9(8.6) | 126.4(100.0) |
| 2016년 말(비중) | 99.6(67.8) | 34.2(23.3) | 0.8(0.6) | 12.4(8.4) | 147.0(100.0) |
| 증감액 | 13.3 | 5.8 | 0.05 | 1.5 | 20.6 |
| 증감률 | 15.4 | 20.3 | 6.5 | 14.1 | 16.3 |

주 1) 확정급여형(DB : Defined Benefit) : 근로자가 퇴직할 시 지급받는 급여수준으로 근속연수 × 30일분 이상의 평균급여로 사전에 결정

2) 확정기여형(DC : Defined Contribution) : 기업이 정해진 부담금을 금융기관에 정기적으로 납입하고, 근로자가 자기 책임하에 납입한 금액을 운용한 성과에 따라 퇴직급여가 결정

3) 기업형 IRP(Individual Retirement Pension) : 10인 미만 사업장에 적용하는 특례로서 DC형과 동일함
개인형 IRP : 직장이동 등의 경우도 퇴직연금을 계속 유지할 수 있도록 일시금으로 수령한 퇴직급여를 적립・운영

출처 : 금융감독원 보도자료(2017. 5. 4).

유형별 퇴직금 수령현황(표 9-3)을 보면 2016년 기간 중에 만 55세 이상자의 퇴직급여수령 개시 계좌 240,718좌에서 연금을 수령하기 위해 선택한 비율은 3,766좌인 1.6%에 불과하며 퇴직급여 수령액 기준으로 보아도 전체 5조 7,617억 원 중에서 1조 1,701억 원인 20.3%만이 연금으로 수령한 것으로 나타나 노후준비에 대한 불안한 면을 보이고 있다.

〈표 9-3〉 **유형별 퇴직금 수령현황**

(단위 : 좌, 억 원, %)

| 연금수령 | | 일시금수령 | | 합 계 | |
|---|---|---|---|---|---|
| 계좌 수 | 금 액 | 계좌 수 | 금 액 | 계좌 수 | 금 액 |
| 3,766(1.6) | 11,701(20.3) | 236,952(98.4) | 45,916(79.7) | 240,718(100.0) | 57,617(100.0) |

출처 : 금융감독원 보도자료(2017. 5. 4).

### ③ 개인연금

공적연금(국민연금 등)과 퇴직연금제도가 있지만 공적연금제도의 미비점을 보완하여 국민들의 실질적인 충분한 노후소득 보장을 위해 1994년 도입한 것으로 개인들이 스스로 안정적인 노후를 준비할 수 있도록 개인연금이 활성화가 필요하다.

2013년 8월 금융감독원 금융서비스국의 개인연금 현황과 한계점을 보면 2012년 말 개인연금 총 가입자는 850만 명으로 이는 약 3천만 명인 30% 정도가 20~60세에 해당한 것이며, 개인연금 적립금은 216조 원으로 전체 연금의 32%를 차지하고 있다.

이는 공적연금의 보완수단으로 사적연금 시장이 아직 활성화되지 못하고 있으며, 이는 노후설계에 대하여 개인연금에 대한 정보력 및 전문지식 부족 등으로 개개인 스스로 노후를 설계하여 연금을 가입하기에 어려움이 있어 퇴직연금을 대신한 노후보장 수단으로 역할할 필요 노후소득 보장기능도 미흡한 한계점을 나타내고 있다.

〈표 9-4〉 **각 연금제도의 비중(2012년 말 기준)**

| 구 분 | 국민연금 | 퇴직연금 등 | 개인연금 | | | 총 계 |
|---|---|---|---|---|---|---|
| | | | | 연금저축 | 비적격연금 | |
| 적립금(조 원) | 392.0 | 69.2 | 216.0 | 78.8 | 137.2 | 677.2 |
| 비중(%) | 57.9 | 10.2 | 31.9 | 11.6 | 20.3 | 100.0 |

출처 : 금융감독원 금융서비스국 보험과 개인연금 활성화 방안(2013. 8).

### ④ 주택연금

주택연금은 2007년 7월에 시행되었으며, 이는 만 60세 이상인 자가 본인 또는 배우자 명의의 주택을 담보로 하여 계약을 체결한 후 부부 모두 사망 시까지 평생 혹은 일정한 기간을 정하여 매월 연금형식으로 생활자금을 받는 역모기지론을 말한다. 통상적으로 주택을 담보로 하여 은행에서 대출을 받아 20~30년간 상환하는 것을 모기지론이라고 하는데, 주택연금은 주택을 담보로 하여 노후의 생활자금을 받기 때문에 역모기지론이라고 한다. 연금의 형태로 종신 지급되는 것으로 종신 동안 거주를 보장받으면서 자녀 등에게는 상환의무가 면제된 공적 상품이다.

주택금융공사는 2016년 한 해 동안에 주택연금 가입자는 총 1만 309명으로 역대 최고로 많은 가입을 기록했으며, 전년도 가입자 6,486명보다 58.9% 증가한 것으로 2007년 7월 주택연금을 출시, 시행 이후 2016년 말까지 총 가입자 수는 3만 9,429명을 기록했다.

2016년 급증세는 내집연금 3종 세트 출시와 가입요건 완화에 힘입어, 고령화시대를 맞이하여 주택연금이 노년층의 주요한 노후준비의 한 수단으로 생각하고 있음을 보여준 것이다.

주택연금 신규 가입자 수 및 공급액은 |그림 9-2|에서와 같이 최근 3년간 주택연금 신규 가입자 수 현황을 보면 2014년에 5,039명, 2015년 6,486명, 2016년 1만 309명으로 계속 증가하고 있으며, 주택연금 보증공급액도 2014년 5조 5,293억 원, 2015년 7조 1,392억 원, 2016년 10조 7,728억 원으로 증가추세에 있다.

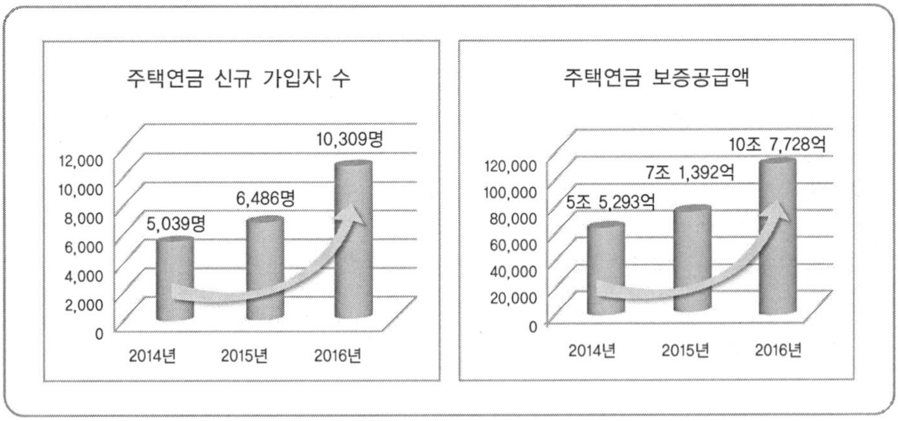


|그림 9-2| **주택연금 신규가입자 및 공급액 추이**

출처 : 한국주택금융공사 주택연금부 보도자료(2017. 1. 17).

## 3) 실버금융산업의 필요성과 활성화 방안

### (1) 실버금융산업의 필요성

세계에서 유래를 찾아보기 힘들 정도로 가장 높은 노인 빈곤율과 급속히 진행되고 있는 고령화 추세 등을 감안할 때 다양한 소득으로 노후의 안정적인 삶을 영위하기 위해 현금흐름을 일정하게 유지하기 위해 노후자금 준비를 위한 4층 연금 피라미드 구조(그림 9-3)가 필요하다.

#### ① 1층 : 국민연금

100세 시대를 맞이하여 노후준비에 따른 은퇴설계의 핵심은 일정한 금액을 종신하도록 받을 수 있는 국민연금으로 노후소득 보장을 위해서 반드시 가입해야 하는 가장 기본적인 연금인 것이다. 가입기간이 10년 이상인 경우 만 60세 이후 평생토록 매월 연금이 지급되는 국민연금은 가입시기와 납부한 보험료에 따라 수령금액이 달라진다. 국민의 40% 이상이 가입하고 있지만 행복한 노후생활을 위한 자금으로는 부족한 실정이다.

#### ② 2층 : 퇴직연금

퇴직연금은 직장에 소속된 회사가 운용하면서 근무연수와 급여에 따라서 일정한 연금을 근로자에게 지급하는 확정급여형(DB)과 회사가 근로자의 퇴직연금통장에 매월 또는 분기, 반기, 매년을 정하여 일정 금액을 지급하게 되면 근로자가 자기 책임하에 알아서 운영하는 확정기여형(DC), 또한 근로자가 스스로 노후준비를 위해 추가로 불입하는 개인형퇴직연금(IRA) 등으로 나눌 수 있다. 그러나 대부분의 근로자가 중간 정산 또는 잦은 이직 등으로 가입한 퇴직연금을 찾아 이용함으로써 노후 동안에 사용할 퇴직금을 충분히 저축하지 못하고 있는 것이 현실이다.

③ 3층 : 개인연금

개인연금은 금융기관에 따라 종류가 다른데 은행은 연금저축신탁, 생・손보사는 연금저축보험, 자산운용사는 연금저축펀드로 나누고 있으며, 연금저축신탁이나 연금저축보험은 원금이 보장되지만 수익률이 낮으며, 연금저축펀드는 원금보장은 되지 않지만 수익률이 상대적으로 높다. 또한 개인연금은 세제혜택이 있기 때문에 자신의 성향에 따른 연금상품을 선택하여 가능한 빨리 가입하는 것이 유리하다. 개인연금은 절세상품이긴 하지만 노후에 필요한 자금을 모으는 것으로 접근해야 한다.

④ 4층 주택연금

은퇴자 상당 부분이 금융자산은 별로 없고, 아파트나 주택만 가지고 있는 경우가 많아 주택연금을 추가하여 4층 연금구조를 갖추어야 할 상황이다. 주택연금은 60세 이상 주택 소유자가 집을 주택금융공사에 맡기고 평생 동안 본인 집에서 살면서 일정 기간 또는 종신하도록 매달 국가가 일정 금액의 연금을 지급하는 상품이다. 주택연금은 계약이 만료될 경우 해당 주택의 가치를 평가하여 자녀에게 상속해 줄 수도 있다.

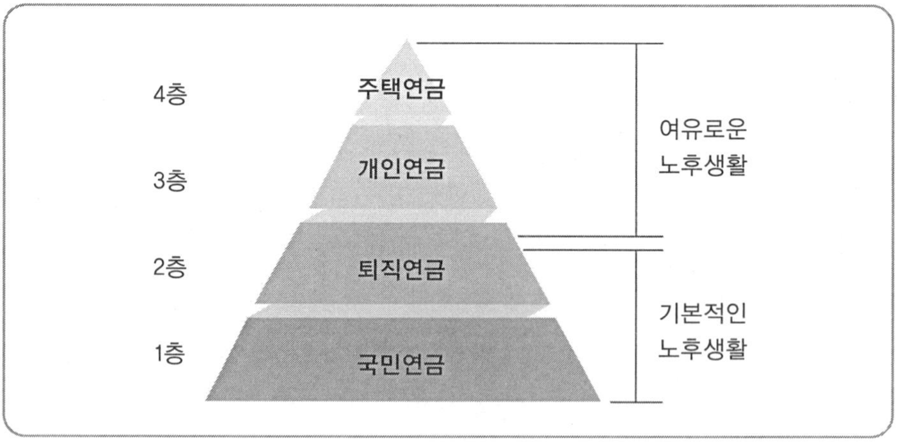


|그림 9-3| 4층 연금 피라미드 구조

그 외에도 은퇴 이후에도 자신에게 필요한 일자리를 창출함에 따른 일자리(long work) 연금이 필요로 하겠다. 한국 남성들의 실질적 은퇴연령은 71.1세이고, 공식적 퇴직연령은 60세이다. 하지만 스스로 일하지 않으면 생계를 유지하기에 어려운 상황 가운데 있기 때문에 건강이 허락하는 한 오래 일한다는 것은 긍적적 해석으로 생각하는 부분도 있다.

이에 2016년 11월 8일 미래에셋은퇴연구소의 은퇴리포트에 의하면, 노벨벨경제학상 수상자인 대니얼 카너먼(Daniel Kahneman)과 로버트 머튼(Robert C. Merton), 윌리엄 샤프(William F. Sharpe)의 은퇴 이후의 재무설계 방법을 요약해보면 다음과 같다.

- 대니얼 카너먼(Daniel Kahneman, 2002)의 "넣어두고 잊어라(Don't Look)"에서 노후자금을 모으기 힘든 이유 중 하나는 중도에 자꾸 찾아 써버리기 때문이다. 대니얼 카너먼 프린스턴대학교 명예교수는 이에 대해 노후자금을 "넣어두고 잊어라"라고 조언한다. 카너먼은 이러한 현상이 미래 손익은 과대평가하고 현재의 손익은 과소평가하는 심리적 편향 때문이라고 설명한다. 그의 말을 빌면 "현재와 미래가 다투면 늘 현재가 승리하기 마련"이기 때문이다. 그러므로 노후자금을 중도에 찾아 쓰지 않기 위해서는 노후자금을 넣어두고 없는 돈처럼 생각할 필요가 있다는 것이다.
- 로버트 머튼(Robert C. Merton, 1997)의 "자산에서 소득으로(from asset to income)"에서 은퇴 이후의 재무설계를 노후준비를 할 때 자산규모 대신 '소득목표(예를 들어, 월 200만 원)'를 세워야 한다고 조언한다. 자산규모(예를 들어, 3억 원)를 목표로 삼으면 여러 위험에 노출되기 때문이다. 제때 현금화하지 못하거나, 이자율에 따라 이자소득이 달라지거나, 예상보다 오래 생존해 자산이 고갈되는 위험이다.

  머튼 교수의 조언처럼 "자산에서 소득으로" 관점을 전환하면 이런 위험을 피할 수 있다. 또 다른 장점도 있다. 구체적인 소득 마련 계획을 세우거나 의사결정을 내리기도 쉬워진다.

- 윌리엄 샤프(William F. Sharpe, 1990)의 "분산, 분산, 분산하라(diversify, diversify, diversify)"에서는 최근 저금리로 인해 노후자금을 운용할 곳이 마땅하지 않다. 윌리엄 샤프 스탠퍼드대학교 명예교수는 노후자금을 주식이나 펀드에 '투자'하되, '분산'으로 위험을 낮출 것을 제안한다.

노후준비를 위해서는 더 저축하고, 은퇴시기를 늦추고, 투자 수익률을 높여야 한다. 샤프 교수가 강조하는 것은 이 중 마지막 방법이다. 노후자금을 정기예금 등 금리상품으로만 운용하기보다 주식이나 펀드에 투자해 투자수익을 추구하라는 의미다. 투자수익을 추구하다 보면 위험이 높아질 것이라는 우려에 대해서는 이렇게 답한다. "분산 또 분산, 분산하라." 구체적으로 자산군 간·자산군 내·지역별 분산투자 등을 통해 위험을 낮추어야 한다.

위의 노벨 경제학자들의 조언들을 개인들이 실천할 수 있는 방법으로 정리하면 다음과 같다.

첫째, 노후자금은 넣어두고 잊어버려라.
둘째, 노후자금이 자동으로 운용되게 하라.
셋째, 자산규모 대신 소득목표를 세워라.
넷째, 투자로 미래를 준비하라.
다섯째, 분산하고 또 분산하라.

### (2) 금융산업의 활성화 방안

정부와 민간은 인구구조의 고령화에 대비하여 복지와 산업이라는 두 축 아래에서 각각 사업을 전개해 가고 있다.

정부부문은 국민연금 등을 통한 안정적인 소득의 보장과 소외계층에 대한 지원을 담당하며 민간금융 부문은 노년층에 대하여 금융자산 수요를 충족시키고 금융서비스를 개선하는 한편 주택연금제도 등 노년층에 대한 금융보완책을 적극 도입할 필요성을 인식, 이를 통하여 소비 및 투자 기반이 확충됨으로써 경제의 지속, 성장에 기여함을 모색하고 있다.

앞으로 베이비붐 세대의 은퇴 이후의 실버산업 성장을 앞당기려면 금융 · 의료 등 분야에서 다양한 정책적 노력이 필요하며, 특히 은퇴 이후 연금수령 전까지 발생하게 되는 소득 공백기의 소비절벽 상황에 대한 대응을 필요로 한다.

베이비붐 세대는 전쟁 이후 산업화 발전으로 이행하는 과정에서 높은 출산율을 기록하게 되는 1955~1963년 태어난 세대를 말한다.

이들은 학력수준이 이전 세대에 비해 높고 문화향유 욕구가 큰 계층으로 분석된다. 이 때문에 국민연금을 본격적으로 수령하기 시작하는 2020년부터 새로운 소비주체로 부상할 것으로 기대되지만, 우선 미래에 대한 불안감으로 노년층들이 쉽게 자신들의 자산이나 소득을 소비로 연결하지 않고 있다.

또 기업들이 노년층들의 기호가 젊은 세대에 비하여 더 다양하고 세분화되어 있다는 사실을 자각하지 못한 것도 중요한 원인 중 하나이다.

이에 우선은 실버금융산업의 활성화 방안으로 노후소득 보장을 강화하는 정책이 필요로 하겠으며, 또한 투자교육이 아닌 은퇴를 위한 준비교육으로 확대되어야 한다.

우리나라 퇴직연금제도 가입자 교육이 제대로 이루어지기 위해서는 근로자퇴직급여보장법 및 시행령에 명시된 교육범위에 국한하지 말고 교육의 내용을 노후설계, 운용될 금융상품 이해, 자산운용에 대한 기초지식, 연금운용으로 확대할 뿐만 아니라 가입자 교육의 세부지침을 제시해 기업에 제공할 필요가 있고(이상우 · 류건식, 2013), 지속적이고 효율적인 교육효과를 얻기 위해서는 공공부문, 특히 정부의 역할이 중요하다는(김원식, 2011) 지적이 있었다. 김원식과 신문식(2009)은 퇴직연금 가입자 교육 개선방안으로 가입자 교육 관련 가이드라인 제공 및 모범교재 개발, 교육시스템 전담기관의 설립을 제안하고 있다.

현재 각 기관에서 진행하고 있는 퇴직연금교육에 있어 일반 근로자들을 대상으로 한 교육들이 더욱 확대될 필요가 있고 이들이 이해하기 쉽게 교재와 교육 내용이 더 잘 고안되기 위해서 퇴직연금 사업자의 역량 강화를 위하여 정부와 공공부분이 적극 개입할 필요가 있다. 이에 퇴직연금 가입 확대에 치중하고 있는 정책방향을 보완해 퇴직연금 사업자들의 교육투자를 촉진할 수 있도록 하는 것이 시급하다.

연금교육이란 사회보장제도의 하나로서 사회보험 원리에 따른 공적연금제도를 이해시키고, 그런 취지에 대한 공감을 갖기 위한 차원에서 이루어지는 것이다. 더불어 개인의 생애설계를 위하여 공적·사적 연금을 포함한 소득보장제도를 이해하도록 하는 것을 말한다.

전 국민의 노후준비 및 삶의 질의 수준을 향상시키기 위해 금융산업의 활성화 방안으로 연금교육을 보다 내실 있고 알차게 추진하기 위해서는 앞으로 연금통합교육을 실시할 수 있는 기구가 설립되는 것이 필요로 하겠다.

둘째, 다양한 실버금융산업이 필요하다 하겠다. 현재 주로 저축이나 주택 위주로 되어 있는 상품을 현재 운용되고 있는 주택, 농지 외에 전, 답, 과수원 및 토지, 오피스텔, 중기, 자동차, 귀금속, 그림 및 지적재산권 등 다양한 자산을 활용하여 실버금융상품을 확대하여야 할 필요성이 있으며, 운용방식도 연금이나 보험 등 개별방식보다 종합적인 자산관리서비스로 관리가 필요하다.

셋째, 소외계층에 대한 공적 실버금융상품이 추가로 새롭게 마련해야 할 것으로 보인다. 민간에서의 실버금융상품은 소외계층(저소득층, 장애인 등)에게는 수익성을 기반하고 있기에 서비스에서 소외될 가능성이 크기에 국가가 소외계층을 위한 장기적인 금융서비스를 제공함으로써 공공성과 공익성을 추구한 복지적 측면의 노후의 안정적인 삶의 조화를 이룰 필요가 있다.

### 기•억•하•기

- 실버금융산업은 고령화에 대응하여 노후에 안정된 생활을 영위하기 위한 금융자산의 축적과 관리를 통하여 노후소득의 안정화를 유지하기 위한 금융산업 분야이다.

- 실버금융 상품 및 서비스는 정부의 사회보장정책을 통해 보장하고 있는 기본적인 것에 각 개인의 필요에 따라 선택을 해야 하며, 민영보험은 사회보장제도와 다르게 형평성 원리보다 수익성 및 효율성의 원리가 중요시 된다.

- 노후생활에는 첫째, 건강유비 비용이 많이 든다. 둘째, 노인들은 소득이 없다. 셋째, 소유하고 있는 자산에 대한 관리의 필요성이 증가하므로 실버금융상품의 필요성이 증가되고 있다.

## 평가하기

**01. 실버금융산업에 대한 설명으로 틀린 것은?**

① 노후에 안정된 생활을 영위하기 위한 금융자산의 축적과 관리를 의미한다.
② 연금, 저축, 부동산 등을 활용 등을 통해 노후를 대응할 수 있게 해준다.
③ 예기하지 못한 각종 질병이나 재난사고는 제외된다.
④ 자산관리뿐만 아니라 상속과 관련된 사항들의 처리도 지원된다.

**02. 실버금융상품의 필요성에 대한 설명으로 틀린 것은?**

① 건강유지 비용이 많이 든다.
② 노인들의 소득이 없다.
③ 자산에 대한 관리의 필요성이 증가한다.
④ 효과적인 자산의 상속이 필요하다.

**03.** 공적부조에 대한 설명으로 맞는 것은?

① 기초연금은 2010년에 제정하여 7월 1일에 시행하였다.
② 기초연금은 2017년 4월부터 기초연금액이 20만 원으로 인상된다.
③ 퇴직연금제도는 1950년 근로기준법에 의해 실시되었다.
④ 경로 우대제도는 65세 이상 노인들에게 직접적인 소득을 보장하지는 못하지만 이용요금의 할인혜택을 통해 간접적인 소득을 보장해 준다.

**04.** 실버금융산업의 특징과 현황에 대해 논하시오.

**05.** 4층의 연금 피라미드 구조에 대해 설명하고 자신이 생각하는 은퇴 후 재무 설계 방법에 대해 논하시오.

정답 1. ③ 2. ④ 3. ④

# Part 03

# 노인교육의 현황

Chapter 10 노인 평생교육 프로그램

Chapter 11 은퇴교육

Chapter 12 생의 마무리 교육

Chapter 13 노인교육의 미래

# Chapter 10

# 노인 평생교육 프로그램

**학·습·목·표**

1. 노인 평생교육 프로그램의 개념에 대해 설명할 수 있다.
2. 노인 평생교육 프로그램의 필요성에 대해 설명할 수 있다.
3. 노인 평생교육 프로그램이 유형과 현황에 대해 설명할 수 있다.

## 1. 노인 평생교육 프로그램 개념과 필요성

### 1) 노인교육 프로그램 개념

노인교육은 노년층들의 욕구로부터 노인을 위한 교육들이 시작되어야 한다. 노인층을 위한 교육은 노인들의 남아도는 시간을 대신하기 위한 구제의 수단도 위로의 수단도 아니다. 노인 평생교육은 노인층의 현재의 생활 유지나 여가를 즐기기 위한 수단이기보다는 노인에게도 당연히 주어지는 권리로 노인들은 노년기에 잘 적응하며 노후의 삶의 질을 높일 수 있도록 돕는 장치이며 노인들의 건강한 미래를 준비하기 위한 수단이기도 하다. 프로그램(program) 용어의 사전적 개념은 목록, 순서, 예정계획을 의미한다(김은수, 2006).

그러나 근래에는 프로그램의 의미가 크게 변하여 사전적 의미와 다르게 일상생활과 사회 각 분야의 기관이나 실행 당사자들에 따라 규정되는 특정 내용과 프로그램을 실행하기 위한 전체 과정을 의미한다고 볼 수 있다.

노인교육은 단순히 아동, 성인, 노인이라는 연령에 따른 대상 구분이 아니라 연령, 지위, 성에 관계없이 각자의 관심과 이해에 따라 여러 세대가 한곳에 모여 상호작용함으로써 그 속에서 서로 간에 정보를 교환하고 새로운 지식을 만들어 내는 적극적 과정으로, 제3의 교육학 또는 초세대적인 교육의 의미를 갖는 '트라이고지(trigogy)'를 의미한다(권중돈, 2010).

평생교육 프로그램은 광의의 의미로 볼 때 '조직에서 제공하는 모든 형태의 교육활동'이 될 수 있으며, 협의의 의미로 볼 때는 '특정 내용의 학습을 위한 개별학습 과정'을 지칭한다(기영화, 2001).

노인 평생교육은 노인들이 처해있는 삶의 고통으로부터의 자유롭게 자신의 인생을 설계하고 웰빙의 삶을 살게 하는 데 목표를 두어야 한다. 평생교육 프로그램을 정의하면 '평생교육'과 '프로그램'이 합체된 용어로 노인 평생교육이란 생애학습의 부분으로서 노인을 대상으로 실시하는 교육, 노인이 자기발달 단계에서 최대한 능력을 발휘하고 자신의 발달과정에 능률적으로 적응해 나갈 수 있도록 하는 것이라고 정의하고 있다(임민주, 2015).

노인 평생교육의 목적은 지속적인 훈련과 교육을 통해 노인들이 지니고 있는 잠재력을 최대한 발휘할 수 있도록 하는 데 있으며, 노인들의 인생 전체에 걸쳐서 삶의 질을 높일 수 있도록 돕는 것이다. 즉, 노인의 평생교육은 사회적으로 소외된 집단으로서 노인을 보호대상자로 보는 것이 아닌 자신들의 노후 삶의 변화를 위하여 건설적이며, 적극적으로 사회에 이바지할 수 있는 주체가 될 수 있도록 돕는 교육이라 할 수 있다. 따라서 노인의 평생교육은 노년층에 향유할 수 있는 의미를 되찾고 향상된 삶의 질을 통해 노후생활을 할 수 있게 교육을 지원하는 데 있다고 할 수 있다.

노인 평생교육 프로그램은 노인들의 삶의 질을 높여주고자 함에 목표를 두어야 한다. 즉, 노인 평생교육 프로그램이란 노인에게 평생교육 프로그램을 제공하는 노인복지시설이 각 기관의 비전과 사명에 따라 프로그램에 참여하는 노인의 성장과 발전을 위하여 체계적으로 개발하여 수립하는 지식, 교양, 건강, 취미, 그리고 기술교육을 포함한 모든 평생교육 지원활동의 사전계획과 결과이다(장천식, 2008).

## 2) 노인 평생교육 프로그램의 필요성

노인 평생교육 프로그램의 필요성은 첫째, 노인여가복지시설의 평생교육 프로그램은 노년층에게 학습의 주체로서 성장할 기회를 제공하게 된다. 둘째, 명예퇴직과 조기퇴직 등으로 인해 노년층의 증가는 노인여가복지시설 평생교육 프로그램 직업 재교육과 훈련을 위해 그 필요성은 불가피하게 되었다. 셋째, 과거의 전통적인 가치보다 지식정보화와 관련된 가치가 더 중시되는 지식기반 사회의 도래로 인해 평생교육 프로그램의 필요가 증대되고 있다. 넷째, 고령화 사회의 진입은 건강하고 경제력 있고 교육수준이 높은 노인들이 평생교육의 장으로 노인 평생교육기관의 평생교육 프로그램 참여가 증대할 것이므로 평생교육 프로그램은 필요하다. 다섯째, 모든 노인이 연령, 소득, 학력 정도 등의 특성에 따라 자신들이 이루지 못했던 이상과 새로운 필요 등을 실현하기 위한 방법의 하나로 노인 평생교육기관의 평생교육 프로그램을 필요로 한다. 여섯째, 전통사회에서 일, 교육, 여가가 뚜렷하게 구분되었으나, 현대사회는 이런 세 분야가 혼합형으로 바뀌었다. 혼합형 생애주기는 교육이 한 시기에 일회적으로 끝나는 것이 아닌 평생 동안 지속하는 것으로 노인 평생교육기관의 평생교육 프로그램의 학습욕구를 강화시키는 요인이 되었다(장천식, 2008).

노인 평생교육은 노년의 삶의 질을 향상시켜 주는 핵심영역이지만 평생교육 참여율은 전반적으로 매우 낮은 편이다.

보건복지부 2014 노인실태조사 결과발표(2015. 3. 31)에 따르면, 노인의 여가활동으로 82.4%가 TV를 시청하고 있으며, 그 외의 여가활동으로는 산책이 17.8%, 독서, 종교, 책 보기 및 등산, 음악감상 순으로 나타났으며, 25.9%가 친목도모 등을 위하여 경로당을 이용하고 있고, 8.9%만이 여가복지 프로그램 이용 등을 위하여 노인복지관 이용 중에 있다고 한다. 이는 복지관 등이 거주지에서 도보로 30분 이상 멀리 위치하고 있다는 응답이 65.1%임을 볼 때 지리적 접근성이 낮기 때문인 것이다. 사회활동 참여 및 정보화 실태(그림 10-1)를 보게 되면 수요가 꾸준이 발생하여 평생교육(복지관·평생교육원 등) 프로그램에 참여율은 2004년 4.8%에 비하여 2014년 13.7%로 지속적으로 증가하고 있는 상황이나, 정보화 교육과 관련하여 핸드폰 소유(80%), 스마트폰 소유(13.7%)에 비해 컴퓨터·인터넷을 이용할 줄 모른다는 답이 83%로 나와 노인들의 정보화 수준이 상대적으로 아주 낮은 것으로 나타났다(보건복지부, 2015).

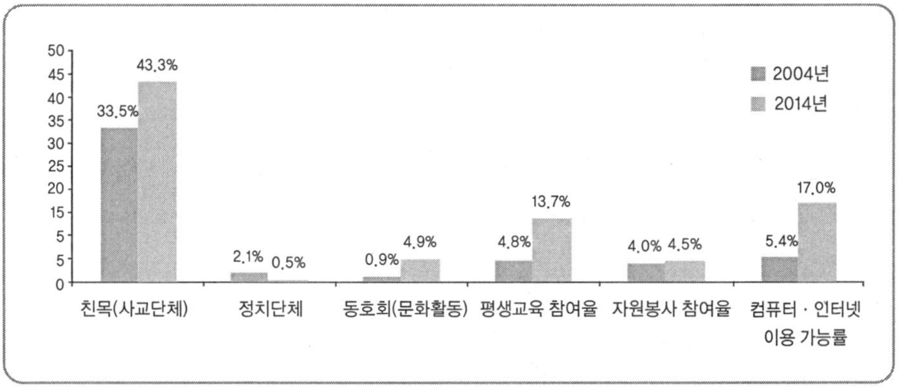


|그림 10-1| **65세 이상 노인의 사회활동 참여비율 및 정보화 능력**

출처 : 보건복지부 보도자료 2014 노인실태조사 결과발표(2015. 3. 31).

위 내용을 보면 현재 진행하고 있는 경로당을 순회하며 여가 프로그램을 보급하는 경로당순회 프로그램 운영이나 자원봉사 클럽지원, 지역사회 봉사형(복지시설 봉사, 문화행사 지원), 재능기부형 전문 자원봉사활동(금융 등 전문상담, 스포츠, 음악 등 예술교육) 강화, 노인들이 선호(게이트볼 등)하는 강습 운영, 노인생활체육 프로그램 운영, 야외 건강체력교실 확대 및 노인복지관에 연극·무용 · 음악 · 미술 · 사진의 5개 분야 예술강사 지원으로 문화예술 체험기회 제공(문화부), 어린이집 등에 할머니가 옛날 이야기 등을 전하여 전통문화 확산에 기여(문화부)하는 것들을 지속적으로 해야 할 뿐만 아니라 다양한 자원봉사 프로그램 개발 · 보급하고, 노인 여가 · 건강교육 프로그램을 확대하며, 생활 속 가까이에서 문화예술을 즐길 수 있는 기반을 조성하는 것이 필요하겠다(보건복지부, 2015).

통계청 사회통계국에서 2015년 사회조사결과(표 10-1)에서 60세 이상 대상자에게 향후 필요하거나 늘려야 할 복지서비스로 보건의료 건강관리 34.3%, 고용지원 24.5%, 소득지원 20.9%, 보육 및 교육 관련 2.9% 순으로 나타났으며, 동 조사의 노후에 대한 사회적 관심사(그림 10-2)에서와 같이 소득지원, 취업지원, 요양보호서비스, 문화 · 여가복지서비스, 세대 간 이해 증진을 위한 교육, 홍보 순으로 나타났고, 이는 노후를 위한 경제적 안정을 취할 수 있기를 바라는 것으로 소득(40.4%)과 취업(26.3%)을 희망하였으며, 노후소득 지원 다음으로 요양보호서비스, 문화 · 여가 복지서비스, 세대 간 이해 증진을 위한 교육 및 홍보 순으로 나타났으며, 농어촌보다 도시지역에서, 여자보다 남자가 노후취업 지원, 노후소득 지원에 대한 사회적 관심이 더 큰 것으로 나타났다(통계청, 2015).

〈표 10-1〉 **향후 늘려야 할 복지서비스**

(단위 : %)

| 구 분 | 계 | 고용 지원 서비스 | 소득 지원 서비스 | 주거 관련 서비스 | 안전 관련 서비스 | 보건의료 건강관리 서비스 | 보육 및 교육 관련 서비스 | 여가문화 향유지원 서비스 | 기 타 |
|---|---|---|---|---|---|---|---|---|---|
| 2015년 | 100.0 | 33.5 | 15.5 | 9.4 | 9.6 | 19.4 | 7.4 | 5.1 | 0.1 |
| 도시(동부) | 100.0 | 34.3 | 15.0 | 9.9 | 9.8 | 18.4 | 7.4 | 5.0 | 0.1 |
| 농어촌(읍면부) | 100.0 | 29.7 | 18.0 | 6.6 | 8.8 | 24.2 | 7.3 | 5.3 | 0.0 |
| 남 자 | 100.0 | 35.5 | 15.8 | 9.6 | 9.3 | 17.9 | 6.5 | 5.3 | 0.1 |
| 여 자 | 100.0 | 31.7 | 15.3 | 9.1 | 9.9 | 20.9 | 8.2 | 4.9 | 0.1 |

| | | | | | | | | | |
|---|---|---|---|---|---|---|---|---|---|
| 13~19세 | 100.0 | 39.1 | 9.0 | 5.2 | 14.1 | 9.0 | 8.4 | 15.2 | 0.1 |
| 20~29세 | 100.0 | 45.6 | 11.3 | 10.5 | 8.4 | 10.6 | 6.7 | 6.8 | 0.1 |
| 30~39세 | 100.0 | 26.0 | 14.7 | 13.7 | 10.7 | 14.3 | 16.6 | 3.9 | 0.1 |
| 40~49세 | 100.0 | 33.6 | 15.2 | 10.7 | 10.2 | 18.8 | 7.6 | 3.9 | 0.0 |
| 50~59세 | 100.0 | 38.5 | 17.4 | 8.2 | 8.6 | 20.3 | 3.6 | 3.4 | 0.1 |
| 60세 이상 | 100.0 | 24.5 | 20.9 | 6.6 | 7.7 | 34.3 | 2.9 | 2.7 | 0.3 |

출처 : 통계청 사회조사국 2015년 사회조사결과(2015. 11. 26).

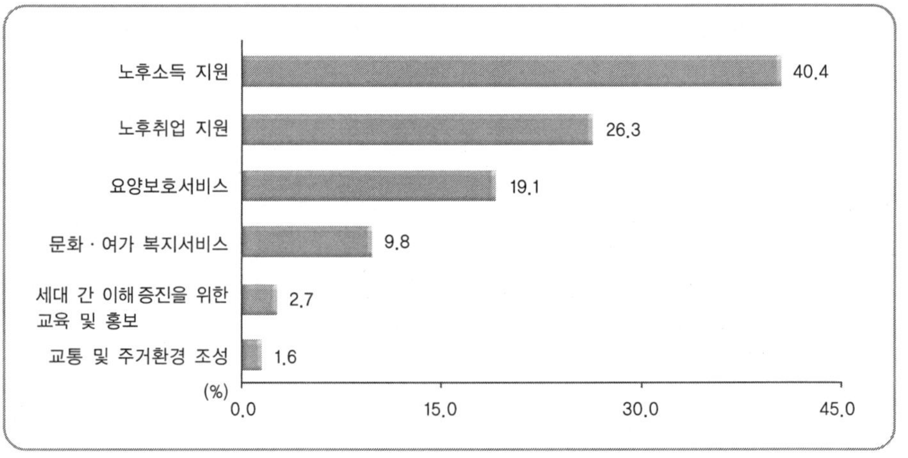


|그림 10-2| **노후를 위한 사회적 관심사**

출처 : 통계청 사회조사국 2015년 사회조사결과(2015. 11. 26).

지금까지 자료를 살펴보면, 노인인구의 증가와 함께 욕구도 다양하게 나타나고 있으며, 이를 해결해 줄 수 있는 다양한 대책이 절실하다.

즉, 노인들은 경제적으로 비용이 많이 발생하는 문화생활이나 학습 등에는 참여할 여유가 없는 것이다. 이런 이유로 노인들의 필요를 수용하여 배움에 대한 기회의 장을 제공하고, 사회적 기능을 원활하게 유지할 수 있도록 노인 평생교육기관에서 다양한 노인 평생교육 프로그램을 제공해야 한다(장천식, 2008).

### 3) 노인 평생교육 프로그램의 참여동기

동기(motivation)란 '움직인다'를 의미하는 라틴어 'Movere'에서 유래되었다. 어원으로부터 동기의 뜻을 유추해 보면 동기란 '사람이 무엇인가를 시작하고, 계속하고, 끝낼 수 있도록 움직이게 하는 동력(動力)'을 뜻하며, 동기란 목적을 달성하기 위한 행동을 시작하게 하고 지속하게 하는 정신적 · 육체적 과정'이라고 정의하였다(D. Schunk et al., 2010).

또한 울포크(Woolfolk)는 '동기는 행동을 유발하고 방향을 제시하며 유지시키는 내적 상태를 불러일으키는 것'으로 정의하였다. 정리하면 동기란 '한 개인이 특정 목표를 추구하는 과정에 긍정적 영향을 미치는 정신, 신체, 감정적 각성상태'라고 정의할 수 있고, 동기가 학습에 대하여 갖는 기능은 세 가지로 구분해 볼 수 있다. 첫째, 동기는 어떤 행동을 시작하게 하는 '발생적 기능'을 갖고 있다. 둘째, 동기는 시작된 행동이 어느 방향으로 진행되어야 할지를 결정짓는 '방향적 기증'을 갖고 있다. 셋째, 동기로 시작하고 진행되고 있는 행동이 꾸준히 진행되도록 행동을 유도하는 '강화의 기능'을 갖고 있다. 이처럼 참여동기는 학습자가 스스로 참여하고자 하는 내면적 상태를 의미하고, 학습을 지속하도록 돕는 매우 중요한 요소이다(김영석, 2012).

노인 평생교육 프로그램의 참여동기는 기술의 발달과 사회의 변화, 직업구조의 변화, 시간의 확대 및 노인들의 학습 필요 증대와 같은 사회적 요인 이외에도 평생교육에 참여하는 학습자의 내면적 특성이나 개인적 욕구와 성격, 환경 등의 영향이 작용된다고 할 수 있다. 김도수(1998)는 평생교육에 있어 참여동기는 교육을 목적으로 참여했는지 또는 다른 외부적인 동기에서 참여했는지를 구분할 수 있으며, 학습자는 그들의 배경적 특성과 경험, 처해 있는 상황이 각기 다르므로 학습의 참여동기나 학습욕구가 상이한 유형으로 표출되기 때문에 학습의 참여동기는 학습의 효과에 영향을 미치게 된다고 밝혔다.

# 2. 노인을 위한 교육 프로그램 실제

## 1) 학력보안 영역

학점은행제는 「학점인정 등에 관한 법률(법률 제13229호)」에 의거 학교에서뿐만 아니라 학교 밖에서도 이루어지는 다양한 형태의 학습과 자격을 학점으로 인정하고, 이러한 학점이 누적되어서 일정 기준을 충족하게 되면 학위취득을 가능하게 함으로써 궁극적으로 열린교육사회, 평생학습사회를 구현하기 위한 제도로 |그림 10-3|과 같은 이용절차를 통해서 평생학습을 구현한다 (http://www.cb.or.kr).

|그림 10-3| **학점은행제 이용절차**

출처 : 학점은행제 홈페이지(http://www.cb.or.kr).

## 2) 지역 평생교육 활성화 영역

### (1) 사업목적

지역 평생교육 활성화의 사업목적으로 다음과 같다.

첫째, 우리나라의 100세 시대의 인생에 대비하여 지역에도 평생학습 체제를 구축하여 전 생애에 걸쳐서 국민의 삶의 질을 높이고, 향상시키며 국민 행복을 증진시키기 위해 평생교육진흥원(시 · 도), 평생학습도시(시 · 군 · 구), 행복학습센터(읍 · 면 · 동)로 이어지는 추진체제 및 다모아 평생교육정보망 등 평생교육 추진기반을 구축하고, 읍 · 면 · 동에까지 이어지는 국가 평생교육 추진체제의 완성을 통한 국민의 학습권을 보장(국정과제 74. 100세 시대 국가평생학습체제 구축)한다.

둘째, 평생학습 자원 간 네트워크를 구축, 주민의 평생학습 기회 확대 등으로 지역의 사회통합 및 지속가능성 확대를 유도하는 창조적 '학습공동체' 형성을 도모한다. 마을단위로 풀뿌리 평생교육을 통하여 학습문화를 조성하여 지역사회의 혁신과 발전을 도모한다.

셋째, 지방자치단체가 주민평생학습 활성화를 위해 세대별 · 계층별로 맞춤형 평생교육 프로그램을 지원한다. 경력단절여성 및 은퇴(예정)자, 베이비붐 세대를 포함한 중 · 장년층에게 초점을 맞추어 경제적 자립역량 강화 및 사회공헌 확대를 위하여 '제2차 학습' 기회 지원한다. 지방자치단체의 특성과 연계한 평생교육서비스를 제공함으로써 학습형 일자리 확대한다.

### (2) 추진방향

지역평생교육 활성화의 추진방향으로는 다음과 같다.

첫째, 국가 → 시 · 도 → 시 · 군 · 구 → 읍 · 면 · 동으로 연계되는 촘촘한 평생교육 추진체제를 구축하며 운영의 안정화를 유도한다.

- 국민 누구나 다 생활 속에서 평생학습서비스를 받을 수 있도록 읍 · 면 · 동 단위에 '행복학습센터'를 본격 운영 및 확대 추진한다.
- 지역 내에 평생교육기관들의 기능 중첩에 따른 비효율성을 극복하고, 산재한 평생교육 자원 간 네트워크를 활성화하는 체제를 구축한다.

둘째, 100세 시대에 대비하여 창조적인 평생학습을 통하여 국민행복 실현을 위해 세대별 · 계층별로 맞춤형 평생교육 프로그램을 제공하여 지속적으로 관리한다.

- 경력단절여성 및 은퇴(예정)자 등 대상자별로 맞춤형 평생학습 프로그램 지원하여 국민 개개인의 역량 개발 및 경력단절 극복 지원한다.
- 평생교육학습자에 대한 상담 지원이나 사후관리를 통한 평생학습 성과 및 만족도를 제고한다.

### (3) 세부사항

평생교육진흥원(시 · 도)과 평생학습도시(시 · 군 · 구)와 행복학습센터(읍 · 면 · 동)의 사업내용들을 보면 다음과 같다.

#### ① 시 · 도 평생교육진흥원

- 시 · 군 · 구 평생교육 컨설팅 및 연수, 사업지원, 공동사업 추진 등 시 · 도 평생교육 네트워크 구축사업을 지원한다(평생학습도시 컨설팅 및 행복학습센터 운영 유관사업과 학습동아리 활성화 등).
- 지역의 수요에 기반하는 시 · 도 평생교육 정책 및 사업을 개발 · 운영한다(시 · 도 평생교육 시행계획 수립 및 다모아 평생교육정보망 확대와 광역 규모 취 · 창업 등 학습형 일자리 창출).

#### ② 평생학습도시

- 평생학습도시는 개인의 자아실현과 사회적 통합 증진, 경제적으로 경쟁력을 제고하여 궁극적으로 개인의 삶의 질 향상과 도시 전체의 경쟁력을 배가시킬 수 있도록 언제, 어디서, 누구나 원하는 학습을 즐길 수 있도록 학습공동체 건설을 도모할 수 있는 총체적 도시 재구조화(restructuring) 운동이다.
- 또한 지역사회의 교육자원을 기관 간, 지역사회 간, 국가 간 연계시킴으

로써 학습공동체를 네트워크화하려는 지역시민에 의한, 지역시민을 위한, 시민의 지역사회교육운동이다.

③ 행복학습센터

- 행복학습센터는 주민의 근거리 학습권 보장을 위해 읍・면・동 단위별로 행복학습센터를 설치・운영한다.
  - 시장・군수・자치구의 구청장은 읍・면・동별로 주민을 대상으로 하여 평생교육 프로그램을 운영하고 상담을 제공하는 평생학습센터를 설치하거나 지정하여 운영할 수 있다.
- 행복학습매니저 및 평생교육 전문인력 확보 배치
  - 전담인력 배치로 읍・면・동 주민과의 직접 소통을 강화하며, 각 센터 간 연계・협력한다(거점센터는 전문인력이 필수, 읍・면・동 센터는 행복학습매니저 확보 후 배치).
  - 주민들을 대상으로 평생학습과 사회실천에 참여하도록 돕는 학습상담이다(행복학습매니저 역할은 지역주민의 평생학습에 대한 수요를 파악, 교육 프로그램을 개발・운영하며, 학습동아리 운영 등 주민의 평생학습 활동을 지원한다).

### 3) 평생학생 중심대학 지원 영역

인생 100세 시대, 베이비붐 세대의 창업 및 재취업, 노동시장 유연화 등 변화에 따라 대학이 지속적인 교육을 희망하는 평생학습자를 위해 맞춤형 평생교육을 제공한다.

#### (1) 사업목적

인생 100세 시대 대비 평생학습자들이 인생 재도약 및 재설계를 할 수 있도록 학생중심의 대학 학사시스템을 친화적으로 개편하여 다양한 후진학 지원 시스템 체제를 확충하고 생애단계별 맞춤형 교육서비스를 제공하는 사업이다.

### (2) 사업방향

① 평생학습자 친화형 학위 · 비학위과정 체제 개편

평생학습자들이 100세 시대 대비 인생 재도약 및 재설계를 할 수 있도록 학생중심의 대학 학사시스템을 평생학습자 친화적인 대학 체제로 개편하여 다양한 후진학 지원 체제 확충한다.

② 선취업 후진학 지원시스템 구축 사업방향 재구조화

- 소수 · 희소계열(농업, 해양수산 분야 등)뿐만 아니라 지역의 뿌리산업(전기 · 전자, 자동차, 조선 · 중공업 등)을 기반으로 재직자의 평생교육 지원
- 재직자 특별전형 대상자 확대 및 재직자 대상 수요조사를 통해 직무에 필요한 교육과정을 개발 · 활용

### (3) 사업내용

대학 스스로가 자율적으로 학교 여건, 지역사회 수요 등의 특성을 고려한 다양한 시도를 통해 대학의 평생학습 운영(그림 10-4)과 같은 평생학습자 친화형 체계로 개편 모델을 창출한다.

대학의 특성을 충분히 반영하여 친화적 교육체제를 마련하고 지역의 산업수요를 반영한 평생학습자 맞춤형 학습과정 운영을 지원한다.

**〈평생학습자 친화형 체제 개편〉**

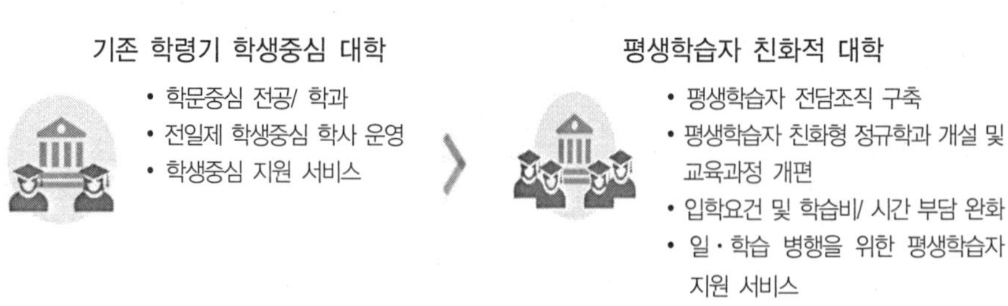


|그림 10-4| **평생학습자 친화형 체제**

### 4) 국가평생학습포털 영역

#### (1) 늘배움 부문

국가평생학습포털 늘배움은 평생교육법 평생교육 종합정보시스템 구축·운영 및 국정과제(100세 시대 대비 국가 평생학습 체제 구축) 추진에 따른 국민이 언제 어디서나 원하는 평생학습의 기회를 누릴 수 있도록 개인 간 맞춤형 평생학습서비스를 제공한다. '늘배움'이란 여기저기에 흩어져 있는 양질의 교육 콘텐츠와 평생학습 정보를 이용할 수 있도록 평생학습서비스를 종합하여 제공하며, 누구나, 언제나, 어디서나 학습자별 맞춤형 서비스를 이용할 수 있는 평생학습 종합포털이다.

##### ① 추진배경

- '늘배움' 서비스는 평생교육 정보나 프로그램 등이 기관별로 각각 분산되어 있어 학습자가 시간적·지리적 제약으로 인하여 평생학습에 참여하는 데 어려운 불편함을 해소하고자 마련되었다.
- 평생학습 정보의 개방·공유, 유관기관 콘텐츠 연계 등으로 〈표 10-2〉와 같이 평생학습 원스톱 서비스를 지원한다.

##### ② 중점과제

- 공개교육 자료나 시스템 및 제도 간 연계를 통하여 온라인 학습이나 이력관리, 학습진단 등 세대별, 특성별로 맞춤형 서비스를 제공한다.
- 포털, 모바일, SNS 등 온라인 전달체제를 활용하여 평생학습 활성화 기반을 마련한다.
- 산재된 평생교육 정보 및 콘텐츠에 대해 정보축적을 통한 평생학습 빅데이터 DB를 구축한다.

③ 비전

온라인 평생학습 활성화를 통하여 지역과 소득 격차에 따른 학습기회 불균형을 해소하고 생활 속의 행복학습을 실현한다.

〈표 10-2〉 **국내 · 외 공개교육 자료 제공기관**

| 구 분 | 운영기관(서비스명) | |
|---|---|---|
| 국내 | 국가평생교육진흥원(학부모 On누리, 성인문해교육, 평생학습 중심대학 등) | 한국조폐공사(위조방지장치교육) |
| | 특허청(한국발명진흥회) | 한국주택금융공사(은퇴금융아카데미) |
| | 한국고전번역원(고전번역교육원) | 국립국어원(국어문화학교, 우리말나들이) |
| | 한국교육방송공사(EBSe, EBSlang) | 국립재활원(장애예방교육) |
| | 한국교육학술정보원(KOCW) | 서울특별시교육청(에버러닝) |
| | 한국방송통신대학교(프라임칼리지) | 스마트교육재단(기초튼튼외국어) |
| | 한국사회적기업진흥원(e-러닝센터) | (주)랜드프로(부동산재테크교육) |
| | 한국산업인력공단(한국직업방송) | 인프랩(인프런, IT, SW 강좌) |
| | 한국장애인고용공단(EDI사이버연수원) | 한국기술교육대학교(공공데이터) |
| | 한국저작권위원회(저작권교육) | (주)휴넷(상상마루) |
| | 현대경제연구원(Creative TV) | 국가과학기술인력개발원(R&D 필수, R&D 전문 등) |
| | 한국도박문제관리센터(온오프라인 도박중독 예방교육) | 한국인터넷진흥원(개인정보보호교육) |
| | 한국보건복지인력개발원(국가감염병감시사업 안내 등) | 검스타트(중졸, 고졸, 검정고시 교육) |
| 국외 | YouTube EDU | TED education |

출처 : 배움 홈페이지(http://www.lifelongedu.go.kr).

### (2) 모바일 서비스 부문

'늘배움'은 평생교육에서 소외되는 계층을 없애고, 사용자로 하여금 접근성을 높이기 위하여 모바일 앱을 통한 접근이 가능하다. 이에 '늘배움'의 주요 수요자인 노년층이 이용하기 쉽도록 어르신용 모드(글자 크기 확대 및 항목 등 간소화)를 제공한다.

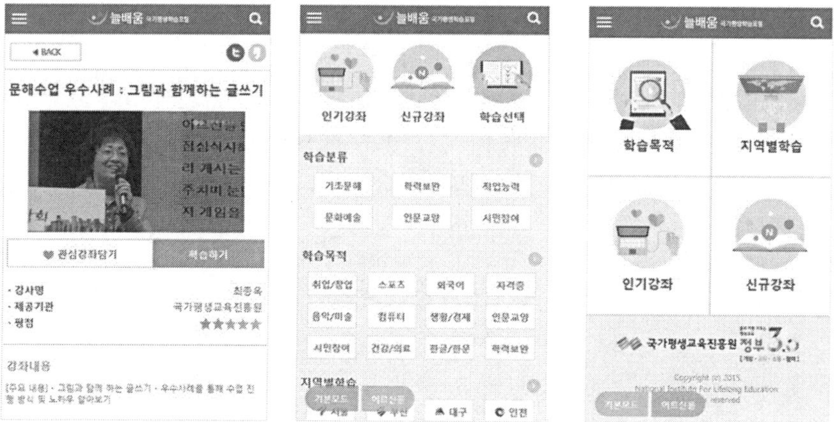


출처 : 모바일 웹(http://lifelongedu.go.kr/mbl/man/main.do).

## 5) 성인문해교육 지원영역

성인문해교육 지원사업은 평생교육법 제39조에 따라 비문해 · 저학력 성인 대상 성인문해교육 프로그램 지원, 초 · 중학 학력인정제도 구축 등을 통해 국민행복 실현을 위한 교육기회를 제공하고 있다.

### (1) 저학력 · 비문해 성인을 위한 성인문해교육 운영 지원

2006년부터 지원하고 있는 성인문해교육 프로그램은 |그림 10-5|와 같이 2006년 학습자가 14,668명이었으나 2016년에는 261,703명으로 1,784%나 증가하고 있는 상태로 지속적인 증가가 예상되고 있다.

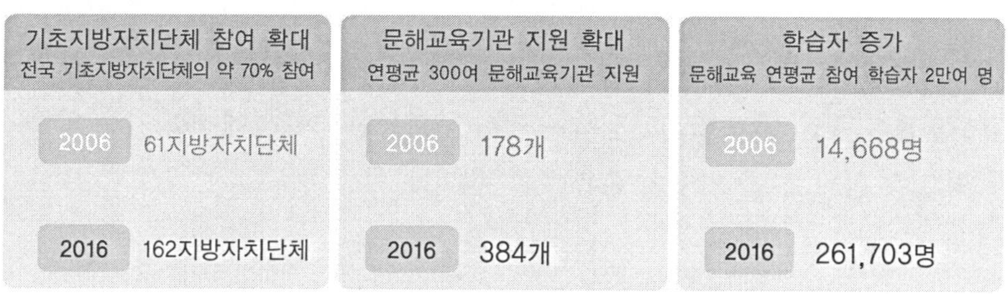


|그림 10-5| 성인문해교육 프로그램 지원 현황

출처 : 국가문해교육센터(http://le.or.kr).

### (2) 문해교육을 통한 초 · 중 학력인정제도 구축

① 평생교육법 제40조에 따라 성인학습자가 문해교육 프로그램을 통해 의무교육에 해당하는 초등학교와 중학교 학력들을 인정받을 수 있는 제도를 구축하고 지원한다(2016년도 지원 현황은 학력인정 누적 이수자 총 6,329명이다).

② 성인문해교과서 · 워크북 · 교사용 지도서 개발 및 성인문해교과서 무상보급

③ 문해학습자의 기초생활능력 함양을 위한 생활문해 보조교과서(금융문해교육, 교통안전문해) 등 개발

### (3) 성인문해교육 활성화 사업

① 매년 9월은 '대한민국 문해의 달'로 선포하고 문해교육의 중요성 및 필요성에 대한 사회적 인식 확산계기 마련

② 민 · 관 · 기업 연계 전국 성인문해교육 시화전, '세종대왕의 꿈' 캠페인 등 운영

③ 국내 최초 성인학습자 맞춤형 문해교육방송 'EBS 공부하기 좋은 날' 제작 및 방영

### (4) 성인문해능력 조사

① 효율적이고 합리적인 정책 추진을 위한 문해교육 잠재수요자 조사

2014년 성인문해능력 조사 결과에 따르면, 만 18세 이상의 성인 중 일상생활에 필요한 것을 읽고, 쓰고, 셈하는 것이 불가능한 수준 1에 해당자는 약 264만 명으로 전체 성인 인구의 6.4% 해당한다.

| 구 분 | 내 용 |
| --- | --- |
| 수준 1 | 일상생활에서 필요한 기본적인 읽고, 쓰고, 셈하기가 불가능한 수준 |
| 수준 2 | 기본적으로 읽고, 쓰고, 셈하기가 가능하지만 일상생활을 영위하기에는 미흡한 수준 |
| 수준 3 | 가정생활과 여가생활 등 단순한 인상생활 문제를 해결할 정도의 문제해결능력은 있지만 공공생활이나 경제생활 등 복잡한 일상생활의 문제 해결에는 미흡한 수준 |

출처 : 국가문해교육센터(http://le.or.kr) 성인문해능력 조사.

## 기·억·하·기

- 노인 평생교육 프로그램이란 노인의 성장과 발전을 위하여 체계적으로 개발하여 수립하는 지식, 교양, 건강, 취미, 그리고 기술교육을 포함한 모든 평생교육 지원활동의 사전계획과 결과이다.

- 노인 평생교육 프로그램의 필요성으로 첫째, 노년층에게 학습의 주체로서 성장할 기회를 제공, 둘째, 직업재교육과 훈련, 셋째, 지식기반사회의 도래, 넷째, 노인의 평생교육 프로그램의 참여 증대, 다섯째, 노인의 연령, 소득, 학력 정도에 따라 자신의 이상과 새로운 필요 등의 실현, 여섯째, 혼합형 생애주기 등이 있다.

- 노인 평생교육 참여동기는 사회적 요인으로 기술의 발달과 사회의 변화, 직업구조의 변화, 시간의 확대 및 노인들의 학습필요 증대와 학습자의 내면적 특성이나 개인적 욕구와 성격, 환경 등의 영향이 작용된다고 할 수 있다.

## 평가하기

**01. 노인 평생교육에 대한 설명으로 틀린 것은?**

① 자신의 인생을 설계하고 웰빙의 삶을 살게 하는 데 목표를 둔다.
② 자기발달 단계에서 자신의 발달과정을 능률적으로 적응해 나갈 수 있도록 하는 것이다.
③ 단편적인 훈련과 교육을 통해 잠재력을 최대한 발휘할 수 있도록 하는 데 있다.
④ 적극적으로 사회에 이바지할 수 있는 주체가 되도록 돕는 것이다.

**02.** **노인 평생교육 프로그램의 필요성에 대한 설명으로 틀린 것은?**

① 노년층에게 삶을 유지할 수 있도록 해준다.
② 명예퇴직과 조기퇴직으로 인한 직업재교육 훈련을 위해 필요하다.
③ 지식기반사회의 도래로 인해 필요하다.
④ 노인의 연령, 소득, 학력 정도 등의 특성에 따라 자신들이 이루지 못한 새로운 필요 등을 실현하기 위해 필요하다.

**03.** **울포크(Woolfolk)의 동기가 학습에 갖는 기능 세 가지 중 틀린 것은?**

① 발생적 기능
② 방향적 기능
③ 강화의 기능
④ 조절의 기능

**04.** **노인의 평생교육 참여율을 높을 수 있는 방안에 대해 논하시오.**

**05.** **현재 노인 평생교육 프로그램의 현황을 알아보고 향후 이루어져야 할 노인 프로그램과 그 이유에 대해 논하시오.**

정답 1. ③ 2. ① 3. ④

# Chapter 11

# 은퇴교육

**학・습・목・표**

1. 은퇴의 개념에 대해 설명할 수 있다.
2. 은퇴교육의 필요성에 대해 설명할 수 있다.
3. 은퇴교육 프로그램과 현황에 대해 설명할 수 있다.

## 1. 은퇴 개념 및 교육의 필요성

### 1) 은퇴(Retirement) 개념

중・장년기가 은퇴에 민감한 이유 중 하나는 생애주기의 연속선상에 놓여 있는 사건 중 중요한 전환점이 되기 때문이다. 사람들은 일상생활 속에서 크고 작은 많은 일들의 변화를 경험하게 되며, 특히 장년기에서 노년기로 전이되는 과정에 은퇴가 자리하게 되어 노년기의 제반 문제 및 노후의 삶의 질을 좌우하는 주요한 요인이 되기 때문이다.

은퇴 의미의 시대적 변화과정을 살펴보면, 1950~1970년대에는 은퇴가 단순히 직장이나 사업에서 물러나는 것으로 여겨서 일자리를 그만두는 것, 즉 퇴직과 같은 내용으로 사용되었다. 그 후 1980년대 들어와서 은퇴의 자발성이나 은퇴 후의 삶으로 건강 등 비재무적인 쪽으로 관심을 기울이기 시작하다가 1990년대에는 은퇴를 제2의 인생을 시작하는 것으로 받아들이면서 이제는 평생교육의 관점으로 은퇴를 접하게 되었다(이지영 · 최현자, 2009).

애슬레타(Athleta, 1976)는 은퇴란 개인이 전임(full-time)으로 고용되어 있지 않고, 소득은 이전 직업으로 받게 된 퇴직연금에 의존해 있는 상태라고 규정했다.

이 정의에 따르면 은퇴는 직업적인 경력(occupatioal careers)이 중단되는 사건으로 제한되어 있고, 그 시점은 특별한 직업이 없는 생활을 시작하는 전환점이 된다고 볼 수 있다(L. K. George, 1980).

장인협과 최성재(1999)는 은퇴를 유급의 직업적인 지위와 역할에서 물러서는 것으로 한정시키고 있으며, 실제로 우리나라의 경우에 은퇴한 사람은 퇴직연금을 받고 있거나, 또는 55세 이상의 사람으로서 지난 1년간 전속으로 고용되어 있지 않은 상태에 있는 사람으로 정의하고 있다.

은퇴의 의미를 구체적으로 설펴보면은 사건(event), 역할(role), 과정(process)의 세 가지 유형으로 살펴볼 수 있다(성영모, 2013).

첫째, 사건(event)으로 은퇴는 직장생활의 끝을 의미하며, 은퇴를 사건으로 간주할 때 다음 두 가지 제한점이 있다. 첫째, 은퇴자의 대다수는 은퇴라는 사건을 인식하거나 경험하지 않을 수도 있다. 예를 들면, 원래 고용되지 않았던 사람들은 은퇴사건을 경험하지 않을 수도 있다는 것이다. 둘째, 은퇴는 수입의 획득 및 사회적 관계망, 자아정체감, 직업을 통해 얻는 지위, 의미 있는 경험 등과 같은 개인에게 중요하다고 느끼는 요소들이 포함되지 않는다는 것이다.

둘째, 역할(role)이란 측면에서 은퇴란 은퇴자의 권리와 의무라는 행동상의 기대(behavioral expectation)로, 일반적으로 은퇴자의 역할은 사회적 역할로 간주된다. 현재 은퇴자의 역할은 점점 범위와 양이 줄어들고 경제적인 어려움을 당하며 시간이 많은 데도 별로 할 일 없이 지내는 것으로 생각하는 부정적인 면의 역할이었다면, 앞으로는 노년기의 중요성이 크게 인식되고 경제적인 조건도 향상되며 노년기의 역할의 범위와 규범이 사회적으로 용인되는 가운데 형성되면, 은퇴는 노년기 특유의 역할과 기대 및 책임이 주어지는 긍정적이고도 도전적인 은퇴자의 지위를 갖게 될 것이다(성영모, 2013; 장인엽 · 최성재, 1996).

셋째, 과정(process)이란 측면에서 은퇴를 보면 은퇴란 개인의 직업경력이 끝나거나 줄어드는 과정으로 이 과정은 이전 소득을 상실하였거나 자유시간이 증가된 것으로 인식되어 받아들여진다(성영모, 2013; L. K. George, 1980 재인용). 즉, 은퇴란 새롭게 기대했던 지위와 역할로 전이되는 과정으로, 그에 따라서 종전역할이 아닌 새로운 역할로서 사회화가 이루어지는 과정으로 본다. 즉, 은퇴란 개인의 생애주기에서의 과정을 이루고 있는 하나의 통과의식이고, 역할전환과 관련해서는 중년기로부터 노년기로 진입하게 되는 전환점이 되는 것이다(최신덕, 1995).

### 2) 은퇴준비의 필요성

급여생활자라면 어느 누구나 갖게 되는 "나의 노후는 어떻게 될 것인가?"라는 불안한 마음은 우리가 당면하고 있는 현실로 60세 전후로 되었다는 것이며, 정년까지는 어떻게든 되겠지라는 안이한 인식으로 떠오르는 불길한 생각을 씻어버리려고 애를 쓴다.

그러나 노후의 문제해결을 위해서는 사회정책적 결정에 참여하게 하는 제도적 방안으로 생애교육의 제도화, 활성화 등으로 제시될 수 있다. 예를 들어, 사업장에서 실시하는 사전은퇴교육(pre-retirement education) 같은 교육제도는, 그 대상에서 문제해결을 위해서 기업 혹은 사회정책적 결정에 참여하게 하여 기회를 제도화시키는 방안들이 제시되어야 하고, 최소한 은퇴가 예정되는 3~4년 전부터 연령적으로 은퇴대상이 될 은퇴 예정자들에게 은퇴 후의 계획을 준비할 수 있는 기회와 과제를 마련해 준다면, 은퇴대상자들은 그들의 문제에 구체적으로 논의하면서 은퇴에 능동적으로 대처할 수 있을 것이다. 이처럼 은퇴준비를 위해 교육에 참여하게 하는 것이 은퇴자들에게는 중요하게 거론되어야 할 것이다(한준상, 1988).

직장생활자의 습성은 30년간 근무한 누구에게나 공통될 것이므로 이러한 경험은 많은 직장생활자들이 조기 은퇴라는 상황에 부딪혔을 때에 한번쯤은 맛보게 될 것이다. 그렇다면 생애설계를 위한 노후준비 계획은 어떻게 해야 하는지를 보면 다음과 같다.

### (1) 생애설계를 위한 노후자금 계획

생애설계란 인생의 꿈을 실현하기 위한 각 주기마다의 목표를 설정, 계획하는 지침으로, 최소한 은퇴 전이나 은퇴 후의 생활에 있어서 자신들이 갖고 있는 가능성을 추구하고 활기찬 삶을 살아가는 자기실현의 생애를 살아가기 위한 역할이다. 왜냐하면 생애설계를 설계하는 과정에서 자신들의 삶의 무대에 자신 있는 목표를 설계하지 않으면 안되기 때문이다. 생애설계 시 필요한 것을 검토해 보면, 첫째, 현실을 주시하여 삶의 무대에서 무엇을 어떻게 할 것인가를 생각하고 지금부터 노후대비 마음의 준비를 해야 할 필요가 있는 것, 둘째, 현재 자신과 가족의 건강상태를 확인하여 종신까지 활력을 유지할 수 있도록 신체적 · 정신적 건강관리를 주의할 것, 셋째, 생애생활 가운데서 자아실현을 위해 자기개발에 노력해야 할 것, 넷째, 노후 생활자금을 위해 재산형성을 실행하고 여유 있는 생활자금을 확보해야 할 것이다.

이 계획 자체를 한번 책정했다고 만족된다고 하는 것이 아니므로 주변 환경의 변화, 중간목표의 달성 및 실적 등에 따라 수정, 변경해 가야 할 필요가 있으며, 노후의 생활과 초점을 맞추며 지속적으로 실행해 가는 것이 요구된다. 그 외에도 은퇴준비 계획에 의해 은퇴 후의 불안을 극복하기 위한 전제로 한 "자기를 위한 인생계획"을 실행할 필요가 있다.

그래서 됨과 안됨을 정하는 것이 결심의 유무이고 방심하지 않는 자조노력인 것이다. 실제 생애설계를 위한 노후자금 계획과 관계가 있는 최소 다음 세 가지의 계획이 필요하다.

첫째, 노년의 생활은 안녕한 자기실현을 도모하기 위한 필요자금 계획이다. 재산을 많이 가지고 있다고 해서 꼭 행복을 약속해 주는 것은 아니지만, 최소한의 금전적 자산을 자기실현을 위한 용도로 자금 만들기 계획을 세워두어야 한다.

둘째, 우리들이 삶에 대한 자기실현을 꾀하기 위해 일을 갖도록 하는 것이다. 일에는 금전을 동반하는 일도 있으나 자신의 능력을 살려 봉사를 하기 위한 일도 있고 또한 취미도 있을 것이다. 자신의 취미, 관심, 능력 등을 살펴 평생 직장이 될 수 있는 일에 종사할 수 있도록 경력개발, 직능개발을 해나야 하며, 그러기 위해서 자신의 능력을 잘 인지하고, 끊임없는 자기개발을 할 수 있는 계획을 세워야 한다.

셋째, 생애설계는 건강한 체력을 만드는 것이다. 연령에 관계 없이 누구나 언제까지 건강한 마음을 지니고 싶어 하고, 그것은 인생을 행복하게 지내기 위해 매우 중요한 것이다. 그러나 종신까지 건강을 유지하고 활력을 보장하는 것은 쉬운게 아니며, 나이가 들어감에 따라서 발생하는 심신기능의 변화에 적극대응 혹은 건강관리에 유의를 하는 것이 바람직하다. 건강을 유지하기 위해서 항상 심신예방에 주의를 해야 함은 물론, 일상생활 리듬을 지켜가며 규칙적인 생활을 하는 노력이 요구된다.

은퇴준비용 금융자산[1]으로 2016년 가계금융・복지조사 결과(표 11-1)에 의하면, 가구소득 증가 또는 여유자금 발생 시 주된 운용방법은, 저축과 금융자산 투자로 44.3%로 가장 많았고, 그 다음으로 부동산 구입 27.0%, 부채상환은 22.7% 순으로 사용한다고 나타났으며, 이는 전년에 비해 부채상환과 부동산 구입이 각각 0.9%p, 0.8%p 감소한 반면 저축과 금융자산 투자, 내구재 구입은 각각 1.3%p와 0.4%p 증가하였다.

1) 금융자산은 연금을 제외한 금융상품에 적립된 금액을 의미하며, 보통은 현역시절의 생활비나 주택마련 자금, 학자금 등의 목적자금으로 주로 활용되고 있으나 일부는 노후자금 준비용으로 이용되고 있는 현실을 감안하여서 금융자산의 일정 비율을 노후 은퇴자산으로 정의

〈표 11-1〉 **가구소득 증가 또는 여유자금 발생 시 주된 운용방법에 대한 비율**

(단위 : %, %p)

| 운용 / 연도 | 합 계 | 저축과 금융자산 투자 | 부동산 구입 | 부채 상환 | 내구재 구입 | 기 타 |
|---|---|---|---|---|---|---|
| 2015년 | 100.0 | 43.0 | 27.8 | 23.6 | 1.6 | 3.9 |
| 2016년 | 100.0 | 44.3 | 27.0 | 22.7 | 2.0 | 4.0 |
| 전년차 | | 1.3 | −0.8 | −0.9 | 0.4 | 0.1 |

출처 : 통계청 · 금융감독원 · 한국은행(2016. 12. 20). 2016년 가계금융복지조사 결과 보도자료.

또한 금융자산 투자 때 주된 목적으로(표 11-2)는 2016년에 노후대책 부문이 55.2%로 가장 많았고, 다음으로 주택구입 및 전월세 보증금 마련과 같은 주택 관련 부문이 17.4%, 부채상환 9.6%, 자녀교육비 마련 7.1% 순으로 나타났으며, 이는 2015년도에 비하여 노후 대책 부문과 자녀교육비 마련 부문은 증가한 반면, 주택 관련 부문, 부채상환 부문은 감소하였음을 볼 수 있다.

〈표 11-2〉 **금융자산 투자 시 주된 목적에 대한 비율**

(단위 : %, %p)

| 목적 / 연도 | 주택 관련 | 노후 대책 | 결혼자금 마련 | 사고와 질병 대비 | 자녀교육비 마련 | 부채 상환 | 기타 |
|---|---|---|---|---|---|---|---|
| 2015년 | 17.5 | 54.9 | 3.5 | 3.7 | 6.7 | 10.0 | 4.5 |
| 2016년 | 17.4 | 55.2 | 3.2 | 3.5 | 7.1 | 9.6 | 4.1 |
| 전년차 | −0.1 | 1.2 | −0.3 | -0.2 | 0.4 | −0.4 | −0.4 |

출처 : 통계청 · 금융감독원 · 한국은행(2016. 12. 20). 2016년 가계금융복지조사 결과 보도자료.

### (2) 준비해야 하는 노후준비

노후준비는 끊임없는 노력이 필요하다고 주장하는데 그것은 바로 이러한 이유이다.

노후 삶의 질을 향상시키기 위해 노년기에 대한 관심이 증가되고 있듯 그에 대한 교육방법과 교육제도도 중요한 위치를 차지해 가고 있고 장년층 노후준비에 대한 교육을 통하여 노후생활을 이해하며 다가올 자신의 노년을 서서히 준비할 수 있도록 마음가짐을 가지게 하는 것이다.

즉, 청년기는 생활준비 기간이고, 장년기에는 준비한 것을 중심으로 다시 새로운 것을 배워가는 활동기이며, 노년기가 되면 지금까지 배운 경험과 결실로 만족할만한 생활을 누리는 안락기로 볼 수 있기 때문이다.

노후준비를 위한 교육은 노후에 자신에 대한 긍정적 개념을 갖게 하고 급변하는 사회에 적절히 적응하며, 다음 세대를 이해하는 데 실시되는 교육을 의미하기도 한다. 은퇴준비자에게는 교육에 참여할 수 있는 동기를 부여하며 학습욕구를 갖게 함으로써 사회의 일익을 담당할 수 있도록 자부심을 불어넣는 것이다.

노후준비를 위한 교육은 은퇴자 자신을 위한 자아성취 확립을 통해 노후의 준거상을 정립하고 노후의 봉사활동을 주도하는 역할을 겸하도록 하는 것이다(김재인, 1986 : 12-13).

인생 삶 전체에 그들이 학교 및 회사 또는 전문기관에서 도달했던 지식적 차원이 어떻든지 간에 지속적으로 스스로를 준비해 나가야 한다. 그들의 삶을 통해 기회도 주어지고 그것을 이용하도록 초청되어야 한다.

2015년 통계청 생활실태 조사에서도 은퇴준비와 관련하여 은퇴준비가 전혀 되어있지 않다 17.7%, 준비가 되어있지 않다 28.5%로 나타났으며, 보통이다는 39.2%, 준비되어 있다 13.3%와 매우 준비되어 있다는 1.3%밖에 나타나지 않았다.

이는 아직도 은퇴준비에 대한 인식과 대책을 절반 수준에 가까운 46.2%나 차지하고 있다는 것이다(통계청 2015 생활 실태조사. http://kostat.go.kr/wnsearch/search.jsp).

## 2. 은퇴교육 프로그램

### 1) 은퇴교육의 의미

은퇴교육은 은퇴생활을 위해 실시되는 모든 교육을 뜻하고 사회활동에 참여하는 사람들이 사회활동에서 은퇴하기 이전에 실시되는 교육을 말한다. 은퇴교육은 은퇴의 생활에 새로운 의욕과 보람을 찾을 수 있도록 하는 데 그 의의가 있는 것으로, 은퇴가 가져다주는 사회·심리적 불안, 동요 때문에 흔히 갖기 쉬운 부정적인 노후생활을 미리 예상하고 대처함으로써 긍정적인 태도를 가지고 은퇴 후의 생활에 보다 잘 대응하도록 하는 교육이다(김성희, 1996).

특히 누구나 은퇴 이후도 예전과 다름없는 생활을 할 수 있어야 하는데, 은퇴 후 우리 사회의 현실 여건은 본인 스스로가 대비하지 않으면 안 되는 상황이다. 따라서 교육의 필요성이 더욱 절실히 요청된다.

### 2) 은퇴교육 프로그램의 필요성

대부분의 성인들에게 은퇴는 단순히 직업을 잃는 것 이상을 의미하며 자신의 사회적 또는 경제적 지위 그리고 인간관계 및 사회활동의 범위까지 크게 변화함을 의미한다.

특히 평균수명의 증가로 정년퇴직 이후 활동할 수 있는 기간이 길어지고 있어 이 시기를 어떻게 하면 의미 있게 살 것인가가 중대한 문제로 대두되고 있다(허정무, 1993 : 52-53).

노화로 인한 신체적·심리적·정서적 기능의 변화는 반드시 부정적이지만은 않아 은퇴 이후에도 상당한 기간 학습활동은 물론, 직업적·사회적 활동이 가능하며, 은퇴자가 독자적이고 의미 있는 자신의 노후을 준비하도록 체계적으로 돕기 위한 은퇴준비교육이 필요하다.

일반적으로 급여생활자가 은퇴에 대해 거부반응을 나타내는 것은 은퇴 후 제2의 인생을 향하여 나아갈 때 건강에 대한 불안, 생활에 대한 불안, 노후생활에서 맛보게 될지도 모를 외로움을 느낀다. 그러므로 미리 은퇴준비를 해 놓는 것이 당연하다. 그 가운데서도 노후준비교육은 노후의 자신에 대해 긍정적인 개념을 주입시키고, 변화하는 사회에 적절히 적응하고, 다음 세대를 이해할 수 있는 동기를 부여하며, 학습욕구를 자극하고 사회의 일익을 담당할 수 있는 자부심을 불어넣는 것이 우선적 과제이다. 은퇴교육은 은퇴자가 젊은 세대를 위한 생활경험과 전문지식을 불어넣는 역할을 하며, 은퇴자 자신을 위한 자아개념의 확립을 통해 노후의 준거상을 정립하고, 노후의 봉사활동을 주도하는 역할을 겸하도록 하는 것이다(김재인, 1986 : 3-4 재인용).

일정한 직업생활이나 사회적 활동에서 물러나는 중장년이나 고령자을 대상으로 은퇴 이후를 도와주기 위해 교육의 방향과 내용 등이 우리 사회에서도 필요하게 되어 사회생활에 있어 가장 중요한 성인활동 중의 하나가 직업을 꼽을 것이다. 직업은 지위, 금전적 보상, 다른 사람들과의 교류, 꾸준한 일상활동 등을 제공해 준다. 그러나 은퇴를 하게 되면 이러한 보상들이 사라지고 그 대신 은퇴자에게 다른 종류의 보상을 가져다줄 새로운 활동이 필요하게 된다(이수명, 1988).

교육참석자들이 은퇴를 단순 휴가의 연장 이상으로 중요한 제2의 인생 단계로 인식하면 미리 생애계획을 세울 필요성이 아주 명백해진다. 이는 은퇴는 생활양식의 변화이기 때문이다. 이 변화는 때로는 엄청나고 급격한 단절을 야기시킨다. 은퇴준비 계획은 생애설계의 일부분이고 교육계획이나 가족계획이 포함되는 변화로 지금까지의 생활양식의 근본을 흔들어 놓기도 한다.

은퇴준비를 계획한 사람들은 재산, 건강, 시간, 능력 등의 자원들을 효과적으로 자신이 처리할 수 있게 되어야 한다. 계획을 세우면 이런 자원들을 최대로 이용하게 되며 생활양식 변화를 예측하고, 은퇴 후에도 독자적으로 생활할 수 있어야 할 것이다. 미래의 변화를 그대로 내버려 두면 얻을 것이 별로 없을 것이다.

보통 은퇴계획을 세울 때 미래의 변화에 의미를 부여하고 은퇴 후 안녕과 행복을 높이기 위해 계속적인 현재 자신과 생활양식을 평가해야 한다. 이러한 자기 미래를 그려봄으로써 보다 자신 있게 은퇴를 맞이할 수 있고 준비가 가능해지며, 은퇴 후 준비가 사회적인 정책과제가 됨은 물론이고, 직장에서도 그 동안 헌신적으로 근무해 온 직원에 대한 예우로서 기업 차원에서의 은퇴준비교육을 하는 것도 바람직한 현상이다.

은퇴준비교육은 개인의 관심이나 능력에 따라서 추구하는 방향이 다양하므로 기업의 입장에서도 프로그램을 개발, 시행할 필요성을 찾을 수 있다. 은퇴자의 업무능력과 장단점을 고려하여 기업조직에서 활성화하고, 효과적으로 활용하는 방안들을 모색할 필요가 있다. 물론 이것은 은퇴자에게 단순히 직업의 연장만을 의미하는 것은 아니고, 안정적이며, 적극적인 노후생활에 대책을 마련하는 방안으로 고려되어야 한다. 다만, 현실적으로 은퇴교육 프로그램은 기업 구성원 대상으로 운영될 때보다 높은 참여가 가능할 것이며, 이것을 통해 이 프로그램 운영을 적극적으로 검토할 필요가 있다.

조직에서 일하는 사람은 은퇴가 가까워 오면 느끼는 불안감 때문에 생산성과 조직에 대한 충성심, 윤리성, 원만한 노사관계의 유지 등에도 안 좋은 영향을 끼치게 되므로, 조직의 입장으로서는 이들에 대한 몇 가지의 대책을 모색할 필요가 있으며, 은퇴를 준비하는 사람들에게 일어난 은퇴의 충격을 조금이라도 해소하고, 조직복지의 입장에서도 은퇴 후 생활 보장을 고려하도록 노력해야 한다고 지적하고 있다(김재인, 1986 : 53-54 재인용).

이를 통하여 은퇴 후 생활의 불안요인이 해소되면 자신이 현재 가지고 있는 지식이나 기능을 충분히 활용하고, 조직의 발전에 헌신하고 싶다고 생각하게 되며, 다른 사람의 도움을 구하지 않고 자신이 은퇴 이후의 여유로운 생활을 위한 기초를 확립하려고 노력한다는 것이다.

여기에는 기업의 이윤과 합리성 추구라는 본질적인 속성과 은퇴자 내지는 노인에 대한 부정적인 인식이 팽배해 있어 이것이 해결해야 할 과제가 되는데, 은퇴준비교육 프로그램을 통해 기업은 대외적으로 좋은 이미지를 얻게 되며, 조직의 사업을 증진시키고, 조직에 대한 불만을 감소시킴으로써 은퇴에 직면한 구성원들의 비능률성을 줄일 수 있다는 점이 기업의 입장에서 이점이 되는 것으로 부각되고 있다(김재인, 1986 : 54 재인용).

그러나 기업에서 이 프로그램을 운영하는 경우가 아주 적은데 이는 기업의 입장에서 은퇴교육 프로그램을 통해 얻는 이점과 필요성에 대한 인식이 절대적으로 부족하기 때문이다.

은퇴준비교육이 현직의 직업인을 대상으로 할 때, 교육목적은 성인학습자로, 사회생활인으로, 또 가족구성원으로 은퇴 이후의 생활 등이 되며, 그 준비계획 프로그램(pre-retirement planning program)으로 네 가지 표준안을 제시할 수 있다(이수명, 1988 재인용). 그 내용을 보면 다음과 같다.

첫째, 상담 또는 집단활동에 프로그램을 제공하는 방법이다.

둘째, 학습은 최소한 은퇴 5년 이전에 제공되어야 한다.

셋째, 학습은 주로 고용자의 시간에 제공되어야 한다.

넷째, 고용자가 자발적으로 대상자를 선정하여 프로그램을 제공하여야 한다.

이 네 가지 유형이 종합적으로 제공될 때 다시 다음과 같은 네 가지 모델을 제공한다. 즉, 합리적, 경제적, 사회적, 인본주의적, 실존적, 그리고 복합적, 체계적인 것들이어야 한다.

첫째, 합리적 · 경제적(social perspective) 모델은 경제적 자기 이익을 주요 동기로 삼고, 직업지향적 가치관에 입각한 금전적인 대가를 보상받을 수 있는 것이어야 한다.

둘째, 사회적(economic perspective) 모델은 사회 어딘가에 소속하고자 하는 욕구충족에 의한다.

셋째, 인본주의적 · 실존적(humanistic existential) 모델이 있는데 이는 정년퇴직 후에도 평생 계속 학습자로서 많은 경험을 젊은 세대에게 나누어 주고, 그들에게서 새로운 삶의 의미를 찾으려 추구하는 과정이다.

넷째, 복합적 · 체계적(complex systematic) 모델은 정년은퇴자에게 내재된 단순성의 개발이다. 정년은퇴 예정자의 흥미나 동기, 관심, 교육 욕구가 각기 다르므로 그 속에 잠재되어 있는 공통적인 단순성을 체계화할 수 있는 프로그램이다(이수영, 1988 재인용).

이와 같이 네 가지의 준거를 전제로 은퇴 프로그램을 계획할 때 은퇴 이후의 경제적·사회적 생활에 대해 능동적으로 접근할 수 있고 경제적으로 적절한 시기부터 시행하도록 하는 동기부여의 교육목적이 있다고 할 때, 교육욕구가 무엇인지를 아는 일 또한 병행되어야 할 것이다.

은퇴준비교육 프로그램은 은퇴 후 생활의 변화를 예측하고 대응하기 위한 준비를 사회교육적 차원에서 돕기 위하여 고안된 학습계획 및 수행활동이다.

따라서 고령사회로 진입하고 있는 현 사회에서 조직경영 또한 변화시킬 필요가 있기에 은퇴자에 대한 인식의 전환을 긍정적으로 변화시킴으로써 효과적으로 고령인력을 활용해야 할 필요가 생기고 있다.

은퇴준비교육 학습목적에도 은퇴 이후 생활태도 변화를 추구한다는 측면에서 지식이나 기술의 습득보다는 궁극적으로는 의식변화를 지향한다.

이와 같은 은퇴준비교육 프로그램은 은퇴자 개인의 요구 이외에도 프로그램을 시행하는 기업체의 요청에 부응함으로 인해 직장생활에서의 이탈과 은퇴 이후의 생활환경에도 서서히 도달하기 위한 사회교육적 시행인 것이다.

### 3) 은퇴교육 프로그램의 목적

은퇴준비교육 프로그램은 은퇴가 활동적인 생활에서 위축됨으로써 은퇴하는 것이 아닌 어떤 계획된 것으로 새롭게 은퇴해 나가는 것이라는 메시지를 전달하는 것이라고 한다. 이에 김미혜(1993)는 은퇴준비교육은 은퇴 이후에 할 어떤 것을 계획하기 위해 필요한 모든 정보들과 지식을 제공하고 실시하도록 도와주는 것이며, 구체적인 목표로는 은퇴에 대한 긍정적인 태도를 함양하고 은퇴 후의 생활에 보다 잘 적응하여 성공적인 노령기의 삶을 영위할 수 있도록 돕는 것이라고 말한다(김미혜, 1993).

그러나 은퇴준비교육 프로그램은 여기에 관련된 개인 및 조직의 입장에서 그 주요 목적이 다를 수 있다. 먼저 은퇴예정자 개인의 입장에서는 향후 예상되는 은퇴생활을 이해하고, 궁극적으로 은퇴 이전과 같이 활력을 유지하며 인생을 의미 있고 소중하게 인식함으로써 가정적으로나 사회적으로 존중은 물론이고, 자아존중감을 가지는 것을 목적으로 한다. 구체적으로는 은퇴에 대해 보다 호의적 태도를 취하게 함으로써 은퇴를 보다 긍정적으로 계획하고, 실행하도록 돕는 것이다.

기업의 입장에서는 구성원들이 지속적으로 최선을 다하여 업무를 수행하도록 사기를 진작시켜 줌으로써 조직의 활성화와 효율성을 높이는 것이고, 경우에 따라서 숙련된 노동력의 재창출해 능률적인 조직운영을 목적으로 할 수 있으며 생산활동에서 물러난 은퇴자의 경제적·심리적·가정적인 안정을 통해 사회구성원의 삶의 만족도를 높이는 것이 사회적 차원의 목적이라고 할 수 있다.

한편 우리나라에서 운영되고 있는 프로그램은 주로 기업중심으로 이루어지고 있는데, 이에 앞서 기업에서는 은퇴준비교육이 활성화된 일본의 총무청 퇴직준비 프로그램 검토위원회가 1983년 8월에 정리한 보고서에서는 이 프로그램의 효과와 목적에 대해 다음과 같이 기술하고 있다(박선옥, 1997).

다시 말하면, 은퇴준비교육 프로그램은 직원에게 은퇴에 필요한 지식과 정보, 상호개발의 기회 등을 제공하며, 적절한 충고나 조언을 해주는 것으로 직원에게 스스로 은퇴 이후 생활설계를 계획하게 함에 따라 불안감을 해소하고 은퇴 후의 새로운 생활에 순조롭게 적응할 수 있게 하려는 것이다. 더 나아가 직원의 사기를 유지 및 향상시켜 은퇴할 때까지 왕성하게 일을 계속할 수 있게 함으로써 조직문화의 활성화를 가져오는 효과도 가지고 있다.

이는 은퇴자 개인뿐 아니라 기업 입장에서도 은퇴준비교육 프로그램을 실시할 필요가 있다는 것을 인식하고 있음을 보여준다. 은퇴자가 자신의 노후생활을 준비하도록 도우면서 은퇴 시까지 최선을 다하도록 유도하는 것이며, 때로는 은퇴인력을 기업에서 재흡수 활용하는 방안을 마련하는 것이 교육목적에 반영되기도 한다.

이에 비해 우리나라는 은퇴준비교육이 이제야 시작되고 있는 단계라고 할 수 있고, 은퇴준비교육에 대한 인식과 그 의미 자체가 아직은 초보단계이다.

우리 기업들의 고령자에 대한 인력 관리나 국가 차원의 제도적 연구는 아직 초보단계이다. 은퇴의 대비책 마련에 당사자 이외에 기업에서의 교육 프로그램 준비나 사회와 연계되는 대비책의 필요성이 이제 인식되어 가고 있는 실정이며, 은퇴준비를 위한 교육에 대한 기대감은 기업의 분위기나 사회적인 여건상으로 아직은 이른 면이 있는 것 같다.

다만, 최근 일부 대기업체 등이 고령화 사회에서 경영전략상 중고령자와 노인층이 향후 실버산업의 중요한 고객으로 인식되면서 퇴직예정자들에 대해 관심과 새로운 마케팅 전략 내지는 퇴직 관련 교육 프로그램 등이 운영되고 있다.

## 3. 은퇴교육 프로그램 현황

### 1) 퇴직준비교육 운영현황과 내용

의료·과학기술의 발달로 평균 수명 100세 시대로 인한 퇴직의 관점이 변화를 불러왔다. 현 사회에서 베이비붐 세대의 퇴직 이후 인생이 30~40여 년 이상으로 인해 새로운 제2의 인생의 시작점으로 미래에 대한 준비와 계획의 중요성이 크게 부각되는 가운데 퇴직준비교육은 전직지원, 창업교육, 재취업등의 일자리 연계교육을 넘어 새로운 생애설계 변화를 인정하고 주체적인 삶을 위한 준비 관점의 교육이 되어야 할 것이다.

이 절에서는 현재 진행되고 있는 퇴직준비교육의 운영현황을 통해 퇴직준비교육을 기능별로 분류하고 기관별 운영 특성 및 목적별 운영실태, 교육방법 등을 알아보고자 한다. 기관의 특성별 운영현황은 국가정책 지원으로 시행하는 정부 관련 기관, 지방자치단체 운영, 그리고 근로자가 소속된 기업 자체적 교육인 기업운영, 그 이외 사회단체나 종교단체에서 운영되는 민간단체 운영으로 분류하였다.

### (1) 정부 관련 퇴직준비교육 운영기관

정부가 운영하는 퇴직준비교육은 고용노동부의 '성실 프로그램', '장년나침반 생애설계 프로그램'이 있으며, 보건복지부의 '노후생애설계 프로그램'이 있다. 고용노동부의 '성실 프로그램'은 고령자의 재취업이나 직업능력 개발을 도와서 고령화사회에 대비하도록 직업능력을 스스로 배양하고, 고령자의 이직, 전직, 재취업 등을 지원하기 위하여 개발되었으며, '장년나침반 생애설계 프로그램'은 50대 이후에 점검해 보아야 할 생애설계 요소들를 점검하고, 자신의 경력전성기 확대를 위하여 경력자산을 마련 중장년의 재직근로자가 앞으로 삶에 대해 긍정적이고 능동적으로 대처하며, 기업 내에서도 경력을 유지・개발하여 50세 이후의 삶에 대해 스스로 설계하고 준비할 수 있게 지원한다. 보건복지부의 '노후생애설계 프로그램'은 노인층의 능동적이고 적극적인 사회참여와 삶에 대한 균형유지 및 성공적인 제2의 인생설계를 지원하는 서비스로 은퇴기의 균형적 발전 및 은퇴기 개인의 다양한 경력과 경험을 지역사회에 안정적으로 발현할 수 있게 퇴직 이전부터 노년기 전 생애에 이르는 고령자 생애관리서비스를 제공하는 것으로, 교육의 마지막 단계에 지역사회에 대한 적응훈련을 거쳐 지역사회로의 참여를 연계시키는 구조를 갖는다. 지역시민 퇴직 전 베이비붐 세대, 은퇴예정자나 고령자를 대상으로 은퇴를 준비하는 고령근로자나 퇴직자들이 퇴직 후 불안요소 변화를 인식하고, 새로운 인생설계에 필요한 정보를 제공, 스스로가 생애설계를 하고 건설적 인생 재설계를 함으로써 자립적・주도적 삶을 영위할 수 있도록 지원한다.

보건복지부와 고용노동부가 운영하는 정부 운영 퇴직준비교육 현황 〈표 11-3〉을 보면, 국가 차원에서 퇴직준비교육을 지원하는 부처로 고용노동부와 보건복지부가 있다. 퇴직준비교육 프로그램 수로는 고용노동부가 2개, 보건복지부가 1개로 고용노동부가 많았다. 시행연도로는 고용노동부의 '성실 프로그램'이 2006년으로 가장 빠르며 2015년 현재 '장년나침반 생애설계 프로그램'을 개발・시행하고 있다.

〈표 11-3〉 **정부운영 퇴직준비교육**

| 분류 \ 정부기관 | 고용노동부 | | 보건복지부 | | | |
|---|---|---|---|---|---|---|
| **프로그램명** | 성실 프로그램 | 장년나침반 생애설계 프로그램 | 노후생애설계 프로그램 | | | |
| **시행기관** | 고용센터 | 노사발전재단 | 한국노인인력개발원 | | | |
| **시행지역** | 전국관할센터 | | 부산 광주 | 광주 | 원주 순창 의성 부여 | 평택 |
| **시행연도** | 2006년 | 2015년 | 2007년 | 2008년 | 2009년 | 2010년 |
| **대상** | 중장년층 (50세 이상) | 만 50세 이상 재직근로자, 고용보험 10년 이상 가입근로자 | 은퇴예정자 및 고령자 | | | |
| **교육비** | 전액무료 (고용노동부 지원) | | 월 2만 원 (보건복지부 및 지방자치단체 지원) | | | |
| **비고** | 현재 시행 중 | | 시행 중단 | | | |

고용노동부는 전국 고용센터와 노사발전재단을 통해서 '성실 프로그램'과 '장년나침반 생애설계 프로그램'을 보급하고 있으며, 교육비 전액을 고용노동부가 지원해 퇴직준비교육 프로그램을 시행하고 있다. 보건복지부는 한국노인인력개발원을 통해서 2007년 부산지역 시범사업을 시작으로 해서 광주 등의 지역으로 '노후생애설계 프로그램'을 보급하였고, 보건복지부 및 지방자치단체 지원하에 월 2만 원의 참가비를 통하여 교육에 참여하였지만 활성화되지 못해 2011년에 시행이 중단되었다. 정책대상으로 50세를 전후로 한 중장년층의 퇴직 앞둔 근로자 또는 퇴직자이며, 이는 다른 프로그램의 교육대상과 달리 고

용노동부의 '장년나침반 생애설계 프로그램'은 재직근로자와 고용보험 10년 이상 가입근로자라는 구체적인 기준을 둔 것이 특징이다.

### (2) 지방자치제도 퇴직준비교육 운영기관

지방자치단체 운영의 퇴직준비교육은 서울시청에서 운영하는 '서울인생이모작지원센터'의 교육 프로그램과 서울시 50플러스 재단 그리고 울산 북구청에서 운영하는 '울산북구인생이모작이음센터'의 교육 프로그램, 경기도청에서 운영하는 위탁 프로그램인 '5563베이비 붐 세대 새출발 프로젝트'가 있다.

서울 인생이모작지원센터에서는 베이비붐 세대의 본격적인 은퇴시점에 맞춰서 2013년 2월에 정식 개관, 퇴직 시니어 자원의 특징 및 욕구에 사회구조적인 균형감을 더한 사회재참여에 대한 활동을 지원하고 있다. 공식교육사업으로 사회공헌아카데미 및 NPO 비기너스쿨 그리고 시니어협동조합학교, 재취업교육, 인문학아카데미, 이모작프로덕션 등이 있고, 매년 베이비붐 퇴직자들 인생이모작을 지원하는 프로그램으로 인생설계 아카데미가 있다.

서울시 50플러스 재단은 50+세대가 서로의 지혜와 경험을 나누고 새롭게 배우며 활동할 수 있는 복합문화 공간으로 2016년 5월 개관한 서부캠퍼스와 2017년 3월 개관한 중부캠퍼스를 시작으로, 2019년 서울 전역에 모두 6개의 서울시50플러스캠퍼스가 운영될 예정이다.

50+캠퍼스에서는 삶과 노후에 관한 인식을 전환하고 새로운 삶의 설계를 돕는 인생재설계학부, 일의 의미를 정립하고 새로운 커리어를 모색하는 커리어모색학부, 독립적이고 즐거운 일상에 필요한 생활기술을 연마하는 일상기술학부의 3개 학부를 운영하고 있으며, 4개의 공통운영 전략을 가지고 다음과 같이 운영하고 있다.

| | |
|---|---|
| 교육지원 | • 학기제 및 3개 학부제 유지<br>• 50+사업의 정체성을 반영한 교과목 공통 운영 |
| 상담 · 정보제공 | • 50+상담센터 운영<br>• 맞춤형 학습설계, 생애설계 7대 영역 상담 및 컨설팅<br>• 50+컨설턴트 및 모더레이터 양성 후 배치 |
| 활동지원 | • 커뮤니티지원사업 '커뮤니티 플러스' 운영<br>• 커뮤니티 공간 및 공유사무실 운영 |
| 일자리지원 | • 사회공헌형 일자리 발굴 확산, 50+일자리 모델 발굴 및 확산<br>• 50+일자리 지원을 위한 인프라 구축 |

출처 : 서울시50+ 재단(http://50plus.or.kr/intro/campus-management.do).

울산북구인생이모작이음센터에서는 2013년 9월부터 경제활동을 희망하는 노년층들의 취업 및 창업활동의 기회를 제공하고 지역사회 봉사활동과 연계한 사회공헌 활동을 지원하고 다양한 정보제공과 교육서비스 및 일자리 지원과 공동체 활동 지원을 목적으로 운영하고 있는 종합적인 생활지원서비스제공 시설이다. 지역 내 퇴직(예정)자을 대상으로 은퇴 후 인생설계 프로그램 및 사회공헌이나 재능나눔 프로그램, 창업지원 프로그램, 목적별 프로그램인 재취업 훈련 프로그램 등이 있으며, 해마다 은퇴생활준비교육 프로그램의 인생이모작이음학교가 있다. 경기도에서의 '5563베이비붐 세대 새출발 프로젝트'는 퇴직(예정)자들에게 사회공헌 활동을 통하여 삶의 보람을 느끼고 퇴직 후 제2의 인생설계를 안내함으로써 전문성과 삶의 경륜을 지역사회에 공헌, 기여할 수 있도록 지원한다.

각 지방자치단체에서 운영하는 퇴직준비교육 현황은 〈표 11-4〉와 같다.

〈표 11-4〉 **지방자치단체 운영 퇴직준비교육 현황**

| 관할기관 | 시행기관 | 프로그램명 | 교육대상 | 시행지역 | 시행연도 |
|---|---|---|---|---|---|
| 서울시청 | 서울인생 이모작 지원센터 | 사회공언 아카데미 | 50~60대 서울시민 전문직 퇴직 예정자 | 서울 | 2013년 |
| | | NPO 비기너스쿨 | 사회공헌 아카데미 수료생 | | |
| | | 시니어 협동조합학교 | | | |
| | | 인문학아카데미 | 50~60대 서울 시민 | | |
| | | 이모작프로덕션 | | | |
| | | 재취업교육 | | | |
| | | 인생설계아카데미 (인생이모작경작학교) | 베이비붐 세대 퇴직자 | | |
| 울산 북구청 | 울산북구 인생이모작 이음센터 | 은퇴 후 생애설계 프로그램 (인생이모작이음학교) | 50~60대 퇴직 예정자 | 울산 | |
| | | 사회공헌 나눔 프로그램 | 40대 이상 전문분야 경력자 | | |
| | | 창업지원 프로그램 | 인생설계수료자 창업희망자 | | |
| | | 재취업 프로그램 | 퇴직자 중 재취업 희망자 | | |
| 경기도청 | 공모 민간위탁 | 5563 베이비붐 세대 새출발 프로젝트 | 도내 은퇴자 | 경기도 | 2014년 |

지방자치제도에 퇴직준비교육 운영 관할 기관이 있는 경우에 퇴직준비교육의 분야별로 다양한 프로그램을 운영하고 있고 보다 구체적인 교육 구성내용을 가지고 있으며 지역주민들의 접근성도 높아 많은 지방자치단체에서 퇴직준비교육이 이루어질 예정이다.

### (3) 기업운영 퇴직준비교육

기업들이 운영하는 퇴직준비교육으로 포스코의 '그린라이프'와 한국전력공사의 '파워라이프' 그리고 KT(한국통신)의 '라이프플랜' 등이 있고, 포스코의 '그린라이프'는 퇴직 이후의 새로운 인생을 설계하며, 스스로 인생설계를 할 수 있게 기업이 관련 서비스를 체계적 지원을 위한 퇴직(전직)지원 프로그램으로 정년퇴직 예정자 대상 성공적인 미래의 진로개척에 필요한 정보와 지식을 제공함으로써 미래에 대한 불안감을 완화하고 조기에 사회적응을 지원한다.

한국전력공사의 '파워라이프'는 퇴직을 준비하는 40~60대 직원을 대상 연령적 특성 및 기업문화적 특성, 지역적 특성, 업무적 특성을 총체적으로 고려 퇴직을 앞둔 각자가 무엇을 어떻게 해야 할지, 왜 준비해야 하는지를 성찰할 수 있도록 은퇴설계의 핵심을 제공한다.

한국통신(KT)의 '라이프플랜'는 지속적인 자기계발로 불확실한 미래를 준비할 수 있게 변화관리능력을 제고하여, 불안요소를 제거하고 심리적 안정을 조성하고, 직무능력을 향상시킬 수 있게 지원하고 있다.

기업별 퇴직준비교육 운영현황은 〈표 11-5〉와 같다.

〈표 11-5〉 **기업별 퇴직준비교육 운영 현황**

| 기 업 | 프로그램 | 시행연도 | 시행기관 | 교육대상 | 교육비 |
|---|---|---|---|---|---|
| **포스코** | 그린라이프 | 2001년 | ㈜포스코 경영연구소 | 자사 내 퇴직(예정)자 | 기업부담 |
| **한국 전력공사** | 파워라이프 | 2002년 | CTC | | |
| KT(한국통신) | 라이프플랜 | 2005년 | CDC | | |

기업에서는 퇴직준비교육 프로그램의 필요성을 정부보다 빠르게 포스코에서는 2001년에 최초로 시행하였고 국내 공기업 최초 프로젝트로 한국전력공사에서 2002년 시행하였으며, 이후 한국통신(KT)에서도 2005년에 시행하였다.

위 세 기업의 경우는 교육대상을 자사 내에 근무하는 재직자와 퇴직자를 대상으로 하였고, 교육비는 전체 기업에서 부담하는 공통점이 있었다.

그 외에 삼성전자 교육 프로그램은 2001년 9월 퇴직자 및 퇴직예정자의 전직 지원을 위하여 경력개발센터(CDC : Career Development Center)를 설립 재취업을 지원해 왔고, 그 후 2011년 8월에 경력컨설팅센터(CCC : Career Consulting Center)라는 명칭을 변경, 인력보강 및 공간을 마련 새롭게 개소하여 삼성전자의 경력컨설팅센터 전직지원서비스는 자발적이든 비자발적인 이유로 퇴직하든 퇴직 예정자를 대상으로 퇴직으로 인한 불안감을 극복하도록 지원하며, 급격하게 진행되는 환경변화를 인지하게 하여 퇴직자가 계획적이고 전략적인 구직활동을 통해 신속하게 목표를 달성할 수 있도록 하고, 새로운 직무나 경력 또는 라이프스타일 등에 대한 체계적인 서비스를 제공하는 프로그램이다(브라보 마이라이프, 2014. 9. 17).

### (4) 민간단체 운영 퇴직준비교육

민간단체 운영 퇴직준비교육 프로그램으로는 한국방송통신대학교의 프라임칼리지의 '4050세대 제2인생 준비 프로그램과 희망제작소의 '행복설계아카데미' 및 '퇴근 후 Let's' 등이 있으며 대학기관인 한국방송통신대학교의 프라임칼리지 '4050세대 제2인생 준비 프로그램'은 4050세대가 제2인생 준비를 위해 특화형 프로그램으로 학습자 요구를 고려하여 다양한 프로그램을 구성하였고, 이는 온라인 원격 평생교육 형태 교육서비스이다. 민간연구소인 희망제작소의 퇴직자들을 위한 프로그램으로 공공분야의 경력발휘를 지원하고 현장기반으로 한 교육을 통하여 혁신적인 공공리더 양성을 지원한다. 또한 희망제작소의 '행복설계아카데미'는 2007년 시행을 시작으로 퇴직(예정)자들의 경험 및 전문성을 사회에 환원할 수 있게 하는 시니어 사회 공헌학교이다.

희망제작소의 퇴근 후 'Let's' 프로그램은 퇴직을 10년 이상 앞둔 30~40대 직장인을 대상으로 지나온 삶과 현재를 성찰하고 10년 후의 삶에 대하여 디자인하는 생애설계 프로젝트이다. 또한 변화경영연구소의 '나를 찾아 떠나는 여행' 프로그램은 평범한 사람들이 자아와 소망을 찾아 참된 삶의 전환을 모색하도록 돕는다.

민간단체 운영 퇴직준비교육 현황은 〈표 11-6〉과 같다.

〈표 11-6〉 **민간단체 운영 퇴직준비교육**

| 분류 \ 관련기관 | 대학기관 | 민간연구소 | | |
|---|---|---|---|---|
| 시행기관 | 한국방송통신대학교 프라임칼리지 | 희망제작소 | | 변화경영연구소 |
| 프로그램명 | 4050세대 제2인생 준비 프로그램 | 행복설계 아카데미 | 퇴근 후 Let's | 나를 찾아 떠나는 여행 |
| 교육대상 | 4050세대 | 40~60대 퇴직 (예정)자 | 30~40대 직장인 | – 회사를 나와 자신의 길을 가려고 마음먹은 사람<br>– 특화된 전문성·차별성으로 자신의 브랜드를 가지고 싶은 직장인<br>– 직업과 관련한 창업을 원하거나 변화를 시작해야 하는 사람<br>– 강점과 기질을 직업에 결합시키기를 원하는 사람<br>– 1인 기업가가 되려고 하는 사람 |
| 시행연도 | 2012년 | 2007년 | 2010년 | – |
| 시행지역 | 전국 온라인 | 서울 | | 경기도 양평 |
| 교육인원 | 제한 없음 | 30~40명 | 30명 | 10명 내외 |
| 교육비 | – | 20만 원 | 30만 원 | 100만 원 |
| 비 고 | 정부지원 없음 | | | |

## 4. 은퇴교육의 과제와 전망

은퇴준비교육 프로그램의 과제 전망을 보면 중·고령자의 은퇴준비에 대한 프로그램의 욕구에 있어, 중·고령자는 은퇴 후 경제적 문제에 가장 많은 관심이 있고, 이를 위하여 은퇴생활에 대비하는 교육이 필요하고, 은퇴준비에 대한 교육의 참여의지가 상당히 높으나, 현재 대부분 직장에서는 은퇴준비교육 프로그램이 마련되어 있지 않거나 또는 지원하고 있지 않는 곳이 많아 각 기업체에서는 은퇴를 앞에 둔 중·고령자를 위한 은퇴 이후의 생활에 대한 교육준비 프로그램을 조속히 마련할 필요가 있고, 정부에서도 정책적으로 은퇴준비교육의 활성화를 위해서 다양한 지원 프로그램을 제정할 필요가 있다.

### 1) 은퇴준비교육 일반사항

은퇴 예정자들은 은퇴준비교육 프로그램의 필요성에 새로운 생활계획, 즉 평소에 하고 싶었으나 못했던 새로운 능력 개발을 위해 필요성을 가장 많이 느끼고 있고, 사회활동을 지속하기 위하여는 소득 감소에 대비하여 교육의 필요성을 느끼고 있다.

은퇴준비교육 프로그램 실시 연령으로는 퇴직 전 5년부터 시작하여 45~50세부터 실시하는 것이 바람직하며, 교육경비를 부담주체에 대해서는 기업체나 정부 지원을 원한다.

### 2) 은퇴준비교육 내용

은퇴 예정자가 가장 받고 싶은 교육 프로그램 내용은 경제적 설계 관련 교육(재취업 정보, 재테크 교육 등)을 가장 선호하였으며, 다음으로 건강 관리 관련 교육(노인질환의 정보 등), 여가생활 관련 교육(레저, 동호회 활동 등) 순으로 선호하였다. 그러나 프로그램의 욕구에서는 건강에 대한 욕구 정도가 높게 나타났으며, 그 외 사회생활, 여가생활, 심리안정교육, 가정생활, 경제교육 순으로 나타났다(이해인, 2015).

따라서 은퇴준비교육 프로그램의 내용은 경제적 설계교육, 건강관리교육, 여가생활교육, 심리안정교육, 가정생활교육, 사회생활교육 등에 대한 내용으로 하며, 교육시간은 선호도 및 욕구에 따라 조정이 필요하다. 세부 교육내용에 있어 먼저 경제적 설계교육에 있어서는 적성과 능력에 적합한 일의 선택방법, 자격증 시험 정보, 재취업에 관한 정보 제공, 창업교육, 자산 증식 등 자산관리교육 등으로 할 필요가 있고, 건강관리 교육내용은 스트레스에 대해 융통성 있게 대처하는 능력, 노년기 질환의 새로운 정보제공 및 대응 방법 등, 노년기 변화에 따른 자가진단과 자가간호에 대한 지식, 본인이 가지고 있는 특정 질병에 대한 지식, 건강한 체력을 유지하기 위한 예방법 그리고 자아존중감의 증진에 따른 정신질환의 예방법 등 노년기에 대비해 건강교육을 위주로 한다.

여가생활교육은 체력에 맞는 운동방법, 여행에 관한 정보, 동식물 기르는 지식, 수예, 서예, 그림 그리기, 음악활동과 같은 취미활동, 수석, 난, 분재 등 각종 수집활동, 어학공부 및 학습활동 방법 등의 내용으로 한다.

심리안정교육은 은퇴에 대한 불안감과 스트레스 해소법, 고독, 소외 극복방법, 일과 정년은퇴 일반론 등을 내용으로 하여 은퇴 예정자의 심리적 안정에 중점을 둔다.

가정생활교육은 가사활동에 필요한 기술, 원만하게 부부관계를 유지하는 방법, 자녀와의 친밀관계 유지 방법, 고부간의 갈등 해소 방법 등을 내용으로 한다.

사회생활교육은 의사소통 기술, 대인관계, 법률관계, 사회적 역할 유지법 등의 내용으로 한다(이해인, 2015).

### 3) 은퇴준비교육 시간

현재 제공하는 퇴직지원 프로그램은 일률적이며, 각 프로그램 간의 특성과 부합되지 않는 시간배분 및 교육 등으로 이루어져 있어 퇴직자는 고령이 되면서 정보분석능력 등이 낮아지고, 의사결정에도 제한적이며, 체면과 같은 비합리적 신념을 갖고 있서 심리적 상황은 높은 불안감을 갖고 있기에 프로그램의 구성내용 및 시간, 방법 등이 달라야 한다. 그중 은퇴 예정자들이 교육에 참여하려고 할 때 큰 장애는 시간적 여유가 없어 효과적으로 은퇴준비교육이 되지 않는다는 것이다. 그 방안으로는 은퇴 예정자가 근무하는 기업에서 일정 시간을 할애해 편하게 교육에 임할 수 있도록 하는 배려가 필요하며 어려울 경우에는 주중 퇴근시간 이후를 활용하는 방안이 검토되어야 할 것이다.

교육기간은 일부 기업에서 실시하는 은퇴준비교육 프로그램의 경우에 3일에서 12개월까지 교육기간이 다양하나 교육의 내용에 따라서 창업이나 재취업을 위한 경제적 설계교육 등은 외부 전문기관에서의 위탁교육을 전문분야별로 1~3개월간 실시할 필요가 있을 것이다.

### 4) 은퇴준비 지원서비스 지원방향

2014년 고용노동부 퇴직 후 30년을 위한 정부 교육 지원 방안의 퇴직지원서비스의 방향을 보면 다음과 같다.

① 퇴직지원 시점은 퇴직 전 5년부터 시작하여 45~50세부터 75~80세까지

② 퇴직자의 '인재보존정책'과 '인재보완정책' 동시 진행을 위한 「직업력회고서」, 「장년이직예정자발생신고」, 중소기업과 연계하여 인재교류사업을 전개

③ 퇴직과 국민연금과의 연결고리를 위한 '가교일자리' 지원

④ 취・창업을 위한 종합적이고 체계적 시스템 가동

⑤ 단계적 은퇴를 위한 전직지원

⑥ '행복한 노후를 위한 늦은 은퇴' 홍보강화

⑦ 퇴직지원 프로그램의 다양화

⑧ 1인 전담제 진로주치의제 도입과 관련기관 옴니버스화의 방향으로 정부의 퇴직지원 교육지원 방향을 제시

## 기·억·하·기

- 은퇴란 공식적으로 일을 그만두는 사건임과 동시에, 퇴직연금을 받고 있거나 은퇴함으로써 새로운 삶의 역할을 수행하기 위하여 준비하는 단계에서 적응하기까지를 포함하는 과정이다.

- 은퇴준비를 통해 은퇴 예정자들에게 은퇴 후의 계획을 준비할 수 있는 기회와 과제를 마련해 주며, 은퇴 대상자들은 그들의 문제에 구체적으로 논의하면서 은퇴에 능동적으로 대처할 수 있다.

- 은퇴준비교육 프로그램은 직원에게 은퇴에 필요한 지식과 정보, 상호개발의 기회 등을 제공하며, 적절한 충고나 조언을 해주는 것으로 직원에게 스스로 은퇴 이후 생활설계를 계획하게 함에 따라 불안감을 해소하고 은퇴 후의 새로운 생활에 순조롭게 적응할 수 있게 해준다.

## 평가하기

**01. 은퇴의 개념을 틀린 것은?**

① 개인이 전임으로 고용되어 있지 않고, 퇴직연금에 의존해 있는 상태
② 직업적인 경력이 중단되는 사건
③ 유급의 직업적인 지위와 역할에서 물러나는 것
④ 공식적인 일뿐만 아니라 비공식적인 일도 포함

**02. 은퇴의 세 가지 유형의 의미로 틀린 것은?**

① 사건
② 현상
③ 과정
④ 역할

**03.** **은퇴교육 프로그램에 대한 설명으로 틀린 것은?**

① 은퇴 시 향후 예상되는 은퇴생활을 이해할 수 있다.
② 은퇴를 보다 긍정적으로 계획하고 실행하도록 한다.
③ 은퇴 이전과 같은 활력을 유지하며 인생을 의미 있고 소중하게 인식할 수 있게 한다.
④ 우리나라에서는 주로 평생교육기관에서 이루어지고 있다.

**04.** **정부와 기업의 은퇴교육 프로그램을 조사해 보고 비교 분석해 보라.**

**05.** **은퇴 프로그램의 문제점과 과제에 대해 논하시오.**

정답 1. ④ 2. ② 3. ④

Chapter 12

# 생의 마무리 교육

**학·습·목·표**

1. 생의 마무리 교육의 개념에 대해 설명할 수 있다.
2. 생의 마무리 교육의 필요성에 대해 설명할 수 있다.
3. 죽음준비교육의 역사와 현황에 대해 설명할 수 있다.

## 1. 생의 마무리 교육의 개념

### 1) 웰다잉의 개념

누구나 잘 먹고 잘 살고 싶어 하는 인간의 욕망은 본능이며 하나의 삶이다. "어떻게 하면 잘 살 수 있을 것인가?"만큼 "어떻게 하면 잘 죽을 것인가?"에 대한 웰다잉은 현대를 살아가고 있는 현대인들의 화두이다(Becker, 2004). 웰빙

(well-being)이 '사람이 사람답게 사는 것'이면 웰다잉(well-dying)은 인간으로서 품위 있는 죽음에 대한 소망을 전제로 하여, 삶의 내면을 풍요롭게 가꿔 삶의 가치를 높이는 것으로 '사람이 사람답게 죽는 것'을 의미한다(김미희, 2013).

웰다잉을 알고 준비하는 것은 언젠가는 나에게 닥쳐올 죽음에 대하여 미리 준비하는 것으로 웰다잉은 웰빙의 마지막 단계라고 하였다(최준식, 2009).

또 웰다잉은 좋은 죽음, 편안한 죽음, 품격 있는 죽음을 의미하며(윤영호, 2009), 잘 죽어가는, 행복하게 죽어가는, 훌륭하게 죽어가도록 '아름답고 편안한 죽음을 준비하는 것'이라고 할 수 있다(송세현, 2011).

특히 웰다잉이 인간의 어느 한 영역만이 만족되는 상황에서의 죽음이 아님을 전제할 때 신체적 · 사회적 · 정신적 · 영적 측면이 모두 긍정적인 통합이 이루어질 때 진정한 웰다잉이라고 할 수 있다(정운경, 2015).

'좋은 죽음이란 마지막 이벤트 같이 질병에서 오는 죽음불안과 관련이 있다'는 바트네이저와 조시(Bhatnager & Joshi, 2013)의 주장처럼 죽음과 신체적 건강은 밀접한 관련이 있는데, 신체적 측면에서 웰다잉은 기계적이고 인위적인 장치에 의지하지 않고 고통 없이 생의 마지막을 편안하고 존엄하게 마무리하는 것이다. 본인의 의사와 무관한 무의미한 연명치료는 사회적 측면에서 인간의 인권과 인격을 침해하는 것이므로 스스로 자기결정권을 행사하여 죽음의 시기와 방법을 결정할 권리가 의학적 또는 법적 권리로 보장되어야 한다는 것이다. 또한 정신적 측면에서 웰다잉은 심리적 불안과 공포 등 두려움이 없이 자연스럽게 죽음을 수용하며 삶을 마무리하는 것이다.

웰다잉은 단지 죽음을 잘 맞이하는 것이 아닌 죽음을 준비하면서 자기자신의 삶을 회상해 보고, 더 의미 있고 가치 있는 삶을 살도록 도와주는 것이다(김조한, 2012).

즉, 죽음에 대해 좀 더 생각할 시간을 갖고 죽음을 준비하게 함으로써 좀 더 나은 죽음을 위해 현재를 재설계함으로써 삶에 대한 소중한 가치를 찾고 그 안에서 진정한 행복을 찾아 아름다운 인생을 마무리하는 것이다.

## 2) 죽음준비교육 개념

죽음준비교육은 죽음의 참 의미를 가르치고 죽음에 대해 바른 태도를 갖게 함으로써 삶을 더욱 건강하게 살아가도록 돕는 것이다. 즉, 죽음과 삶은 연결되어 있기에 죽음에 대한 실재를 알고 자신의 인생에 통합해야 함을 깨우쳐 주는 과정이다.

죽음준비교육에 대해 여러 학자들이 다양하게 정의하고 있다. 죽음준비교육은 죽음과 관련한 다양한 지식을 유용하게 하고 죽음에 대한 가치와 태도가 인간행동에 어떤 영향을 미치는지 생각할 기회를 제공하는 사회적 활동이다(박진홍, 2008).

죽음준비교육은 죽음이나 죽음이 일어날 가능성이 있는 상황에 실제 대처해야 하는 사람을 교육하는 것이며, 죽음과 슬픔의 의미, 슬픔에 대처하는 방식, 슬픔에 대처하는 태도 등에 초점을 둔 프로그램을 의미하기도 한다(홍숙자, 1999).

레비톤(David Leviton)은 죽음준비교육 의미를 광의와 협의로 구분하고 있다. 먼저 광의의 개념으로 곧 다가올 사건과 그에 따른 결과에 대한 개인과 사회를 준비시키는 사전 예방, 어떠한 유형의 죽음에도 직면하도록 도와주는 개입, 죽음과 관련한 이해와 경험으로부터 배우는 사후개입 또는 재활을 뜻하며, 협의의 의미로는 죽음과 죽어가는 현상에 관련된 제도적인 프로그램을 마련, 삶의 현실인 죽음에 대해 준비교육을 함으로써 죽음의 태도를 갖게 하고 정보를 함께하는 노력이라 할 수 있다. 따라서 죽음준비교육이란 개인 및 사회에서 발생하는 죽음이라는 것과 죽어감에 대한 진행과정에 대해 개입하기 위한 공식적이고 제도적인 프로그램을 구성하여 죽음에 대하여 바람직한 태도와 가치를 갖게 하고 정보를 나눔으로써 죽음에 대한 준비를 공고히 하는 것이라 할 수 있다(황철수, 2002).

워렌(Warren, 1989)의 정의에 의하면 "죽음준비교육이란 죽음, 죽음의 과정, 사별과 관련된 모든 측면의 교육을 포함하며 죽음과 관련된 주제에 대한 지식, 태도, 기술이 학습되는 과정을 의미하고 죽음의 과정, 사별과 관련된 모든 것을 교육하는 것이 죽음준비교육이라고 규정한다. 죽음준비교육은 죽음의 참된 의미를 가르치고 죽음에 대한 태도를 갖게 함으로써, 단순히 죽음을 인식하게 하는 것뿐만 아니라 죽음에 따른 불안을 낮추는 것과 삶의 연장선에서 죽음을 생각하게 한다. 삶과 죽음이 하나라는 것을 교육하므로 삶을 더욱 건전하게 살아가도록 하는 교육 활동이다. 이 교육은 철학, 사회학, 종교학, 심리학, 의학, 간호학, 사회복지학 등 여러 학문분야의 협력이 요구되는 다학문적 특성을 지니고 있으며 죽음학(thanatology)이라는 학문으로 정립되어 있다(Deeken, 2003).

또한 좋은 죽음을 위해서는 좋은 삶을 살아야 하는 것을 교육함으로써 삶을 더욱 건강하게 살아가도록 하는 교육활동이다. 결국 현재의 삶이 소중하다는 것과 미래에 대해 적극적인 삶을 살 수 있도록 희망을 갖게 하는 교육인 것이다(이이정, 2003).

따라서 인간의 죽음준비교육은 모든 생애주기에서 필요한 삶의 교육과정과도 같으며, 죽음준비교육은 죽음에 미리 대비를 하는 교육으로 죽음과 관련된 정보와 지식을 유용하게 하고, 죽음에 대한 대비는 사전에 준비해야 할 법적인 절차, 슬픔 극복, 장례 방법의 선택 등 실질적인 도움을 포함한다.

## 2. 죽음준비교육의 필요성

현대인들이 잘 먹고 잘 사는 건강한 삶을 웰빙(well-being)에 힘쓰고 있지만 최근 자살 사망자의 급증과 존엄사 문제가 사회적인 공론화가 되면서 인간답고 편안한 삶의 웰다잉(well-dying)에 대해서도 관심을 갖게 되어, 인간의 존엄과 가치에 합당한 서비스를 받으며 마지막 순간을 의미 있게 맞을 수 있는 품위 있는 죽음, 즉 웰다잉에 대한 요구가 대두되고 있다(박동섭, 2013; 윤영호, 2008). 특히 죽음을 가까이 앞두고 있는 노인들의 자기 인생을 긍정적으로 평가하고 남아 있는 시간을 의미 있게 마무리하는 것 또한 삶의 질 향상을 위해 중요한 과제이다.

인간의 존엄성을 외면하는 병원사가 만연하고 있는 현대에서 인간의 존엄 회복을 위해 죽음준비는 반드시 필요하다. 의료기계에 의존하여 임종을 하게 되는 현대의 죽음에 이르는 과정은 인간의 존엄성이 배제된 것으로 의료진이나 가족들에게 의존했던 죽음의 방식을 노인 스스로 주체적으로 선택할 수 있는 권리를 인식하게 한다. 죽음을 맞이하는 방식은 자기 자신이 선택할 수 있어야 하며 평생교육의 이념이 보편화되어 교육이나 복지정책에 커다란 영향을 주게 된 사회적 풍토와 죽음유형의 변화에 의해서 죽음준비교육이 필요하다고 강조하고 있다(오진탁, 2007).

히구치 가츠히코(2002)는 임종장소의 변화, 의료기술 발달에 의한 인간의 무의미한 연명치료에 대한 반성, 뇌사와 심폐사 논란으로 인한 애매한 죽음 시점의 정의, 인구의 고령화, 긴 시간을 치료해야 하는 질병구조의 변화 등 현대사회의 구조변화에 죽음준비교육 필요성의 배경을 두고 있다. 죽음교육은 삶의 교육과 같은 의미로 사용되며 보편적이고 절대적 현실은 죽음을 의식하여 생명의 유한성을 자각한다면 자신에게 주어진 시간의 중요성을 깨달아 어떻게 하면 보다 훌륭한 삶을 살 수 있을 것인가에 대해 생각할 기회가 되기 때문이라고 했다(Deeken, 2003).

알폰스 디컨(Alfons Deeken)은 죽음교육을 삶의 교육과 같은 의미로 사용하고 있다. 그러고 사람들이 죽음을 자각하고 생명의 유한성을 의식한다면 자신에게 주어진 시간의 중요성을 깨닫고 어떻게 하면 훌륭한 삶을 살 수 있을 것인가에 대해 생각할 기회를 가지게 되고 품위 있고 존엄한 죽음을 맞이하기 위해 마음의 준비를 하게 될 것인데 이것은 인간에게 필요한 교육이라고 하면서 죽음준비 교육은 다음의 네 가지 차원에서 실시되어야 할 필요성을 제시하였다(Deeken, 2003).

첫째, 학제적으로 다양한 사생학(死生學, thanatology)을 전달하는 지식의 차원

둘째, 각 개인이 가치관에 대한 재점검과 재평가를 실시, 확고한 윤리관을 갖는 가치관의 차원

셋째, 죽음에 대하여 정서적・감정적 반응을 스스로 느끼고, 극복을 도모하는 감정의 차원

넷째, 구체적인 기술의 습득을 익히는 기술의 차원

또한 알폰스 디컨은 죽음준비교육이 필요한 집단으로서 의료종사자, 환자, 환자의 가족과 유족을 주목하였는데 환자를 다루는 있는 의료진에게는 윤리관에 기초한 사생관을 확립함으로써 죽음에 직면한 환자가 죽음을 완수하도록 도와줌으로써 환자는 생을 정리하고 죽음에 대한 두려움를 줄일 수 있고, 가족에게는 환자와의 이별로 인한 비탄의 감정을 극복하기 위한 준비교육이 필요하다 고 했다(박진흥, 2008).

죽음교육의 효과성을 연구한 오클랜드(Mary Jane Oakland)는 "최근 졸업생을 대상으로 한 사후연구 교과과정에서 죽음교육의 가치"라는 연구논문에서 영양학 전공 학생들이 학부에서 죽음교육을 받고 졸업 후 임상에서 임종환자를 다루는 데 있어 죽음교육의 효과성을 입증한 내용을 보고하였다. 졸업 후 임상에서 3년 정도 업무를 한 36명을 대상으로 사후 연구를 통해 그 효과성을 입증한 바, 졸업생들은 죽음교육이 도움이 되었으며(89%), 집단의 53%가 말기환자를 위해 일할 준비가 되어있음을 느끼고 있다고 하였다(히구치 가츠이교, 1995).

이렇게 보면 죽음준비교육이란 삶을 보다 더 잘 살기 위한 삶의 준비교육인 것이고 죽음교육은 삶의 교육이라고 말할 수 있다.

코르(Corr, 2000)은 죽음준비교육과 관련하여 인지적 · 정서적 · 행동적 · 가치적 차원으로 설명하고 있다.

첫째, 인지적 차원은 인지적 · 지적 활동으로 죽음과 관련한 경험과 대처방식 등에 대한 정보를 제공하고 그러한 경험들을 이해하도록 도와준다. 즉, 죽음, 비탄, 사별의 다양한 측면을 설명하고 정보를 제공한다.

둘째, 정서적 차원은 죽음에 관한 감정, 정서와 관련되어 있다. 비탄 반응을 공유하고 논의하는 것은 삶의 건강한 과정으로 죽음준비교육의 정서적 차원에서 중요한 부분이다.

셋째, 행동적 차원은 죽음과 관련한 상황에서 어떻게 행동해야 하고 행동할 수 있는지 등을 탐색하는 것이다.

넷째, 가치적 차원은 인간의 삶을 지배하는 기본적 가치들을 확인하며 표현하고 지지하도록 돕는다.

결국 죽음준비교육은 죽음도 함께해야 하는 삶의 일부분이라고 받아들이게 하고, 자신을 소중히 여기며 의미 있는 삶을 살도록 하는 것이 궁극적인 목적인 것이다.

애플의 스티브 잡스(Steve Jobs)는 췌장암 진단을 받은 후 죽음을 응시하면서 살았다고 한다. 아침마다 거울을 보면서 '오늘이 마지막 날이라면 무엇을 할까' 자문했다고 한다. 2005년에 스탠퍼드대학교 강연에서 그는 "죽기를 바라는 사람은 없지만 죽음은 우리 모두의 종착지"라고 하며 "인생에 이보다 훌륭한 '발명품'은 없다"고 말했다(박돈규, 2014).

이처럼 자신의 죽음을 기다리는 사람 중에 죽음에 대해 초연하는 모습을 보이며 삶을 바꾸는 사람도 있다.

## 3. 생의 마무리 교육의 목적

죽음준비교육의 목적에 대하여 레비톤(Leviton, 1977)은 죽음논의에 대한 터부 없애기, 죽음 앞둔 사람들과의 의미 있게 교류하기, 아이의 죽음에 대해 걱정과 두려움을 없애주기, 유가족들의 슬픔 이해하고 위로해 주기, 자살 충동 이해하고 예방하기, 사회가 생사관을 어떻게 형성하는지를 배우기, 다른 문화들의 생사관을 이해하는 것 등으로 죽음에 대한 이해와 두려움을 줄이고 올바른 죽음관을 정립하는 공통적 목표를 제시하고 있다.

바스(Wass, 1980)는 죽음준비교육의 목적을 죽음과 임종, 사별 등 모든 영역(심리적 · 사회적 · 신체적)을 균형 있게 다루며, 죽음과 임종의 대한 태도, 죽어가는 사람과 사별한 사람 돕기, 상실과 사별을 극복하는 것을 학습하는 것이라고 했으며 마음의 준비뿐만 아니고 죽음의 문제를 다루는 데 필요한 실제적인 준비의 중요도를 강조하고 있다. 개인적 측면에서는 효과적으로 자신들의 삶의 마지막 단계를 잘 마무리할 수 있도록 준비교육은 도와주는 기능을 하는 것이고, 사회적인 측면에서는 죽음관 문화를 개선하며 자살예방 등의 사회적 개선을 목적으로 한다.

김옥라(1994)는 죽음준비교육의 목적으로, 첫째는 죽음에 대해서 정확한 개념을 인식시키므로 자신에게 주어진 현실을 재인식할 수 있게 되고, 어떻게 살아가는가를 새롭게 생각해 내는 보다 잘 살기 위한 교육을 제공하는 것이며, 둘째, 죽음에 대한 기피와 공포심을 불식시키기 위한 것이며, 셋째, 죽음은 인생의 가장 큰 난제이기에 죽음준비교육을 통해 공포심을 줄이고 질적인 삶을 살 수 있도록 하는 것이라 하였다.

알폰스 데켄(Alfons Deeken, 2002)은 "더 나은 인간다운 삶을 제공하기 위함"이라고 말하면서 죽음준비교육의 목표 15가지를 제시하고 있다. 여기서 제시되고 있는 목표와 내용은 한국의 죽음준비교육 프로그램에서 상당 부분 반영되어 있다. 이를 간략히 정리하면 다음의 〈표 12-1〉과 같다.

〈표 12-1〉 **죽음준비교육의 15가지 목표**

| 연 번 | 목 표 | 내 용 |
|---|---|---|
| 1 | 삶의 마지막 단계에 있는 환자들에게 가장 최선의 도움을 제공 | 죽어가는 환자에게 무엇이 필요하며 어떤 다양한 문제에 봉착하고 있는지, 죽음의 과정이 무엇인가를 이해할 수 있도록 사람들을 도와주는 것 |
| 2 | 죽음에 대한 통찰 제공 | 현대 문명에 있어서 가장 큰 위협 가운데 하나는 죽어가는 과정 자체를 개인적인 존엄성이 무시당한 채 대중 생산의 과정으로 만들어 버려 죽어가는 이의 특성을 살리지 못하기 때문 |
| 3 | 슬픔의 교육 | 가족이나 친구나 사랑하는 사람이 죽은 경험이 있는 사람들은 비슷한 환경에 처한 사람들을 도와줄 수 있음 |
| 4 | 죽음에 대한 공포에서 해방 | 죽음에 대한 공포가 다양함을 알고, 필요 없는 공포심을 극복할 수 있는 방법을 찾을 수 있도록 도움 제공 |

| | | |
|---|---|---|
| 5 | 죽음에 대해서 금기시하는 것을 제거 | 죽음준비교육을 통해 죽음에 대해 자유롭게 이야기하고 거기에 관련된 문제나 죽음에 관련된 정서적인 것들을 대처해 나갈 수 있도록 도움제공 |
| 6 | 자살을 생각하는 사람들을 이해하는 방법과 그들을 도와주는 방법 제공 | 자살의 예방에 대한 기본적인 지식을 갖도록 하여 자살을 예방 |
| 7 | 임종자들에게 사실을 알려줌 | 죽어가는 환자와 더불어 의사소통을 하는 문제 |
| 8 | 죽음에 관련된 윤리적인 문제를 가르치는 것 | 소극적 · 적극적 안락사의 문제와 생명을 연장하는 일, 혹은 죽는 과정을 연장시키는 일, 도움을 받아 행하는 자살, 사전 유언장, 환자의 요구에 따라야 하는 의사의 의무 등과 같은 문제들에 대한 교육 |
| 9 | 의학적 · 법적인 문제에 대한 정보를 제공 | 죽음을 결정하는 기준, 뇌사를 결정하는 기준, 장기이식, 장기 및 시신기증, 유서를 남기는 일, 재산 상속 및 분배 등 의학적 · 법적인 정보와 지식에 익숙하게 하는 데 목표 |
| 10 | 장례식의 역할과 의미에 대해 설명하고, 자신의 장례식을 준비하고 그 방법을 선택 | 의례적이고 형식적인 장례식에서 벗어난 자신의 취향을 살려 자신만의 것으로 구성된 장례식 |
| 11 | 시간의 중요성을 깨닫게 하고, 인간의 창조적인 차원이 얼마나 우리들에게 자극을 줄 수 있는지, 또 가치들 가운데 어떤 것이 가장 중요한 가치인지 인식 | 삶의 시간의 소중함을 발견 및 인식하고 가치관을 재정립하는 교육 |
| 12 | 노년기에 직면한 이들의 삶을 더욱 풍성 | 죽어가는 과정과 죽음을 통해서 우리는 생명에 한계가 있다는 것을 알게 되고, 삶을 어떻게 하면 더욱 더 의미 있게 살 수 있는지를 생각하게 교육 |
| 13 | 개인적인 죽음의 철학을 추구 | 개인적으로 자신의 죽음과 죽어가는 과정을 스스로 이해하면서 자유롭게 선택할 수 있도록 적극적으로 격려하고, 또 교육적이나 문화적인 배경이 다른 것에 의해서 결정된 죽음에 대한 이념적 · 심리적 · 사회적 개념으로부터 사람들을 해방 |
| 14 | 죽음과 죽어가는 과정에 대한 종교적인 해석에 대해 질문 | 대부분의 종교에서 제공하는 고난이나 죽음, 사후의 생병에 관한 지식에 대한 바른 해석을 알도록 교육 |
| 15 | 죽음 이후의 생명의 가능성에 관한 사실을 생각하도록 격려 | 죽음은 새로운 생명을 향해 나아가는 하나의 과정이므로 인류 역사를 통해서 많은 사람들이 여기에 대해서 새로운 의미를 발견 |

① 임종과정에 대한 이해
② 죽음에 대해 더 많이 생각하기
③ 상실과 슬픔에 대한 교육
④ 죽음에 대한 두려움 줄이기
⑤ 죽음에 대한 금기 없애기
⑥ 자살 예방하기
⑦ 암환자에게 사실 그대로 말해주기
⑧ 죽어가는 과정에서 야기되는 윤리문제 다루기
⑨ 법의학적인 문제 파악하기
⑩ 장례방식 미리 생각하기
⑪ 삶의 시간의 소중함 발견하기
⑫ 죽음을 긍정적으로 바라보기
⑬ 죽음에 대한 자기 철학 형성하기
⑭ 죽음에 대해 종교적으로 해석하기
⑮ 사후세계의 가능성 생각하기

등으로 '죽음에 대하여 자기 철학 형성하기'와 '죽음에 대하여 종교적으로 해석하기'를 강조하였다(유권종 역, 2008).

죽음준비교육은 죽음에 대하여 바르게 이해함으로써 삶을 가치 있고 의미 있게 살도록 하는 것이 죽음준비교육이고 죽음을 편안하게 맞이할 수 있게 돕는 삶의 준비교육이라고 할 수 있다. 그러므로 죽음준비교육은 죽음에 대한 이해를 통하여 죽음에 대한 불안과 공포심을 해소시키며, 현실을 재인식함으로써 삶의 만족을 증진시킬 수 있는 꼭 필요한 교육이라고 할 수 있다.

### 1) 죽음준비교육의 행동목표

죽음준비교육은 죽음에 대하여 금기시하는 사회나 개인에게, 죽음을 수용하게 하고 그 의미를 이해하도록 함으로써 죽음에 도달하는 과정은 곧 삶의 과정이라는 인식을 갖게 함으로써 시간의 소중함과 삶의 질이 풍부해지도록 가치관과 사생관(死生觀)을 재정립시키고자 하는 것이다.

크노트(Knott)는 죽음준비교육의 기본 목표를 세 가지로 정의하고 있다.

첫째, 죽음학과 관련된 개념들을 보급하는 것을 포함하는 정보의 공유, 둘째, 개인들에게 가능한 한 여러 가지 대안들을 고려하여 선택한 행동이 건전하게 이어지도록 하는 가치의 명확화, 셋째, 문제해결 기술은 자기 신뢰와 다른 사람들이 적절한 적응을 하도록 돕는 것에 가치를 두는 대처행동과의 관련성이라고 말한다(최병현, 2004 재인용).

죽음준비교육은 죽음을 대면하여 그것을 수용하고 인정함으로써 오히려 죽음을 통한 삶의 유한성으로 삶의 질을 높여주고, 삶의 의미를 추구하는 원동력이 됨과 동시에 죽음에 대한 불안감도 극복할 수 있게 되는 것이다.

김태현(1998)은 죽음준비교육의 행동목표를 세 가지로 말한다.

첫째, 죽음에 대한 지식이나 정보를 제공하는 것으로서 매우 중요한 교육이라고 할 수 있다. 이런 교육에는 유산상속의 법률적 지식이나 유언서 작성하는 방법, 장례식에 관련된 절차, 묘지 선정 등의 관련 지식, 장기 기부, 말기의 의료조치에 관한 자신의 태도 등에 대한 법적인 효력에 대한 소송절차 등 이러한 지식들이 필요한 것은 만약을 대비한 유족 간 혼란이나 고인이 원하지 않는 방향으로 잘못 나가는 사태가 있을 수 있기 때문이다. 따라서 이런 죽음준비교육을 통해 죽음에 대한 의학적・법률적 정보의 제공은 필요하다 할 수 있다.

둘째, 죽음에 직면해 있는 사람이나 가족을 잃은 유족들을 위로하며 힘내도록 돕는 것 역시 중요한 행동목표이며, 불치병에 걸려서 삶의 소망을 잃고 절망적으로 자포자기하고 살아가는 사람들, 어느 날 배우자나 자녀 등 사랑하는 사람을 잃고 힘들어하는 자들을 위해 위로하고 지지하며 희망을 갖도록 위기개입의 수단으로 교육이 필요한 것이다. 실제로 미국에서 지역 정신 위생활동 중에 이런 위기개입이 차지하는 비중이 크고 그 대상은 자살 가능자나 죽음에 직면해서 비탄상태에 있는 환자들이 특히 중시되고 있다. 앞으로 이러한 위기개입에 관련된 준비교육을 통해 절망과 비탄에 빠진 사람들을 도울 수 있기를 기대한다.

셋째, 위 두 가지 행동목표로서 죽음교육이란, 의학적 죽음으로 일생 단 한 번 맞이하고 생을 마감하는 '큰 죽음'이 아닌 '작은 죽음'이 주제가 되어 교육한다는 특징이 있다. 유아기부터 학동기를 지나 청·장·노년기에 이르는 발달과정 속에서 어떻게 이러한 '작은 죽음'과 만나고 대응하는가도 중요한 과제가 되는 것이다(김태현, 1998).

그리고 죽음에 대해서 고찰해 봄으로써 살아있는 동안 이 땅에서 어떻게 살것인가? 어떠 삶이 가치 있는 삶인가에 대하여 배우도록 하는 것이다. 죽음은 삶과 연관되어 있으며 죽음을 생각할 때 삶에 대한 통찰력을 얻을 수 있으며, 죽음에 대한 성찰은 곧 삶에 대한 성찰인 것이다.

## 4. 생의 마무리 교육의 실제

### 1) 죽음준비교육의 역사

죽음준비교육의 역사를 보게 되면, 20세기 이후 두 차례 세계대전을 겪으면서 인간의 본질적 가치와 생명, 그리고 죽음에 대한 문제를 다루기 시작하였지만 여전히 교양 있는 사회에서는 터부시되는 주제였다(이이정, 2003).

그러나 퀴블러 로스(Kubler-Ross)와 같은 죽음학 선구자의 주장으로 죽음인식 운동이 시작되었고, 1969년에는 퀴블러 로스의 저서 『On Death and Dying』으로 죽음학 분야에 공헌, 죽음준비교육은 점차 형식적에서 질적·양적인 면으로 성장을 하면서 대중화되어 미국에서 해마다 제공되고 있는 죽음준비교육 프로그램은 1,000여 개에 이르렀으며, 적어도 938개의 대학에서 죽음준비교육을 제공하고 있다. 대부분 죽음준비교육은 학교의 수업이나 또는 전문직 훈련 프로그램으로 실시되고 있고 병원, 호스피스 조직과 같은 지역사회의 기관들이 죽음준비교육 프로그램의 스폰서가 되거나 혹은 직접 교육을 실시하고 있다(Durlak, 1994).

죽음준비교육과 상담을 위한 협회(ADEC : the Association for Death Education and Counseling)와 같은 국제적이고 다학제적 조직이 구성되어서 죽음준비교육과 죽음 관련 상담 질을 향상하기 위해 노력하고 있으며, ADEC의 주도로 죽음교육자와 비탄상담가를 위한 자격 프로그램을 운영하고 있다.

### 2) 죽음준비교육의 현황

우리나라에서는 1970년대 후반부터 죽음준비교육이 각 교육기관에서 시작되었다.

먼저 대학에서의 강의로는 1973년 덕성여대에서 죽음준비교육이 정규과정으로 시작, 그 후 1978년 서강대학교에서 '죽음에 대한 강의' 정규과목으로, 1996년 '죽음의 심리학 이해'가 개설되어 강의되고 있고, 1987년 덕성여대 사회교육원에서는 '죽음의 철학'이라는 프로그램이 진행되기도 하였다. 1996년 고려대 학교 최고위 과정에 '삶의 정리와 교육'이란 강좌가 개설되었다(박진홍, 2008).

강남대학교는 2005년에 사회복지학부에 '죽음학'을 개설하였고, 한림대학교는 철학과에 전공과 교양과목으로 죽음준비교육 교과목을 10여 년 전부터 운영하고 있다. 또한 한국죽음학회가 2005년 6월 4일 이화여자대학교에 창립학술대회를 개최, 활발한 활동을 하고 있다. 한국죽음학회는 매월 학술 포럼 개최, 년 2회 학술대회 개최, 강연회 개최, 학회지 '죽음연구' 발간 등의 활동을 한다(한국죽음학회. http://blog.naver.com/ksinlee/120045414896).

기독교가정사역연구소가 개발한 '천국준비교실'은 지역사회 노인들을 대상으로 4주 과정의 죽음준비교육 프로그램이다. 기독교적 관점에서 노인들을 대상으로 하여 죽음을 가르치면서도 동시에 삶을 이야기하는 방법으로 노후의 죽음과 삶의 문제들을 균형 있게 다루고 있다.

종교 및 복지시설에서는 주로 노인을 대상으로 죽음준비교육을 진행하고 있으며, 명동성당에서는 죽음체험 강연회를 매년 2회씩 실시하고 있고, 불교의 수선회에서도 실시하고 있다. 복지재단은 '삶과 죽음을 생각하는 회'에서 죽음준비교육 및 죽음준비교육의 필요성에 대한 공개강좌 및 세미나, 워크숍 등을 개최하고 있다. 이처럼 우리나라에서 죽음준비교육이 시행되고 있지만 아직까지는 시작단계에 불과한 상태이며 심층적인 내용과 체계적인 교육은 부족한 실정이다(오진탁 · 김춘길, 2009).

우리나라의 경우는 지역 복지관 및 종교단체 등 여러 시설기관에서 죽음준비교육을 하고 있으며, 죽음은 누구에게나 때와 장소를 가리지 않고 찾아오기에 전 세대가 받는 죽음준비 교육은 반드시 필요하다. 우리나라에서도 죽음을 이해시키는 준비 프로그램을 단순히 외국 것을 모방하지 않고 우리나라 실정에 맞게 체계적으로 개발할 필요가 있다.

죽음준비교육을 도입한 3개 사회복지기관의 죽음준비 프로그램 내용을 요약하면 다음의 〈표 12-2〉와 같다.

〈표 12-2〉 **죽음준비교육 프로그램 내용의 비교**

| 구 분 | 노원노인종합복지관 (2007) | 서울노인복지센터 (2009) | 종로노인종합복지관 (2009) |
|---|---|---|---|
| 사전 단계 | • 교육생들 인사 나누기<br>• 교가 배우기<br>• 마음열기 | • 인사<br>• 프로그램 소개 | • 개강식 |
| 프로그램 구조 | • 나 알기 Class : 나는 누구인가, 인생그래프 그리기, 나의 사랑 · 나의 가족, 기억하는 사람들, 남기고 싶은 이야기, 나의 사망기 작성<br>• 인생 알기 Class : 영화감상, 역할극, 영상편지, 다짐쓰기<br>• 죽음 알기 Class : 죽음과 임종, 영정사진 촬영, 호스피스센터 · 장묘문화세터 견학, 법률 특강<br>• 나눔 알기 Class : 장기기증, 유언장 작성, 교육내용 나눔 | • 죽음사유 : 죽음준비의 필요성, 타인의 죽음 들여다보기, 영화로 보는 죽음<br>• 임종체험 : 임종준비체험, 내가 생각하는 죽음<br>• 과거회고 : 인생그래프 그리기, 용서와 화해, 명상체험<br>• 죽음준비 : 장례계획, 유언장 작성, 장묘시설 견학<br>• 노년설계 : 발원문 쓰기, 죽음에 대한 생각 나누기 | • 도입 : 죽음준비교육의 필요성, 행복한 이별을 위한 죽음준비(인생그래프 그리기), 법률 · 세무 강좌, 유서쓰기<br>• 전개 : 장수사진 촬영, 영화감상, 영상편지, 유서전시회, 상례시연행사 |

위 표를 살펴보면 각 기관별로 구조는 다르지만 실시내용 면에서는 큰 차이가 없는 것을 알 수 있으며, 앞에서 살펴본 죽음준비교육 이론들에서 제시한

주된 목표들이 반영되어 있고, 이것을 실현하는 준비 프로그램 요소들 역시 유사하다. 기술적 측면에서도 인생그래프, 영화감상, 유언장 작성, 죽음명상체험 등 공통적으로 시행되고 있고, 교육내용 측면에서도 법률적 지식이나 죽음과 임종 교육 등이 공통적으로 나타나고 있다.

죽음준비교육에 관한 연구는 1990년대 이르러서 사회복지적 또는 심리적 접근으로서 다루어지며 대상으로는 대학생, 성인, 노인 등으로 다양하다.

미국에서 제공하는 죽음준비교육 프로그램은 초등학교에서 대학교까지 교과과정이 포함되어 있고 평생교육 차원으로 성인 후기의 개인까지 적극적으로 시행하고 있다. 근래 미국사회에서 '행복한 죽음운동'으로 죽음에 대하여 금기를 변화시키려는 시도가 일고 있고, 이 운동의 세 가지 중요한 것은 불멸성・확실성・표현성의 원칙이다. 불멸성은 사후 생을 믿는 것이며, 표현성은 죽음에 대해 느낌을 자유롭게 표현하는 것이다(정운경, 2015).

독일은 중세부터 죽음에 대한 관심이 많던 나라로 다른 국가와 다르게 종교의 틀 안에서 죽음준비교육이 실시되고 있고, 20세기에 들어 죽음을 터부시하는 움직임이 확산되고 의료기술이 급격히 발달하자 병원에서 비인간적 죽음이 점차 늘어나면서 이런 상황을 바로잡자는 운동이 20년 전부터 활기차게 일어나고 있다. 학교에서는 초등학교부터 죽음준비가 실시되고 중학교 죽음준비교육은 '죽음과 죽음에 이르는 과정'과 '임종-죽음-부활'이라는 교과서 내용으로 이루어지고 있다. 고등학교의 죽음준비교육은 6개월 과정으로 한 달에 네 번씩 90분 수업으로 '청소년의 자살', '인간다운 죽음', '죽음의 해석' 등의 깊이 있게 탐색하고 분석하는 교육 프로그램이 시행되고 있다(정운경, 2015).

일본의 죽음준비교육은 예수회 사제인 디켄(Deeken)에 의해 1975년 일본 동경 조지대학에서 죽음의 철학강좌의 개설을 시작으로 1985년에 삶과 죽음을 생각 하는 세미나와 모임을 만들어 현재까지 죽음학의 보급에 노력하고 있다. 초・중・고등학교를 대상으로 삶과 죽음교육 과정이 개발되었고, 현재 약 20여 개의 대학에서 죽음과 죽어감에 관한 과목들을 가르치고 있다. 단기간에 초고령사회로 진입한 최장수 국가인 일본이 선진국이면서도 노인자살과 연고

자 없이 사망하는 자들의 증가를 국가와 사회단체에서 죽음준비교육을 통해서 예방하려고 노력하고 있다(정운경, 2015).

영국은 노인들을 대상으로 한 성인교육을 평생교육의 일환으로 활발하게 진행되는 것은 물론 중・고등학교 교과과정에 '상실체험과 비탄'이라는 개설하여 학생에게 소중한 사람(부모, 조부모, 친구 등)의 죽음, 학교의 교사나 친구의 죽음, 매스미디어를 통해 보고되는 유명인의 죽음, 재난이나 사고를 통한 많은 이의 죽음, 지인의 병사했을 때에 대한 도움이 포함되어 있다. 또한 호스피스의 사명은 학교의 죽음준비교육임을 강조하고 호스피스에서 말기 환자의 케어를 담당하는 간호사들이 학교의 요청에 의해서 학교에서 비탄교육을 강의한다(정운경, 2015).

### 3) 죽음준비교육의 내용과 방법

#### (1) 준비교육의 내용

죽음준비교육에서 다루고 있는 주제들로는, 죽음에 대한 사회적 전망, 죽어가는 과정, 죽음에 대한 개인적 태도, 비탄, 사별에 대한 종교적・문화적 견해, 장례의식, 자살, 안락사, 의학윤리, 법적 문제, 죽음에 대한 아동의 의식, 에이즈, 전쟁, 사형제도, 낙태, 생활양식의 선택문제(예를 들어, 영양, 건강, 케어, 흡연) 등을 다루고 있다(Durlak, 1994). 죽음에 대한 우리나라의 문화적 가치와 전통이 외국의 경우와 많은 차이가 있으므로 죽음준비교육을 시행하는 데 있어 외국의 내용을 모방하기보다 우리나라의 전통과 시대적 가치에 적합한 모형을 개발할 필요가 있다(장옥화, 2004).

우리나라에서 개발된 죽음준비교육 프로그램으로는 서혜경(1987)을 비롯 고승덕・김은주・김영규(1999) 및 이기숙(2001), 이이정(2003) 등의 프로그램이 있고, 죽음준비교육 주요 내용은 〈표 12-3〉과 같다.

〈표 12-3〉 **연구자별 죽음준비교육 주요 내용**

| 연구자 | 프로그램 내용 |
|---|---|
| 서혜경(1992) | • 노년기에 대한 포괄적인 이해, 노인에 대한 편견 및 오해 극복 방법, 노화 관련 이론<br>• 죽음의 개념 및 정의, 죽음에 대한 소개<br>• 죽음 관련 태도 및 관련 요인, 죽음에 대한 태도에 미치는 영향요인<br>• 생명의 연장과 포기<br>• 임종간호 및 유서, 장기기증, 법과 죽음<br>• 장례에 대한 이해를 위한 강좌 및 시청각 교육 등<br>• 슬픔과 애도, 슬픔의 극복 및 적용 |
| 고승덕 등(1999) | • 노인의 특성과 죽음태도<br>• 노년기의 특성과 적응과업<br>• 사별경험 나누기<br>• 죽음을 맞이하기 위한 방법 소개 및 여생의 계획<br>• 시청각 교육(생로병사의 비밀) |
| 안황란(1999) | • 개인대상<br>– 신체적 · 생리적 준비<br>– 정신적 준비<br>– 사회적 준비(유언장 작성, 장례에 관한 결정)<br>• 가족대상<br>– 가족간호와 간호법<br>– 정신약물 요법 |
| 이기숙(2001) | • 친근한 사람의 죽음에 대한 충격과 슬픔 대처<br>• 의학적 · 법률적 측면<br>• 사망 선택 유언 |
| 이이정(2003) | • 사별과 상실 극복<br>• 죽음의미 탐색<br>• 평화로운 죽음을 맞이하기 위해 |
| 임찬란 · 이기숙(2006) | • 죽음에 대한 이해 및 죽음관 정립<br>• 죽음불안의 완화 및 죽음 수용 |

〈표 12-3〉의 노년기의 죽음준비교육 내용은 첫째, 죽음의 정의와 의미 및 다양한 관점에서 죽음에 대한 이해와 장례준비, 존엄한 죽음의 의미, 법적 준비, 호스피스 이해, 장기기증 등 인지적 차원의 정보를 제공하는 것이다.

둘째, 죽음준비교육의 정서적 측면에서는 자신과 가족에 대하여 다시 한 번 생각하게 하고 잊을 수 없는 사건과 사람들에 대해 회상해 보는 기회가 되며, 노년기에 접어들어 죽음을 자각하고 지난 인생을 회고하며 자신의 삶을 재조직·재통합하려는 행동경향이 나타나게 되며, 지나온 삶을 긍정적으로 평가 수용하는 시기이므로 자신의 삶을 회고, 인생에 대한 재평가의 기회를 갖도록 자서전 쓰기 프로그램이 제시되며, 사별과 상실의 경험 나누기는 그 경험들이 가져오는 충격과 슬픔을 대처해 왔던 극복방법 등 감정을 공유하는 시간도 주어진다.

셋째, 실질적인 부분으로는 유언장 쓰기, 영정사진 찍기, 가족에게 영상편지 남기기, 묘비명 쓰기, 관계 회복하기 등의 행동적 차원의 죽음준비 내용이 실시된다.

전체 죽음준비교육 프로그램의 회기별 내용은 다음의 〈표 12-4〉와 같다.

〈표 12-4〉 **죽음준비교육 프로그램 내용**

| 회 기 | 소 제 | 내 용 |
|---|---|---|
| 1 | 마음 열기 | • 자기소개<br>• 친밀감 형성과 관계 형성하기(레크리에이션)<br>• 죽음준비교육 프로그램 소개<br>– 죽음준비교육의 필요성과 기대효과<br>– 회기별 내용 설명 |
| 2 | 죽음 알기 | • 죽음에 대한 철학적·의학적·심리학적·종교적 이해<br>• 죽음에 이르는 과정의 심리이해<br>• 임사체험자의 사례<br>• 죽음과 관련된 감정 나누기<br>• 기억에 남는 죽음의 경험과 느낌 나누기 |
| 3 | 회고하는 삶 | • 나의 인생을 그래프로 그려보기<br>• 나의 생애연대기 만들기<br>• 과거를 통한 감정 파악하기<br>• 자서전 쓰는 의미와 효과<br>• 사진으로 쓰는 자서전 꾸며보기 |

| | | |
|---|---|---|
| 4 | 준비하는 삶 - 1 | • 안락사와 존엄사 의미<br>• 무의미한 생명연장 거부에 따른 자기 결정권<br>• 사전 의료 의향서 작성<br>• 장기기증 및 시신 기증 |
| 5 | 준비하는 삶 - 2 | • 장례문화와 절차<br>• 장례방법<br>• 나의 장례계획 세우기<br>• 사별과 상실 극복<br>• 호스피스의 이해와 현실 |
| 6 | 정리하는 삶 | • 사망과 관련된 법적 절차<br>• 상속과 유언에 관한 법적 효력과 사례 분석<br>• 유산으로 남기고 싶은 것<br>• 죽기 전에 마무리해야 할 일 나누기<br>• 유언장 작성법 |
| 7 | 비우는 삶 | • 용서와 화해의 중요성<br>• 용서와 화해의 대상과 방법 적기<br>• 용서와 화해의 경험 나누기<br>• 감사할 일 나누기<br>• 상실과 사별에 대한 경험 나누기<br>• 가족에게 보내는 러브레터 |
| 8 | 나누는 삶 | • 삶의 우선순위<br>• 남은 삶에 대한 설계와 각오<br>• 프로그램 과정에서의 소감 나누기 |

### (2) 준비교육의 방법

교육방법은 주로 경험중심과 교훈중심의 프로그램으로 진행한다.

코르와 나베(Corr & Nabe, 2000)는 죽음준비교육은 공식적 방법 혹은 비공식적인 방법으로 실시되거나 "가르치기 적합한 순간"에 일어난다고 하였다. 비공식적 방법은 가족이나 사회집단과 상호작용을 통하여 어려서 시작되는 교육으로 자신의 경험으로부터 생활 속에서 만나는 사람들과 일들로부터 얻게 된 교훈을 포함하고, 공식적인 방법은 체계적인 정규과정의 훈련이나 프로그램을 통하여 이루어진다. '가르치기 쉬운 순간'이라는 개념은 하비거스트(Havighurst, 1968)가 만든 개념으로서, 어떤 것을 학습하기 위해 특별히 민감한 시기가 있는데 이

시기는 인간발달의 각 단계와 관련된 발달과 업에 의존하며, 학습을 위한 긍정적인 동기로 작용하기도 한다(Cross, 1988).

자아통합과 인생회고가 이루어지는 노년기 발달 단계는 죽음준비교육을 학습하기에 적절한 발달과업으로 볼 수 있다. 대부분 죽음준비교육 방법은 체계화된 교육시스템의 공식적인 방법을 통해 진행되고, 교육의 집단 내에서 서로 상호작용하여 발생하는 토론과 삶을 표현하고 듣는 기회를 제공, 상대방의 삶 속에 우연학습의 기회가 제공되도록 하는 비공식적 교육방법으로 진행된다.

죽음준비교육 프로그램은 다른 교육처럼 형식, 흥미, 길이, 생의 수 등에서 다양한 형태를 띠고 있고 효과성 면에서도 도움이 되는, 방해되는, 성장을 촉진하는, 불안을 증가시키는 등 다양한 결과를 초래하기도 한다.

노인교육 담당 집단이나 전문가 집단은 대부분의 일방적인 강의식 교육보다는 집단 프로그램을 이용 노인들의 참여를 유도하는 프로그램이 바람직하다고 하며, 게임이나 놀이 등을 가미 재미와 흥미를 주어서 참여동기를 높여야 한다고 강조한다.

### 4) 생의 마무리 교육활동

생의 마무리 교육의 활동으로 유언장 작성, 연명치료 거부권과 관련한 사전의료의향서 작성 등에 대하여 살펴보고, 2018년 시행 예정인 「호스피스・완화의료 및 임종과정에 있는 환자의 연명의료결정에 관한 법률」에 대한 현황을 알아보고자 한다.

#### (1) 유언장 작성

유언장은 건강할 때 자신을 삶을 돌아보며 그동안 아쉬운 것, 그동안 못한 것, 다른 사람에게 하고 싶은 이야기를 쓰는데 유언장에서 중요한 내용은 미사여구가 아닌 진정성이다. 그것은 죽을 때 마음가짐이 아닌 흉내를 내는 것에 불과하기 때문이다. 죽은 상황에서 공식적인 양식이나 요령이 필요한 것은 아니며 써서는 안되는 내용이 따로 있는 것은 아니다. 공통적 내용들은 가족에 대한 고마움과 미안함, 아쉬움이며, 유언장을 작성하면서 느끼는 감정은 인생에서 정말로 중요한 게 무언지 알 수 있고, 변화하는 삶에 대해 유연하게 대처하며 지혜롭고 슬기롭고 살아갈 수 있도록 자신을 점검하며, 삶이 자신만을 위한 게 아니라 전체를 위한 삶을 살아야 한다는 계기가 된다.

유언장을 작성하는 또 하나는 상속과 관련하여 가족들이 겪을 수 있는 갈등을 해결해 주는 효과도 얻을 수 있으며, 유언장의 법적인 효력을 얻기 위해서는 민법 제1066조에 의거 반드시 작성자 신상정보(성명, 주민등록번호, 주소, 날인)가 있어야 한다. 유언장의 예는 〈표 12-5〉와 같다.

〈표 12-5〉 **유언장 예시**

|  |
|---|
| 1. 개인 신상정보<br>성명, 주민등록번호, 주소, 작성일, 날인<br><br>2. 임종의 방식<br>시신처리 방법, 장기기증 여부, 사전의료의향서 작성 여부 밝히기<br><br>3. 장례의 방식<br>선호하는 장례방식, 원하는 장례순서, 초대를 바라는 사람의 명단, 장례식 중 거절하고 싶은(예 화환, 부조금 등) 것 밝히기<br><br>4. 유산 상속<br>유산 배분 방식, 유산 사회 환원 여부 밝히기<br><br>5. 금융정보<br>금융 자산 내역, 채무문제, 각종 증서 및 통장 보관 위치 밝히기<br><br>6. 남기고 싶은 말<br>배우자, 가족, 주변 사람에게 하고 싶은 말 기술 |

출처 : 정민승·김영빈·김영석(2014).

### (2) 사전의료의향서(事前醫療意向書) 작성

죽음에 임박한 상황에서는 어떤 일이 일어날지 누구도 가장 할 수 없다. 이에 자신의 의사를 의학적 결정에 관한 결정능력이 있을 때 의사표시를 가족들에게도 알려 마음의 준비를 할 수 있도록 미리 해두는 것으로 죽음에 임박한 상환에 대비 생명연장 및 특정 치료 여부에 대하여 자신의 의사를 서면으로 표시하는 공적문서가 사전의료의향서(Advamce Medical Directives)이다.

사전의료의향서는 개인이 자신의 의료행위에 대해서 의사결정이나 희망을 나타내는 것이 불가능할 때를 대비하여 자신이 원하지 않거나 원하는 의료행위에 대하여 문서화한 것이다. 이는 무의미한 연명의료와 관련된 수많은 갈등과 문제에 대한 최선의 해결책이라는 인식이 확산되고 있다(김신미 · 홍영선 · 김현숙, 2010).

사람들은 죽을 때 인간의 존업성을 유지하며 편안히 가족에게 둘러싸여 죽음을 맞이하고, 가족에게 부담을 적게 주고 떠나길 원하지만 불행히도 이런 이별을 맞이하지 못한 사람이 많은 것은 미리 죽음을 대비하지 않았기 때문이다.

대법원은 최근 노화로 인하여 장기들이 제 기능을 못함으로 회복 불가능한 말기에 이르렀을 때에도 치료 여부의 최종 결정은 바로 '죽음에 임박한 본인'이라고 판결하였으나 죽음에 임박한 상태에서는 자신의 의견을 충분히 표시할 수 없는 경우가 많아 치료자는 분명한 의사를 알 수 없는 경우 생명을 연장해야 하는 윤리적인 압박을 받게 되므로 어려움이 있어 이에 자신의 의견을 미리 밝혀 놓음으로써 윤리 및 법적인 문제에서 자유로워지고 환자 본인도 원하는 대로 치료 여부를 결정할 수 있다.

이에 사전의료의향서 서식은 공식화되어 있지는 않지만 (사)사전의료의향서 실천모임의 〈표 12-6〉과 같다. 의향서의 주된 내용은 연명의료의 적용시기와 거절사항에 대하여 원하는지, 원하지 않는지에 대한 내용을 사전에 기술하는 것이다.

사전의료의향서 보관방법은 작성자 본인이 보관하거나, 가족 및 친인척 등 다른 사람에게 맡기고 주위 사람들에게 알려주며, 작성확인증은 성명, 생년월일, 작성일자, 보관자 또는 보관장소 등의 내용을 기입하여 작성자가 소지하는 것으로 되어 있다.

사전의료의향서 작성 시 가족과 충분히 상의하여 작성하고, 작성한 서식의 사본을 대리인, 의료기관에 제출하고, 인체기증, 장례의향서 등 기타 정보가 있다면 겸비해 놓는 것도 중요하다(최운실 외, 2017).

〈표 12-6〉 **사전의료 의향서 서식**

# 사전의향서(事前醫向書)

내(이름 : ○○○)는 명료한 정신상태에서 직접이 사전의료의향서를 작성합니다. 건강을 회복할 수 없는 상태가 되고, 진단과 치료에 대하여 나 스스로의 의사표시가 불가능해질 때 담당 의료진과 가족들이 이 사전의료의향서에 기록된 나의 뜻을 존중해 주시기 바랍니다(나는 언제라도 이 사전의료의향서를 직접 변경하거나 철회할 수 있음을 알고 있습니다).

▲

▸ 이름을 적어 본인임을 알립니다.
▸ 직접 적었음을 확인하기 위한 가장 중요한 단계입니다.

Ⅰ. 적용시기

다음과 같은 건강과 정신상태에서 이 사전의료의향서의 뜻을 반영해 주십시오.
(원하시는 부분에 √ 표시해 주십시오)

| 시 기 | 연명치료 | | 설 명 |
|---|---|---|---|
| | 안합니다 | 원하지 않습니다 | |
| 뇌 기능의 심각한 장애 | | | 뇌 기능의 심각한 장애로 호흡과 체온 유지 등 기본적 신체기능 유지가 불가능하고, 단기간 내에 죽음을 맞이할 가능성이 높은 것으로 의료진(2인 이상)이 판단한 경우 |
| 질병의 말기 | | | 질병이 진행하여 말기상태로 건강 회복이 불가능하고, 단기간 내에 죽음을 맞이할 가능성이 높은 것으로 의료진(2인 이상)이 판단한 경우 |
| 노령과 관련된 죽음 | | | 특정한 질병이 없이 노화로 몸의 장기와 조직이 기능을 다하여 단기간 내에 죽음을 맞이할 가능성이 높은 것으로 의료진(2인 이상)이 판단한 경우 |

▲

▸ 어떤 시점에 무의미한 치료를 받지 않을 것인지 밝히는 단계입니다.

Ⅱ. 무의미한 연명치료의 거절

건강을 회복할 수 없는 상태에서 생명유지장치를 사용한 연명치료가 신체적 · 정신적 고통만 증가시키며 죽음의 과정을 무의미하게 연장한다면 다음의 선택을 존중해 주십시오.

(원하시는 부분에 √ 표시해 주십시오)

<table>
<tr><th rowspan="2">시 기</th><th colspan="2">연명치료</th><th rowspan="2">설 명</th></tr>
<tr><th>안합니다</th><th>원하지 않습니다</th></tr>
<tr><td>생명유지장치</td><td></td><td></td><td>강심제와 승압제, 심폐소생술, 제세동기, 인공호흡기 적용, 혈액투석, 체외순환 등 연명조치를 통해 혈액순환과 호흡기능 등 기본적인 기능만을 유지하는 것</td></tr>
<tr><td>인위적인 영양공급</td><td></td><td></td><td>위 · 내장으로 경관튜브를 삽입하거나 혈관에 관을 통해 영양을 공급하는 것</td></tr>
<tr><td>완화 의료 치료</td><td colspan="3">무의미한 연명조치를 거절하는 경우라도 신체적 · 정신적 고통을 줄이는 완화조치를 원합니다. 적절한 최선의 통증조절, 체온유지, 욕창예방, 배변과 배뇨의 도움, 수분 및 영양공급 등 청결하고 편안하게 지낼 수 있는 조치를 원합니다.</td></tr>
</table>

▸ 당연히 요구해야 할 치료의 관리! 인간다운 대우
– 인간으로 존엄을 유지할 수 있는 처치
– 극심한 고통에서 자유롭게 할 처치

Ⅲ. 대리인 지정

내가 치료법에 대한 결정을 직접 내릴 수 없는 때에 아래에 기록된 사람이 치료에 대한 최종적인 권한을 행사하도록 위임합니다. 만약 불가피한 사정으로 1순위 대리인이 결정을 내릴 수 없다면, 아래 2순위 대리인이 나의 권한을 위임받도록 지정합니다.

<table>
<tr><td rowspan="2">1순위 대리인</td><td>성명 :</td><td>관계 :</td></tr>
<tr><td colspan="2">연락처(주소, 휴대전화 등)</td></tr>
</table>

<table>
<tr><td rowspan="2">2순위 대리인</td><td>성명 :</td><td>관계 :</td></tr>
<tr><td colspan="2">연락처(주소, 휴대전화 등)</td></tr>
</table>

▸ 가족, 친지 중 본인을 잘 알고, 또 대신할만한 사람을 지정합니다.

Ⅳ. 작성자 및 인증 서명

작성자 본인과 증인 본인이 직접 작성과 서명을 하셔야 합니다.

| 작성자 | 성명 : 서명/인 | 주민등록번호 : |
|---|---|---|
| | 주소 : | |
| | 주소 : | |
| 증인 | 성명 : 서명/인 | 주민등록번호 : |
| | 주소 : | |
| | 주소 : | |
| 작성일자 | 년 월 일 | |

▸ 증인은 성인이면 됩니다.
▸ 하지만 가능하면 가족 등 친지가 좋습니다.

V. 사전의료의향서 보관방법

| 사전의료의향서 | 작성자가 보관하시거나, 가족 등 다른 분에게 맡기시고 주의 분들에게 알려주십시오. |
|---|---|
| 작성 확인증 | 성명, 생년월일, 작성일자, 보관자 또는 보건장소 등 내용을 기입하여 작성자가 소지하십시오. |

▸ 의향서 작성은 주변 사람에게 반드시 알리고
▸ 확인하기 쉬운 곳에 보관하시는 것이 좋습니다.

| 사전의료의향서 작성 확인증 |
|---|
| 성 명 :<br>생년월일 : |
| 나는 무리한 치료를 받지 않기를 바랍니다. 이 뜻을 밝히기 위해 사전의료의향서를 작성하여 보관하고 있습니다. |

| 작성일자 :<br>보관장소 또는 보관자 : |
|---|
| 나는 직접 사전의료의향서를 작성하여 보관하고 있습니다. 연명치료에 관하여 나의 뜻을 직접 밝힐 수 없을 때 의료진과 가족이 사전의료의향서에 밝힌 나의 뜻을 존중하기 바랍니다. |

▸ 작성확인증에 보관장소를 기입하여 평소에 지니고 다니실 수 있습니다.

VI. 그 외 남기고 싶은 정보

위의 문항 이외 뜻을 밝혀놓은 정보가 있다면 기입해 놓으십시오.

(예 의학적 조치에 대한 사전의료의향서 외에 장례 등에 관한 나의 뜻을 정리한 문서가 있습니다)

▸ 사전장례의향서와 같은 문서를 작성하실 수 있습니다.
▸ 또는 가족에게 남길 편지 등을 작성한 것을 알리실 수 있습니다.

출처 : (사)사전의료의향서 실천모임(http://www.sasilmo.net/).

### (3) 연명의료결정에 관한 법[1)]

2018년부터 시행하게 되는 이 법은 연명의료결정법 일명 웰다잉법이라고도 하는데 이법은 아무리 치료를 받는다 해도 회생의 가능성이 없는 환자가 본인의 뜻과 의지에 따라, 무의미한 연명치료를 거부할 수 있게 하는 법이다. 이 법의 핵심은 더 이상 희망이 없어 보이는 상태에서, 힘겹게 생명만 연장하기보다는 환자가 품위 있게 죽음을 선택하도록 하는 것이다.

우선 생명유지장치인 강심제와 승압제, 심폐소생술, 혈액 투석, 항암제 투여, 인공호흡기 적용 같은 연명치료를 중단하는 대신 '호스피스' 제도를 확대하는 것이다.

지금까지는 말기 암환자에게만 호스피스를 이용 시 건강보험 혜택을 받을 수 있었지만, 앞으로는 에이즈와 만성폐쇄성 호흡기질환 및 만성간경화 같은 질병도 혜택을 받는다.

문제는 전국에 호스피스 병상이 1,300개에 불과하다는 것이다. 종합병원이나 대학병원은 호스피스 병상을 갖춘 곳이 각각 1%도 안되어 정부는 환자가 입원을 하는 전국 20개 병원을 그때그때 방문해서 상담받는 새로운 호스피스제도를 마련하였지만 병세가 위중한 환자가 병원을 오가는 것 자체가 무리여서 환자 입장에서는 집에서 임종을 준비하는 게 더 좋아 가정에서 호스피스서비스를 받을 수 있도록 가정형 호스피스가 앞으로 확대 시행할 것으로 보인다.

2018년 2월부터 만 19살 이상이면 '사전연명의료의향서'를 쓸 수 있기에 중병에 걸렸을 때 "나는 무의미한 연명치료를 하지 않겠다"고, 거부의사를 미리 밝히면 회복이 불가능한 환자는, 즉 환자의 의사능력이 없을 때에는 사전연명의료의향서와 의사 2인의 확인 또는 가족 2인 이상의 일치하는 진술과 의사 2인의 확인을 통해 가능하다.

가장 논란이 됐던 환자의 의사를 확인할 수도, 의사표현을 할 수도 없는 경우에는 환자가족 전원의 합의와 의사 2인의 확인이 필요하다.

---

1) http://news.kbs.co.kr/news/view.do?ncd=3527686&ref=A2017.8.4(kbs 뉴스).

### 기・억・하・기

- 웰다잉이란 죽음에 대해 좀 더 생각할 시간을 갖고 죽음을 준비하게 함으로써 좀 더 나은 죽음을 위해 현재를 재설계함으로써 삶에 대한 소중한 가치를 찾고 그 안에서 진정한 행복을 찾아 아름다운 인생을 마무리하는 것이다.

- 죽음준비교육은 죽음에 미리 대비를 하는 교육으로 죽음과 관련된 정보와 지식을 유용하게 하고, 죽음에 대한 대비는 사전에 준비해야 할 법적인 절차, 슬픔 극복, 장례방법의 선택 등 실질적인 도움을 포함한다.

- 죽음준비교육은 1969년에는 퀴블러 로스(Kubler-Ross)의 저서『On Death and Dying』으로 죽음학 분야에 공헌, 죽음준비교육은 점차 형식적에서 질적·양적인 면으로 성장을 하면서 대중화되었고 우리나라는 1970년대 후반부터 죽음준비교육이 각 교육기관에서 시작되었다.

## 평가하기

**01. 죽음준비교육의 실시 차원에서 틀린 것은?**

① 지식의 차원
② 가치관의 차원
③ 감성의 차원
④ 기술의 차원

**02. 알폰스 데켄(Alfons Deeken)의 죽음준비교육의 목표로 틀린 것은?**

① 임종과정에 대한 이해
② 자살 예방하기
③ 삶의 시간의 소중함 발견하기
④ 유언장 작성하기

**03.** **죽음준비교육의 역사에 대한 설명으로 맞는 것은?**

① 퀴블러 로스(Kubler-Ross)와 같은 죽음학 선구자의 주장으로 죽음인식운동이 시작되었다.

② 1960년에는 퀴블러 로스(Kubler-Ross)의 저서 『On Death and Dying』으로 죽음학 분야에 공헌했다.

③ 우리나라는 1960년대 후반부터 죽음준비교육이 기관에서 시작되었다.

④ 대학에서는 1978년 서강대학교에서 최초로 '죽음에 대한 강의'를 정규과목으로 개설되었다.

**04.** **죽음준비교육의 목적과 필요성에 대해 논하시오.**

**05.** **죽음준비교육에서 새롭게 추가될 교육으로 어떤 것이 있는지 논하시오.**

정답 1. ③ 2. ④ 3. ①

# Chapter 13

# 노인교육의 미래

**학・습・목・표**

1. 노인 인적자원의 변화를 설명할 수 있다.
2. 교육개혁의 전망에 대해 설명할 수 있다.
3. 평생교육 정책의 시사점과 정책과제를 설명할 수 있다.

## 1. 미래사회의 노인교육

### 1) 노인 인적자원의 변화

#### (1) 신중년 세대의 변화

정부는 생산가능인구의 1/3을 차지하는 인구추계 1,340만 명인 5060세대, 즉 50세부터 72세까지를 YO(Young Old) 세대를 노인, 고령자 등 대신 '신중년'이라고도 하며서 정부 최초의 신중년 인생 3모작 기반 구축계획을 마련하였다.

기대수명이 증가하면서 신중년 세대의 노동시장 참여의 희망연령도 증가하고 있으며 50세 전후 가지고 있던 주된 일자리를 퇴직한 이후에도 72세까지 소득 또는 보람 있게 지내려고 노후를 위한 일자리나 일거리를 희망하고 있는 것이다.

이 시기는 신체적·정신적으로 건강하여 단순히 먹고 마시고 즐기는 것만으로 행복한 삶을 사는 것이 아니다라는 생각을 가지고 있어 이들에 대하여 2017년 8월 정부는 5060세대를 '신(新)중년'으로 규정하고 이를 위한 맞춤형 대책을 내놓았다. 이름하여 '신중년 인생 3모작 기반 구축 계획'이다.

그동안은 55세 이상인 사람을 고령자로 65세 이상인 사람을 노인으로 칭해 왔는데 이러한 호칭은 은퇴한 사람이라는 부정적 이미지를 초래하는 경향이 있어 신중년 세대라는 호칭으로 정부에서 명하게 하였으며 이를 기반으로 아래(그림 13-1)와 같은 3모작 개념도와 같이 주된 일자리(1모작) ➡ 재취업 일자리(2모작) ➡ 사회공헌 일자리(3모작)로 이어지는 인생 3모작 기반 구축을 위한 종합계획을 정부 최초로 발표한 것으로, 이번 대책은 그동안 정책대상에서 상대적으로 관심을 받지 못하였던 신중년 세대들이 성공적인 인생 3모작을 준비하기 위해 필요한 도움을 줌으로써 활력 있는 노후(active ageing)생활을 할 수 있도록 가교역할을 할 것으로 보인다.

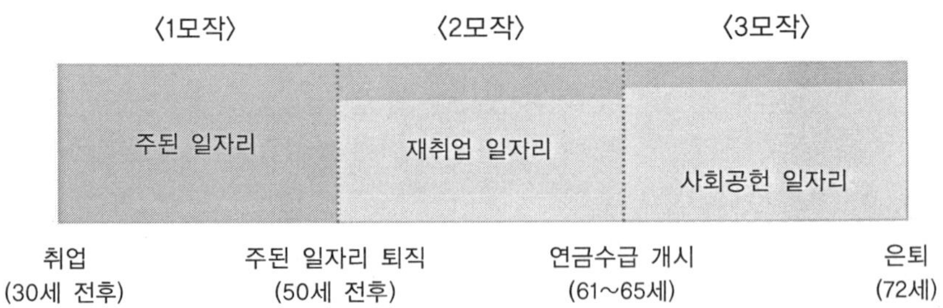


|그림 13-1| **인생 3모작 개념도**

출처 : 고용노동부(2017. 8). 5060 신중년 3모작 기반구축계획.

이들 신중년 세대는 50세 전후로 현업 일자리에서 은퇴 후 재취업이나 창업, 귀농, 귀촌 등으로 두 번째 '인생 2모작'의 인생을 살며, 연금을 받게 되는 61~65세에는 사회공헌형 일자리를 찾도록 돕는다는 것이다. 그래서 '인생 3모작'이다.

신중년 세대는 기대수명이 늘면서 사회활동 욕구가 높아졌음에도 여지껏 고용정책의 사각지대에 놓여 있으므로 맞춤형 정책을 펴겠다는 것이다.

신중년 인생 3모작 패키지는 모든 신중년 세대가 소득수준에 상관없이 적용되며, 경력에 따라 직업훈련, 창업교육, 귀농, 귀촌, 귀어 등 '인생 2모작' 경로를 우선적으로 정하도록 도우며, 맞춤상담을 통해 진로방향을 지원해 주고, 재취업 지원은 웰다잉 강사나 노년 플래너 등 신중년들에게 적합한 일자리를 만들어 줌으로써 이들을 고용하는 고용주에게는 내년부터 월 60만 원의 고용창출장려금이 지급된다.

그동안 신중년 세대는 부모부양과 자녀양육이라는 이중고로 인하여 노후를 제대로 준비하지 못함에 따른 대책으로 신중년이 그동안 쌓아온 전문성이나 노하우를 바탕으로 고용노동부는 생애경력설계서비스를 확대, 누구나 생애 전반에 걸쳐 최소한 3회 이상 경력설계 기회를 가질 수 있도록 하고, 지역노후준비지원센터를 통하여 노후준비 4대 분야(재무, 건강, 여가, 대인관계)에 대해 교육·상담서비스 등을 활성화하며, 향후에 |그림 13-2|와 같은 신중년 인프라 통합·연계 시스템을 빅데이터를 활용한 자동일자리 매칭시스템인 고용복지 + 센터와 국가일자리포털(2019년 말 완료 예정임)을 중심으로 한 관련 서비스 온·오프라인 연계도 더욱더 강화할 계획이다.

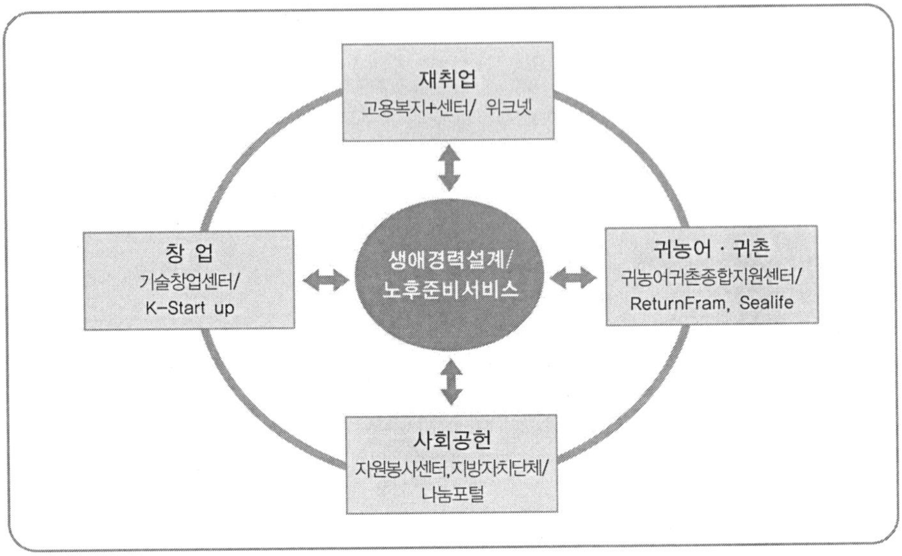


|그림 13-2| **신중년 인프라 통합 · 연계**

출처 : 고용노동부(2017. 8). 5060 신중년 3모작 기반구축계획.

출처 : 고용노동부(2017. 8). 5060 신중년 3모작 기반구축계획.

본 계획은 성공적인 인생 2·3모작을 영위하도록 함으로써 인구절벽 상황 가운데서도 국가 경쟁력이나 생산성 증진에 기여함으로써 국가적으로 활력이 제고될 수 있을 것으로 보는 것이다.

그러나 우리 사회에는 정부의 인생 3모작 패키지 정책과 관계없이 남에게 의존하지 않고 당당하게 살아가는 이른바 액티브 시니어(active senior)라 불리는 신중년 세대 또한 많다. 이들은 은퇴 이후에도 여가생활과 소비생활도 즐기며 사회활동 등에도 적극적으로 참여하고, 특히 이들은 외모나 건강관리 등에도 관심이 많아 자기에게 투자를 아끼지 않는다. 또한 여유 있는 경제력을 기반으로 한 프리미엄 제품에 높은 구매력을 지니고 있으며 이미 소비시장의 주요 고객층으로 부상하기도 한다. 이처럼 적극적인 소비활동과 문화활동을 한다는 점에서 기존의 실버세대와 구분된다. 이렇듯 우리 사회에는 같은 세대이지만 복지 사각지대에 놓여 있는 경제적 어려움 때문에 우울한 신중년 세대가 있는가 하면, 그렇지 않고 어느 누구의 도움 없이 당당하게 액티브한 삶을 살아가는 신중년 세대도 많다. 사회는 이들 모두가 어깨를 나란히 하고 사회의 한 구성원으로서 함께 살아가는 것이 선진 노인복지이며 미래의 나아가야 할 방향이다.

### (2) 신인류의 등장

인류의 진화로 인한 4차 산업혁명의 핵심은 인공지능(AI)과 사물인터넷(IOT)이다. 인공지능은 기계가 스스로 지능을 갖으며 학습하는 능력이며, 사물인터넷은 주변의 물건에 센서를 달아서 인터넷으로 소통하는 기술력이다.

이로 인해 그동안 경제의 주축이 되었던 계층인 20~65세 사이의 청장년층 대신에 이제는 인공지능 로봇이 24시간 쉼 없이 일하고, 지능이 뛰어난 알파고와 같은 인공지능 로봇이 빅데이터와의 융합을 통해서 청장년의 지적인 역량과 창의성을 추월하고 있다.

물건들이 이제는 말을 걸기 시작했으며, 바비인형은 인공지능 기술을 활용 아이들과 교감하며, 아마존 에코는 음성으로 쇼핑을 대신해 준다. 요즈음 냉장고는 음식들의 목록과 유통기한이 액정화면에 표시되고, 음식의 레시피를 제공해 준다. 기술력은 패러다임을 바꾸고 모든 것들을 하나로 연결해 준다. 인간이 호모커넥투스(homo connectus)로 진화하는 것이다.[1)]

별거 아닌 것 같지만 실제 사례는 깜짝 놀라게 한다. 사물인터넷이 집과 연결 '디지털 홈(digital home)'이 되어 컴퓨터, TV 등 집안의 가전, 전자제품들이 하나로 이어져 맞춤 서비스를 제공하는 것이다.

사물인터넷(IOT)이 자동차와 만나면 자율주행 자동차가 된다. 자율자동차가 GPS와 지도를 읽고 각종 위기상황에 대해 대처해 가며 스스로 운전하는 것이다. 또한 내비게이션 화면을 통해서는 교통상황, 도로상황은 물론이고 이메일, SNS, 운전자의 건강상태 등도 확인할 수 있다. 앞으로 5G 인터넷과 일부 기술이 개발된다면 2025년부터 상용화가 예상된다. 현대차와 아우디와 구글 같은 기업들이 이미 각종 실험에 착수하고 있다.

김원준 건국대 전자공학부 교수는 "인공지능은 소비자 편의를 높이는 방향으로 빠르게 발전하고 있다"며 "자율주행, 무인마트, 무인자동화공장, 지능형 보안시스템 등의 기술 혁신이 전방위로 확산될 것"이라고 말했다.

이와 같이 ICT 사회와 4차 산업시대에는 육체적인 힘보다는 인지적 능력이 우수한 노인들을 신인류로 탄생시키는 자연스러운 토대가 될 것이다. 인간은 이제 오랫동안 역사의 주인공으로 군림했던 청장년층을 퇴장시키고 노인들을 등장시키는 준비를 하고 있는 것이다(최운실 외, 2017).

청장년이 주류가 아닌 구주류가 되며, 노인들이 신주류가 되는 세상이 오고 있는 것이다. 고령에서 초고령사회로 가고 있는 우리사회의 주류가 바뀌고 있는 것이다.

지금은 청년일자리 부족으로 걱정하고 있지만 머지않아 미래에 일할 수 있는 청년 자체가 줄어들므로 노인들이 청년을 대신하여 일자리 공백을 메워야 할 날이 머지 않았다. 이에 국가는 노인들을 복지의 대상으로부터 새로운 인적자원으로 인식 자체를 전환하고 스스로가 생애 후반기를 설계하도록 다양하고 체계적인 노인교육이 필요한 시점이다.

---

1) 더피알. http://www.the-pr.co.kr/news/articleView.html?idxno=19202

## 2. 교육개혁의 전망

### 1) 평생교육 영역

평생교육정책의 변화와 관련하여 볼 때 4차 산업과 관련한 IT 등의 기술발전으로 평생교육을 포함한 교육 전반에 다양한 방식으로 학습기회를 보장하며 접근하는 것에 대한 평등성을 확대해야 할 필요성이 부각되고 있다. 또한 기술의 발전으로 새로운 유형의 학습자를 발생시키고 이에 따른 새로운 학습유형의 실현을 가능하게 하는 데 있어 이에 대한 실천적인 방안으로 평생학습체계의 개선이 필요하다.

평생학습체계가 발전하기 위해서는 학습자의 생활현장에 보다 가까워지는 것이다. IT 기술 등 활용뿐만 아니라 시민참여 거버넌스, 시민이 생각하고 이끌고 가는 정책과 사업 추진은 세계적인 추세이며, 고령화와 인구절벽이 지속되는 상황에 커뮤니티 중심의 관계 형성에 기초한 지역활동의 중요성이 커지고 있고, 복지와 새로운 학습유형의 등장 등으로 평생교육 실천의 변화를 이끌어갈 전문가 양성의 필요하다.

이런 새로운 변화에 대한 정책적 대응으로 한국교육개발원 "교육개혁의 전망과 과제"에서 향후 평생교육정책에서 주요하게 다루어져야 할 미래 전망 의제를 여섯 가지로(그림 13-3) 도출하였는데, 그 내용은 ① 초개방형 평생학습체계 강화, ② 학습복지 결합형 평생교육의 확대, ③ 제3의 학습 대응, ④ 소규모 행정단위 학습지원 확대, ⑤ 전문영역별 평생교육 전문화, ⑥ 평생교육 변화에 대응 · 선도하는 정부체계 변화 등이다(한국교육개발원, 2016).

|그림 13-3| **국내 평생교육정책 미래 전망 의제**

출처 : 한국교육개발원(2016. 12). 교육개혁의 전망과 과제.

### (1) 초개방형 평생학습체계 강화

초개방형 평생학습체제는 전통적 의미의 평생학습체제를 넘어 다양한 학습 경로나 학습자를 포용, 학습체계의 모습이 유동적이 된다는 점에 특징이 있다. 즉, 평생학습체계는 빠르게 변하는 학습환경과 새롭게 나타나는 학습유형 등을 반영하여 유연하고 다양한 모습으로 갖추어야 한다는 면에서 초개방형 평생학습체계는 미래 교육 평생학습체계의 중요한 특징으로 볼 수 있다.

초개방형 평생학습체계는 지금까지 개방형 평생교육체계라는 표현으로 평생교육정책의 기본적인 방향의 역할을 해왔다. 평생교육이 이루어지기 위한 기본적인 틀로서 평생학습체계는 중요하다. 즉, 공공분야의 비형식학습, 형식학습, 무형식학습, 직업기술교육 과정, 일반교육 과정, 자기주도적 학습과정 등을 포괄하여 개방성을 갖도록 관리하는 체계이다(한숭희, 2004).

초개방형 평생학습체계는 두 가지 표현인 초개방형과 평생학습체계로 결합되어 있다. 평생학습체계는 가정, 학교, 일터, 지역사회, 사이버 등 생활 전반에 걸친 학습장면을 포함하고, 자기주도학습 등 학습의 다양성을 수용하고,

스스로 학습을 통제하는 능동적 학습자를 말하며, 초개방형 평생학습체계는 향후 정부에 의해서 학위취득과 관련된 평생교육이 평등하게 소비될 수 있도록 시장원리를 개방적으로 만들어야 할 것이다. 이러한 역할은 공적 영역에서 수행해야 한다.

### (2) 학습복지 결합형 평생교육의 확대

평생교육법이 2016년 개정되면서 장애인 관련 조항이 추가되었다. 주요 내용은 장애인 평생교육정책 추진체계를 마련하고, 평생교육 과정을 운영하고, 전문가를 배치하는 등의 사항이었다(국가법령정보센터, 2016).

그동안 평생교육정책에 복지정책이 없었던 것은 아니었다. 대표적으로 성인문해교육 및 소외계층, 다문화가족이 평생교육정책에 포함되었고, 지금도 국가평생교육진흥원을 통하여 사업이 추진되는 등 복지와 평생교육은 지속적으로 관련을 맺고 있다(교육부, 2013b). 먼저 성인문해교육이 정책적 의제로 등장했고, 그 후 저소득층 평생교육, 다문화교육, 장애인 평생교육, 노인 평생교육 등의 순이다.

앞으로도 성인문해교육은 지속적으로 커질 가능성이 높고, 현재의 성인문해교육은 서비스 제공 규모가 작아 교육을 필요로 하는 비문해자를 감당하지 못하고 있는 실정으로, 예를 들어 읽기, 쓰기, 셈하기 등 기초문해를 전혀 못하는 경우 약 262만 명으로 적지 않은 비문해자가 있다(교육부, 2016b). 이에 교육부에서 2016년부터 성인문해교육 활성화 계획을 수립, 정책적 지원을 하고 있으나 다수의 비문해자를 위한 교육서비스 제공은 한계를 보이고 있다.

평생교육과 복지를 연계하는 것은 필연적인 수순이지만 노년층, 취약계층, 시민사회, 장애인 등 평생교육의 다양성을 유지시키는 방향으로 정책을 구체화할 필요가 있다.

### (3) 제3의 학습 대응 : 무형성, 집단성, 결합성의 학습

제3의 학습은 ICT, 정보통신기술, 새로운 동향 발생과 같은 요인에 의해 새롭게 등장하는 학습유형이나 학습자를 통칭하는 것으로 기존의 전통적인 학교교육이나 개방형 평생교육과 다른 유형의 학습 및 학습자라는 의미로 '제3'이라는 표현이 사용되었으며, 제3의 학습의 특성으로 무형성, 집단성, 결합성이 있다.

무형성은 학습의 경계도 없거니와 방법도 다양하여 하나의 유형으로 구분하기 어렵다는 것이다. 사람들은 인터넷을 통해 대화를 나누고 동영상을 보고 자료를 공유하고 때로는 서로 다른 공간에 존재하기도 한다.

집단성은 혼자 학습하기보다 어떠한 매체를 활용하든지 다른 사람의 의견을 공유하여 새로운 학습의 힘을 발휘하는 것을 말하며, 실제로 일상생활 곳곳에서 집단지성의 범위를 넘어 상시적으로 집단성에 기초한 학습이 발생한다.

결합성은 학습과 현장, 학습과 경험, 학습과 실천을 구분했으나 이제는 현장이나 실천이 먼저 결정되고 다음에 학습이 이루어지는 특성을 말하며, 예를 들어 암벽타기 하고 싶은 사람은 암벽타기 동호회를 먼저 찾아가서 암벽타기를 시작하면서 배운다(Iftf, 2016).

제3의 학습을 발생시키는 주요 요인은 정보통신 기술의 발전이다. 이는 평생교육의 변화를 발생시키고 있다. 예를 들어, 과거에는 학습은 혼자 하거나 학습팀 수준에서 함께 공유되는 것으로 이해되었으나 지금의 학습은 세계의 어느 누구와도 공유되는 형태로 변화된 것이다.

또 다른 변화는 모바일(mobile) 형태의 지식제공체계이다. 스마트폰과 같은 기기를 통해 학습이 제공되는 것이 보편화되었다. 스마트 러닝은 교육기관 중심의 교육 프로그램들을 사라지게 했다. 이는 교육기관에 모여서 학습을 하는 것에서 사이버 네트워크를 통한 이러닝으로의 변화만을 의미하는 것은 아니다. 학습구성원 자체가 글로벌화되면서 규모가 엄청나게 많아지는 현상도 포함한다(이찬승, 2016). 여기에 인공지능이 결합할 경우, 스마트 학습에 방해가 될 수 있는 언어장벽은 사라질 수 있으며, 스마트 러닝에서는 이른바 극단적 학습자(extreme learners)라는 새로운 유형의 학습자가 나타나는데, 이들은 수많은 정보를 활용하고 스마트 기기나 학습플랫폼을 활용하여 다양한 학습과정에 참여하게 된다(Iftf, 2016).

제3의 학습은 창의적이고 새로운 지식을 창조하는 데 중요하다. 전혀 새로운 관점에서 현상을 이해하며, 여러 사람의 아이디어를 결합하여, 학제 간 융합을 가능하게 하는 등 창조적 학습이 가능해진다.

제3의 학습이 가능해지면 평생교육에서 추구하는 이상적인 많은 학습들이 가능하게 된다. 그러나 제3의 학습을 위해서 평생교육을 포함한 교육계 전반에 새로운 변화가 필요하다. 제3의 학습을 가능하게 하기 위해 스마트 플랫폼을 개발해야 하며, 스마트 클라우딩에서의 신뢰를 확보하기 위해 문화적 변화가 필요하다. 이를 위한 종합적 계획을 범정부부처와 범 교육수준에서 수립해야 한다.

### (4) 소규모 행정단위 학습지원 확대

평생교육의 확대로 빠지지 않는 이슈 중 하나는 정책추진체계이다. 2008년 기본계획에서 제시한 추진체계는 인적자원 개발의 패러다임이 반영된 행정주체인 교육부, 국가평생교육진흥원, 광역시 · 도 평생교육진흥원, 기초시 · 군 · 구 평생학습관으로 추진체계가 구성되었다(교육인적자원부, 2008). 여기에 제2차 평생교육진흥계획 추진 주체별 역할(표 13-1)에서와 같이 위원회가 수준별로 구성되어서 정책 의제 발굴 및 정책 심의, 조정 등 의결기구의 역할을 하도록 하였다.

〈표 13-1〉 **제2차 평생교육진흥계획 추진 주체별 역할**

<table>
<tr><th colspan="2">구 분</th><th>중 앙</th><th>시 · 도(광역)</th><th>시 · 군 · 구(기초)</th></tr>
<tr><td colspan="2">명칭</td><td>평생교육진흥위원회<br>(교육부장관 소속)<br>|<br>평생교육진흥원</td><td>시 · 도<br>평생교육협의회<br>(지방자치단체 조례 제정)<br>|<br>시 · 도 평생교육진흥원</td><td>시 · 도<br>평생교육협의회<br>(지방자치단체 조례 제정)<br>|<br>시 · 군 · 구 평생학습관</td></tr>
<tr><td rowspan="2">기능</td><td>위원회</td><td>평생교육 활성화를 위한 의제 발굴, 정부 정책 및 사업 조정</td><td>평생교육진흥사업에 관한 조정, 심의, 유관기관 연계 등</td><td>평생교육 실시, 관련 사업 간 조정 등</td></tr>
<tr><td>전담기구</td><td>평생교육 진흥을 위한 지원, 조사, 연수, 프로그램 개발 등</td><td>평생교육 기회 및 정보제공, 상담, 프로그램 운영 등</td><td>주민 평생교육 활성화를 위한 사업 추진 등</td></tr>
<tr><td colspan="2">구성<br>(위원회)</td><td>위원장 : 교육부장관<br>위원 : 위원장이 위촉하는 20인 이내 평생교육 관련 학계 전문가 등</td><td>의장 : 시 · 도지사<br>부의장 : 시 · 도교육청 부교육감<br>위원 : 20인 이내 평생교육 관련 전문가</td><td>의장 : 기초단체장<br>위원 : 12인 이내 평생교육 관련 전문가</td></tr>
</table>

출처 : 교육인적자원부(2008); www.moe.go.kr/web/100026/ko/board/.

2008년부터 마련된 위 추진체계는 약간의 수정은 있었으나 지금도 기본적인 체계는 유지되고 있으며, 나아가 향후의 정책적 지향으로 소규모 행정단위에서의 평생학습체계 마련이 중요시되고 있다(한숭희, 2011; 현영섭, 2015b). 평생학습 참여율의 지속적 상승과 주민밀착형 평생교육 활성화를 위한 방법으로 동 단위, 마을 단위 또는 여기에서 더 세분화되어 아파트 단지 단위 등에서 평생교육 프로그램 실행을 위한 추진체계의 마련이 필요한 것이다(한숭희, 2011; 현영섭, 2015b).

소규모 행정단위의 평생교육 중요성이 지속적으로 강화되는 가운데 정책적으로 중장기 계획을 통해 추진체계를 구축, 운영하도록 하는 것이 필요하다. 또한 복지부분에서의 평생교육의 실천성을 확보하기 위해서는 보다 작은

행정단위에서의 평생교육의 실천이 중요하다(현영섭, 2016b).

즉, 주민자치센터 단위나 몇 개의 자치센터를 묶은 규모에서 지역의 장애인, 고령자, 취약계층 등을 파악하여 이러한 정보를 활용, 평생교육과 복지를 연계하는 서비스를 제공하는 것이 적절할 것이다.

### (5) 전문영역별 평생교육 전문화

평생교육의 전문성 생산 체계는 전문가 양성 체계와 지식생산체계로 구분된다.

전문성 생산 체계는 평생교육 분야의 지속가능발전을 도모하기 위한 인적자원과 지식자원의 공급체계를 의미한다(신현석 외, 2006). 평생교육 전문가의 공급과 지식적 자원의 공급을 원활히 하며, 질적으로도 우수한 수준을 갖추는 것이 평생교육의 지속발전과 질 제고를 위한 기본 사항이 된다.

평생교육사의 양성과 관련한 기관의 유형에 따라서 차이는 있지만 전체적으로 평생교육사의 발급규모가 증가하고 있는 추세이다.

그러나 평생교육사 자격을 취득해도 평생교육 분야에 종사하기가 쉽지 않다. 이는 평생교육사 자격에 대한 질보다는 노동시장 또는 평생교육기관에 대한 인식들이 아직 부족한 데 그 원인이 있다. 평생교육기관으로 등록하기 위해서는 평생교육사의 채용을 충분히 하며, 공공기관의 경우에도 채용할 평생교육사를 강화하는 것도 필요하다.

결과적으로 어떤 경우이든 평생교육사의 취업이나 평생교육기관에서 평생교육사의 비중을 높이는 정책이 필요하다는 점을 의미한다.

### (6) 평생교육 변화 대응 · 선도하는 정부체계 변화

평생교육 변화를 대응 · 선도하는 정부체계의 변화는 두 가지의 의미가 포함되어 있다. 교육 변화에 대응하는 정부체계와 교육 변화를 선도하는 정부체계이다. 대응하는 정부체계로는 평생교육의 변화를 반영하여 공무원 교육, 정부정책 운영, 정부 조직 운영 등에서의 변화를 수용하는 것이다. 후자인 평생교육 변화를 선도하는 정부체계는 교육분야의 미래 전망을 체계적으로 수행하며, 이를 토대로 한 새로운 평생교육정책의 기획 및 실천을 책임지는 정부체계이며, 전자의 경우 평생교육 분야의 변화를 수용하여 정부운영 방식을 바꾸는 것으로, 예를 들어 정부조직의 학습조직화, 초개방화 평생학습체계와 연계된 공무원 인적자원 개발 운영, 스마트 학습체제를 반영한 공무원 학습체계 운영, 정부 직무의 NCS 결합과 인적자원 개발, 정책지원요원 역량개발 등이 될 수 있다(정무권 · 한상일, 2008).

평생교육의 미래 변화에 따라서 정부의 인적자원 개발이나 평생교육 시스템을 혁신하는 것이 필요하며, 공공기관에서 시작하여 새로운 변화를 반영하고 적용하는 것이 다른 기관들을 유도하는 전략이 될 수 있기 때문이다.

그러나 평생교육진흥기본계획과 같이 중장기 계획이면서도 국가단위의 평생교육의 전체 방향을 결정하는 계획의 경우에는 보다 장기적인 포석과 준비가 계획의 타당성을 높일 수 있기에 상시적으로 평생교육의 흐름 및 국내외 주요 데이터 수집 또는 생성, 평생교육정책 의제 개발 및 국민 요구조사, 평생교육진흥기본계획 수립, 국내 평생교육 분야 빅데이터 수집 및 공급, 상시적 평생교육정책 개발 등의 역할을 수행할 위원회 등 조직이 구성될 필요가 있다.

## 3. 평생교육정책 시사점 및 정책과제

### 1) 평생교육정책 변화 시사점

우리나라는 선진국으로 진입하기 위하여 아직도 더 많은 국민이 학습에 참여해야 하며 평생교육의 질도 보다 더 향상되어야 하며 평생교육기관도 더 늘어나야 할 것이다.

이를 위하여 경제, 문화, 과학, 사회, 인구, 정책 등의 변화를 토대로 한국의 평생교육정책의 변화전망을 탐색하고 중요한 미래 전망 의제를 총 여섯 가지의 항목으로 제시한 것이 초개방형 평생학습체계 강화, 학습복지 결합형 평생교육의 확대, 제3의 학습 대응, 소규모 행정단위 학습지원 확대, 전문영역별 평생교육 전문화, 평생교육 변화 대응·선도하는 정부체계 변화가 그것이다. 이에 기초한 시사점을 정리하면 다음과 같다.

첫째, 학위취득이나 자격취득을 위한 평생학습체계의 유연화이다.

평생학습은 모든 학습을 학점이나 학력 및 자격조건으로 인정할 수 있는 초개방화 체계로 진행되고 있다.

학교교육마저도 이제는 구성주의 교육과정을 통해 전혀 다른 통로로 학습한 것까지 인정하고 있는 상황에서 평생교육은 더 적극적인 개방구조로 나서야 한다.

둘째, 평생교육정책 내용은 다양성이 증가하고 있으며 복지와 평생교육의 교집합이 포함되어야 한다. 다문화가족과 평생교육, 소외계층과 평생교육, 비문해자와 평생교육 등 어느 정도 진행된 것도 있으나 아직까지 부족한 것으로 평가된다.

평생교육은 본질적으로 기존의 교육 패러다임이나 사회적 변화를 수용하여 운영되는 측면이 있고, 특히 복지분야에서 평생교육은 적극적으로 선도하는 역할을 할 필요가 있으며, 사회의 변화에 따라서 이런 역할들이 더욱 크게 부각될 것으로 보인다.

향후 평생교육정책은 복지부문과 연결된 사회문제를 해결하고 또 주도해 갈 수 있도록 진화되어야 할 것이다.

셋째, 새로운 학습과 주민참여형 거버넌스를 통하여 평생교육의 사회적 영향력을 향상시키는 정책 마련이 필요하다.

평생교육정책의 향후 미래 전망에서 평생교육은 새로운 영역과 학습자 및 행정체계가 이미 운영되고 있거나 필요해지고 있다. 새로운 영역은 복지, 4차 산업혁명, 인성교육 등 다양한 영역이고, 이런 영역과 함께 새로운 학습 등장과 학습자 등장, 평생교육 소규모 행정단위의 확산, 평생교육 영역의 전문화 등이 나타나고 있다. 그러나 아직까지 우리의 평생교육정책 및 사업에서 이런 변화에 대한 반영이 미진하며 활성화되었다고는 보기 어렵고 적용범위가 한정적이다. 따라서 소규모 행정수준에서 주민 거버넌스 중심으로 하는 평생교육이 가능한 정책 마련이 필요하다.

넷째, 중앙정부와 지방정부는 새로운 평생교육의 방향에 대응하고 이를 이끌어 갈 수 있는 행정체계 마련이 필요하다. 평생교육은 교육분야 전반의 새로운 솔루션이며 대안이라는 점에서도 평생교육의 중요성을 높이고, 향후 적극적인 4차 혁명과 IT 발전 등에 대응하기 위해서는 행정체계 구축 방안이 필요하다.

## 2) 미래 정책과제 진단

평생교육정책은 국가적·행정적 의지를 담아 평생교육에 대해 각종 입법과 실천방향을 제시하는 것이라고 할 수 있다. 우리나라는 '헌법' 제31조 제5항에서 "국가는 평생교육을 진흥하여야 한다"고 명시하고 있고, '교육기본법' 제3조에서 "모든 국민은 평생에 걸쳐 학습하고, 능력과 적성에 따라 교육받을 권리를 가진다"고 명시하면서 국민의 평생학습권을 법적으로 보장하고 있다. 결론적으로 평생교육정책, 이행, 재정, 참여, 질 관리 차원에서 미래 정책과제를 진단하면 다음과 같이 요약할 수 있다.

첫째, 교육부와 고용노동부의 다른 평생교육정책과 이행에 대한 총괄적인 조정기구의 실체가 모호하며, 실질적으로 영향력을 행사할 수 없다는 점에서 정책에 대한 효율적인 장치가 필요하며, 평생교육은 정부주도형 평생교육에서 향후 탈중앙집권형 및 네트워크형 평생교육정책으로 나아가야 한다.

둘째, 평생교육정책의 이행 측면에서 고령화사회 대응을 위한 평생학습을 모든 조직들이 생존전략으로 인식하며 추진하고 있어 부처 간, 기관 간 중복적인 현상이 발생하고 세대·계층 간 학습격차는 더욱더 심화되고 있어 평생교육의 공공성을 강화하고 강력한 추진력을 기반으로 하는 효율적인 평생교육정책의 실현을 위해서는 평생교육 거버넌스의 지속적인 정비가 필요하다(최돈민, 2013).

셋째, 평생교육 재정 차원에서 진단을 할 수 있다.

4차 산업혁명 도래에 따른 경제상황의 변화나 직업 변동 및 인적자본의 확충과 성과에 대한 사회적 공감대가 높아지면서, 평생학습의 역할과 기능이 강조되고 있는 것은 향후 예산 확보에 긍정적이고 고령자의 증가 속에서 저성장 기조에 따른 소득을 확보하기 위한 노력이 증대되고 있다는 점은 기대가 되는 부분이다. 평생교육 재정은 재정의 건전화와 효율화가 잘 되어야 바람직하며, 또한 국가 재정에 맞도록 바람직한 방향으로 재정적인 계획이 수립되어야 한다.

마지막으로 평생교육 질 관리 차원에서 진단을 할 수 있다.

현재 평생교육의 질 관리 부문에서 중요하게 다루어야 할 문제로 첫째, 평생교육에서의 질 관리가 장기적 관점에서 프로그램들을 정기적으로 모니터링하고 평가할 수 있도록 체제를 갖추었는지, 둘째, 그런 평가체제를 통해 평생교육 프로그램의 질을 지속적으로 유지하거나 높이면서도 평생교육의 참여에도 소외되는 집단이 없는지, 셋째, 참여집단 및 주제영역이 다양한 평생교육 특성상, 형식적인 교육에 대하여 평가 및 인증뿐만 아니라 다양한 비형식, 무형식 교육들을 어떻게 평가하며 인정할 것인지로 나누어 볼 수 있다.

2010년대에 들어 우리나라 평생교육은 40%대의 참여율을 나타내지만, 아직도 평생교육 참여 필요성을 인지하지 못하거나 여전히 현실적인 여건으로 참여하지 못하는 집단이 존재함으로써 평생교육 취약집단에 대한 지속적인 발굴과 참여를 장려하는 정책 및 평생교육 참여 확대에 한계를 갖게 된다. 이는 통제나 표준화를 위한 질 관리가 아닌 참여를 확대하고 촉진시킬 수 있는 질 관리 시스템이 필요하다는 것을 시사한다.

## 기•억•하•기

- '신중년'이란 생산가능인구 1/3을 차지하는 5060세대, 즉 50~72세까지의 노인, 고령자 등을 대신하는 말이다.

- 4차 산업과 관련한 IT 등의 기술 발전으로 평생교육을 포함 교육 전반에 다양한 방식으로 학습기회를 보장하며 접근하는 것에 대한 평등성을 확대해야 할 필요성이 부각되고 있다.

- 한국의 평생교육정책의 미래 전망 의제로 초개방형 평생학습체계 강화, 학습복지 결합형 평생교육의 확대, 제3의 학습 대응, 소규모 행정단위 학습지원 확대, 전문영역별 평생교육 전문화, 평생교육 변화 대응•선도하는 정부체계 변화가 있다.

## 평가하기

**01.** **신중년에 대한 설명으로 틀린 것은?**

① 노인, 고령자를 말한다.
② 5060세대를 의미한다.
③ 은퇴한 사람의 새로운 출발을 의미하는 것을 뜻한다.
④ 2017년 8월에 정부에서 규정했다.

**02.** **인생의 3모작에 대한 설명으로 맞는 것은?**

① 1모작 : 재취업 일자리
② 2모작 : 주된 일자리
③ 2모작 : 사회공헌 일자리
④ 3모작 : 사회공헌 일자리

**03.** **평생교육정책에서 주요하게 다루어져야 할 의제가 아닌 것은?**

① 초개방형 평생학습체계 강화
② 학습복지 결합형 평생교육의 확대
③ 대규모 행정단위 학습지원 확대
④ 전문영역별 평생교육 전문화

**04.** **미래사회에 있어 노인교육의 방향에 대해 논하시오.**

**05.** **현재 평생교육정책과 개선방안에 대해 논하시오.**

정답 1. ③ 2. ④ 3. ④

# 참고문헌


강 인(2003). 성공적 노화의 지각에 관한 연구. 노인복지연구, 20.

강용규 외(2013). 노인복지론. 경기 : 공동체.

강은나 외(2014). 초저출산 · 초고령화 사회의 위험과 대응전략. 초고령화 사회와 노인복지 서비스. 연구보고서 2014-22-1-3. 한국보건사회연구원.

경기도 일산 종합노인복지관 프로그램 안내(2015). 본 필자가 재구성함.

고명석 외(2014). 노인복지론. 서울 : 대왕사.

고수현 외(2009). 새로운 노인복지론. 경기 : 양서원.

고승덕 · 김은주 · 김영규(1999). 노인의 죽음준비교육이 죽음의 불안이 미치는 요인 분석 연구. 보건교육 · 건강증진학회지, 16(2), 81-91.

곽삼근 · 이숙원(2003). 평생교육 참여결정이론에 관한 연구. 교육과학연구, 34(3), 94-95.

국민연금공단 국민연금연구원 정책보고서(2015. 3). 연급교육 활성화를 통한 노후준비 수준 제고방안.

권중돈(2010). 노인복지론. 서울 : 학지사.

______(2012). 노인복지론(5판). 서울 : 학지사.

______(2013). 노인복지론. 서울 : 학지사.

권중돈 · 조주연(2000). 노년기의 삶의 만족도에 영향을 미치는 요인. 한국노년학, 20(3).

금융감독원 금융서비스국 보험과 개인연금 활성화 방안(2013. 8).

금융감독원 보도자료(2017. 5. 4.)

기영화(2000). 평생교육 프로그램개발. 서울 : 학지사.

______(2001). 평생교육 프로그램 개발. 서울 : 학지사.

______(2007). 노인교육의 실제. 서울 : 학지사.

______(2011). 노인교육의 실제. 서울 : 학지사.

김경호(2002). 저출산 고령화 사회의 노인복지정책. 고령화 사회의 변화 : 의식에서 제도까지. 한국사회조사연구소, 27-52.

김광득(1994). 현대여가론. 서울 : 백산출판사.

김귀환(2012). 노인복지론 초고령사회 대비를 위한 노인복지 정책 고찰. 서울 : 동문사.

김근홍 · 박영란 · 이정규(2006). 사회문제와 사회복지. 서울 : 학현사.

김기태 외(2002). 노인복지 실천론. 서울 : 양서원.

김기태 외(2011). 가족구조와 심리사회적 요인이 노인의 자살생각에 미치는 영향. 노인복지연구, 52.
김기태 외(2013). 노인복지론. 경기 : 공동체.
김남희 외(2014). 노인복지론. 서울 : 동문사.
김대복(1992). 노인에게 있어서 삶의 의미와 죽음의 불안과의 관계. 계명대학교 교육대학원 석사학위논문.
김도수(1998). 일본평생학습체계화 과정연구. 한국사회교육학회. 사회교육학연구, 4(1), 177-216.
김동배(2008). 한국 노인의 성공적 노화척도 개발을 위한 연구. 한국사회복지학, 60(1).
김미혜(1993). 노년을 위한 퇴직준비교육 프로그램 개발. '93 연합학술발표대회. 한국노년학회.
김미혜 · 신경림 · 강미선 · 강 인(2004). 한국노인의 성공적 노후에 대한 경험. 한국노년학, 24(2).
김미희(2013). 로고테라피를 활용한 기독교 Well-dying 교육 연구. 고신대학교 일반대학원 석사학위논문.
김병숙(204). 고용노동부 "퇴직 후 30년을 위한 정부의 교육지원 방안". (사) 한국직업상담협회.
김성철 외(2009). 노인복지론. 경기 : 광문각.
김성희(1996). 조기퇴직자의 진로교육방안 연구. 중앙대학교 사회개발대학원 석사학위논문.
김수영 · 이의훈 · 정승진 외(2012). 실버산업의 이해. 서울 : 학지사.
김신미 · 홍영선 · 김현숙(2010). 사전의사결정 제도의 국내외 현황. 한국의료윤리학회, 13(3), 193-204.
김악봉(1991). 실버산업을 주시한다. 월간 애드저널, 137.
김영석(2012). 성인학습자의 교육 참여 및 학습동기 연구 경향분석. *Andragogy Today, 15*(1).
김오차(2007). 한국 노인교육 정책론. 경기 : 집문당.
김옥라(1994). 왜, 죽음준비교육이 필요한가? : Alfons Deeken 신부님에게 배운다. 복지재단. 삶과 죽음을 생각하는 회.
김원식(2011). 퇴직연금 공공교육의 외국사례와 우리나라의 시사점. 연금시장리뷰, 39, 1-11.
김원식 · 신문식(2009). 퇴직연금 가입자 교육 개선 방안에 관한 연구 : 도입 기업체 조사를 중심으로. 경영교육연구, 54, 1-24.
김은수(2006). 사회복지 프로그램 개발론. 서울 : 홍익재.

김익균 외(2008). 노인복지론. 서울 : 교문사.
김인자(1991). 죽음에 대한 의식과 교육의 필요성. 서울 : 기독교교육.
김재인(1986). 후기성인의 사회교육적 학습참여와 생활만족도와의 관계탐구. 이화여자대학교 대학원 박사학위논문.
김재현(2013). 노인들의 여가 참여 특성에 따른 우울감, 사회적응, 여가만족, 삶의 만족에 관한 연구. 전남대학교 대학원 박사학위논문.
김정호(2012). 노인복지회관의 건강성이 노년기 삶의 질에 미치는 영향. 가천대학교 대학원 박사학위논문.
김정휘(1990). 노인심리학(역). 서울 : 성원사.
김조한(2012). 아름다운 삶, 아름다운 이별. 서울 : 하서.
김종서 외(1984). 평생교육의 체제와 사회교육의 실태. 한국정신문화연구원.
김종서(1982). 노인교육의 교육과정개발. 대한노인회, 1(2), 136-158.
김종일 · 엄명용 · 최경구(2004). 사회문제론. 서울 : 청목출판사.
김종태(2006). 노인복지주택의 활성화를 위한 정책방안에 관한 연구. 명지대학교 대학원 박사학위논문.
김지영(2010). 인구 고령화로 인한 사회변화와 문화 정책적 대응방안. 문화정책논총, 23. 한국문화관광연구원.
김진한(1999). 삶의 질과 성인교육학의 과제. Andragogy Today, 2(1), 55-69.
김찬우 외(2008). 노인장기요양보험제도 도입에 따른 지역보건 · 복지서비스의 변화 전망과 과제. 강혜규 편저. 보건복지부 · 한국보건사회연구원.
김찬우(2001). 고령화시대의 노인복지정책 변화와 민간복지 분야의 과제. 사회복지정책 변화와 민간복지 변화의 과제. 사회복지공동모금회 창립 6주년 기념 심포지엄.
김태준 외(2007). 고령사회에 대응하기 위한 노년교육 장기발전방안연구. 한국교육개발원.
김태현 외(2009). 노인복지론. 경기 : 공동체.
김태현(1998). 노년학. 서울 : 교문사.
김태현 · 김동배 · 김미혜 · 이영진 · 김애순(1998). 노년기 삶의 질 향상에 관한 연구. 한국노년학, 18(1).
남기철(2012). 노인일자리사업의 현황과 쟁점. 서울경제 2012년 12월호. 서울연구원.
남재현(2011). 노인교육의 문제점과 해결 방안. cafe. daum.net/sangakli
대통령비서실(2004). 저출산 · 고령사회 대응을 위한 국가실천 전략. 고령사회 대책 및 사회통합 기획단 : 인구 · 고령사회 대책팀.
미래에셋퇴직연금연구소(2012. 1). 은퇴자산 : 중장기(2011～2020) 은퇴자산 추정 및 시사점.

박귀영 외(2013). **사회문제론**. 경기 : 정민사.

박돈규(2014. 7. 19). 좋은 죽음이 곧 좋은 인생. 조선일보.

박동섭(2013). 생전 유언의 법리와 제도 연구. 연세대학교 대학원 박사학위논문.

박명하 외(2009). 2008년도 노인실태조사 : 전국 노인생활실태 및 복지욕구조사. 보건복지가족부 · 계명대학교 산학협력단.

박상철 외(2009). 한국형 노후생활설계 교육 프로그램 개발 연구. 보건복지가족부.

박석돈 외(2013). **노인복지론**. 경기 : 양서원.

박성옥(1997). 중장년 사무직을 위한 퇴직준비교육에 대한 태도와 프로그램 욕구. 중앙대학교 사회개발대학원 석사학위논문.

박성희(2011). **노인교육론**. 경기 : 양서원.

박수경 · 문수경(2005). 성공적 노화를 위한 신체 장애노인의 심리적 임파워먼트 관련 연구. **한국노년학, 26**(1).

박순미 · 손지아 · 배성우(2009). 노인의 생활만족도 변화에 대한 종단적 접근 : 인구사회학적 변인을 중심으로. **사회과학연구, 25**(3).

박은희(2008). 성공적인 노화인식에 따른 실버타운 기대에 관한 연구. 이화여자대학교 대학원 석사학위논문.

박지순(2014). 노인일자리사업 참여자의 근로자성, 노인일자리사업지원체계 개편방안. 한국노인인력개발원.

박진홍(2008). 죽음준비교육 프로그램의 효과성 분석.

박현식 외(2014). **노인복지론**(개정판). 경기 : 양서원.

박형규(2009). 노인의 죽음에 대한 태도 결정 요인에 관한 연구-임종교육 서비스 사회적 지지 자아 통합감에 따른 태도 분석. 강남대학교 대학원 박사학위논문.

백종만 외(2006). **사회복지개론**. 서울 : 시그마프레스.

백지은(2006). 한국노인들의 성공적 노화에 대한 인식 : 비교 문화적 접근. 이화여자대학교 대학원 박사학위논문.

백지은 · 최혜경(2005). 한국노인들이 기대하는 성공적인 노화의 개념, 유형 및 예측요인. **한국가정관리학회지, 23**(3).

변재관(1999). 재가노인복지 서비스 실태분석 및 정책 방안. 한국보건사회연구원. **보건복지포럼**, 29, 25-28.

보건복지부 보도자료 2014 노인실태조사 결과발표(2015. 3. 31).

보건복지부(2008). 노인실태조사(전국노인생활실태 및 복지욕구 조사) 기초분석보고서.

__________(2014). 2014 노인일자리사업 종합안내.

__________(2015). 2015 노인사회활동지원사업 종합안내.

보건복지부 · 한국보건산업 진흥원(정책-고령친화-2011-53). 고령친화산업 실태조사 및 산업분석.

______________________________(정책-고령친화-2016-122). 2016년도 고령친화산업 육성 사업.

서명환(2011). 노인의 평생교육 프로그램 참여가 성공적 노화에 미치는 영향. 대구한의대학교 대학원 박사학위논문.

서윤석(2008). 일본의 고령자 대상 신금융서비스. 해외금융정보. 전국은행연합회.

서정희 외(2012). 노인일자리 분야의 근로자 개념에 관한 연구. 한국노인인력개발원.

서혜경(1987). 한 · 미 노인의 죽음에 대한 태도. 한국노년학, 7, 39-59.

석재은(2008). 우리나라 노인장기요양서비스 시장의 특성과 정책과제. 보건복지포럼, 8.

성영모(2013). 은퇴자 부부들의 부부관계에대한 현상학적 연구. 숭실대학교 대학원 박사학위논문.

성혜영 · 조희선(2005). Rowe와 Kahn의 구성요소를 활용한 성공적 노화 모델. 한국노년학, 26(1).

송세현(2010). 원불교인의 죽음준비와 웰다잉 인식. 한양대학교 임상간호정보대학원 석사학위논문.

송윤정(2006). 노인정보화 교육의 만족요인 분석. 서울대학교 행정대학원 석사학위논문.

송주라(2013). 노인장기요양시설의 사례관리 실천활동에 관한 연구. 공주대학교 대학원 박사학위논문.

송진영(2011). 노인복지론. 서울 : 나눔의집.

송창용 · 박보경(2011). 고령화시대의 이슈와 정책과제. 한국직업능력개발원.

신기원(2010). 노인장기요양보험제도의 운영실태와 발전방향. 공공행정연구, 11(1). 한국공공행정학회.

심재신(2014). 노인교육 복지지원을 위한 노인 평생교육 활성화 방안 연구 : 전라남도 지역을 중심으로. 상명대학교 대학원 박사학위논문.

심혜설(2010). 노인일자리 사업 참여경험이 성공적 노화에 미치는 영향. 대전대학교 대학원 석사학위논문.

안황란(1999). 노인의 죽음에 대한 태도에 영향을 미치는 요인과 죽음준비교육 프로그램 개발. 정신간호학회지, 8(1).

양옥남 외(2010). 노인복지론. 경기 : 공동체.

양옥남 · 김혜경 · 김미숙 · 정순둘(2006). 노인복지론. 경기 : 공동체.

오영희(2009). 노인의 치매실태와 대책. 보건 · 복지 이슈앤포커스, 17. 한국보건사회연구원.

오진탁(2007). 마지막 선물. 서울 : 세종서적.

오진탁 · 김춘길(2009).죽음준비교육이 노인의 죽음에 대한 태도와 우울에 미치는 효과. 한국노년학, 29, 51-69.

원석조(2011). 노인복지론. 경기 : 공동체.

유권종(2008). 한국문화의 맥락에서 본 Well-dying의 조건과 방식. 동양철학 연구, 55.

유지웅(2009). 노인범죄 발생 실태분석과 예방대책. 경찰대 치안정책연구소.

윤경아 외(2012). 현대노인복지론(4판). 서울 : 학지사.

윤공진(1995). 성공적 노화와 삶의 질 : 한국노인 대상연구에서 고려할 측면들. 한국심리학회 춘계 심포지엄.

윤영호(2008). 품위 있는 죽음과 호스피스 완화의료에 대한 일반국민들의 태도. 호스피스 · 완화의료학회지, 7(1), 45.

이규식(2002). 고령사회에 부합하는 복지정책의 방향. 시장경제연구원.

이기숙(2001). 중 · 노년기 가족대상의 죽음준비교육 프로그램 개발을 위한 예비적 고찰. 사회과학연구, 5, 107-134.

이기하(2010). 도시형과 도농복합형의 노인복지관 평생교육 프로그램 참여동기 및 교육만족도. 단국대학교 대학원 박사학위논문.

이명우 · 홍윤미 · 윤기웅(2016). 여가활동이 국민행복에 미치는 영향-여가만족의 매개효과를 중심으로. 문화정책총론, 30(2).

이문진 · 황선환(2014). 여가시간이 증가하면 행복은? : 이스털린 역설의 여가학 적용. 한국 여가레크리에이션 학회지, 38(2), 29-38.

이미진(2009). 노인장기요양보험의 공공성 확보방안. 복지동향, 8.

이부일(2009). 노인 평생교육시설 프로그램 참여동기와 비 참여요인에 관한 연구. 숭실대학교 대학원 박사학위논문.

이상우 · 류건식(2013). 퇴직연금 가입자 교육제도 개선 방향. *Kiriweekly, 215*, 1-11.

이수명(1988). 퇴직 전 교육 프로그램 구성에 관한 연구. 중앙대학교 대학원 석사학위논문.

이영찬(2017). 유망고령친화산업 현황 및 전문 인력 수요예측. 한국보건산업진흥원.

이용교(2006). 디지털사회복지개론. 서울 : 인간과 복지.

이윤경(2013). 노인 장기요양 대상자 규모와 대상자 선정의 타당성검증. 보건 · 복지 Issue & Focus, 189. 한국보건사회연구원.

______(2014). 노인의 가족형태 변화에 따른 정책과제 : 1994-2011년의 변화.

이은희(2013). 신노인복지론. 서울 : 학지사.

이이정(2003). 노인 학습자를 위한 죽음준비교육 프로그램 개발 연구. 연세대학교 대학원 박사학위논문.

이인영(2007). 국내외 실버산업의 비교분석 및 발전방향. 경희대학교 경영대학원 석사학위논문.
이장욱(2011). 한국 고령사회의 노인복지정책 발전방안. 고려대학교 대학원 석사학위논문.
이해인(2015). 베이비붐 세대의 퇴직준비교육 현황과 커뮤니티 댄스 적용방안 연구. 경성대학교 교육대학원 박사학위논문.
임민주(2015). 성공적 노화를 위한 노인복지와 평생교육 프로그램 운영방안 연구. 동국대학교 불교대학원 석사학위논문.
임우석 외(2013). **노인복지론**. 서울 : 도서출판 신정.
잘 훈·윤소영(2014). 여가활동의 효과분석을 위한 기초연구. 한국문화관광연구원(기본연구 2014-34).
장서영·손유미·이요행·정시원(2013). 사무직 베이비부머 퇴직설계 프로그램 개발 연구. 한국고용정보원 연구보고서.
장석규(2007). 노인부양자의 요양보호서비스이용 의사결정 요인 연구. 명지대학교 대학원 박사학위논문.
장세철 외(2005). **현대인복지론**. 서울 : 학지사.
장신화(2009). 성인의 죽음준비교육에 관한 연구. 한양대학교 행정·자치대학원 석사학위논문.
장옥화(2004). 노인의 죽음에 관한 연구 : 죽음에 대한 교육을 중심으로. 서강대학교 공공정책대학원 석사학위논문.
장인협·최성재(1996). **노인복지학**. 서울 : 서울대학교출판부.
장준오(2009). 노인범죄 및 범죄 피해. 한국형사정책연구원.
장천식(2008). 노인복지관 평생교육 프로그램 운영에 관한 실증적 연구. 국제신학대학원 박사학위논문.
저출산 고령사회위원회(2006). 고령친화산업 활성화 전략(Ⅱ).
전용석(2014). 노인일자리사업 참여 및 운영 실태 조사. 한국고용정보원.
______(2015). 노인알자리 참여실태. 한국고용정보원. **고용이슈**, 8(5).
정 진(2013). 노인복지관 평생교육 프로그램 학습자의 참여동기와 교육만족도가 참여지속의도에 미치는 영향. 원광대학교 대학원 박사학위논문.
정경희 외(2012). 2011년도 노인실태조사. 보건복지부·한국보건사회연구원.
정경희·한경혜·김정석·임정기(2006). 노인문화의 현황과 정책적 함의-'성공적 노화' 담론에 대한 비판적 검토를 중심으로-. 한국보건사회연구원.
정무권·한상일(2008). 한국 중앙정부의 학습조직 구조로서 인프라, 시스템, 문화의 상호관계 : 구조방정식을 통한 효능감과 만족감에 대한 효과 분석. **한국행정학보**, 42(1), 97-122.

정민승·김영빈·김영석(2014). **노인교육론**. 서울 : 한국방송통신대학교 출판문화원.

정상양 외(2012). **한국노인복지론**. 서울 : 학지사.

정순둘(2007). 여성노인과 남성노인의 성공적 노화에 관한 인식 비교연구. **한국노년학**, 27(4).

정영순(2014). 죽음준비교육 프로그램이 노년기 죽음불안에 미치는 영향. 중앙승가대학교 대학원 박사학위논문.

정옥분 외(2008). **노인복지론**. 서울 : 학지사.

정운경(2015). 웰다잉 프로그램과 노인의 삶의 질, 죽음불안과 자아통합감의 관계 연구. 서울벤처대학원대학교 박사학위논문.

조맹제(2009). 국내 치매 노인 유병률 현황과 위험요인. **보건복지포럼**, 156. 한국보건사회연구원.

조선일보(2000. 3. 31). 노화원인은 세포관리체제 결함 때문.

주무현 외(2014). 자치단체 일자리사업 평가와 모니터링. 한국고용정보원 내부보고서.

지은정 외(2012). 고령화 사회 노인의 사회참여 활성화 방안 : 노인일자리 사업과 자원봉사를 중심으로. 한국노인인력개발원.

지은정(2014a). 노인일자리사업의 성격 및 노인정책방향, 노인일자리사업지원체계 개편방안. 한국노인인력개발원.

______(2014b). 노인일자리사업 지원체계 개편방안. **노인인력개발포럼**, 11, 한국노인인력개발원.

채구묵(2009). **사회보장론**. 서울 : 학현사.

최돈민(2013). 한국의 국가, 지역수준에서의 평생교육거버넌스 체제의 현황과 과제. 제5회 평생교육학회 일본 사회교육학회 학술교류 연구 대회 발표자료, pp. 3-20.

최병현(2004). 노인의 죽음불안과 내세준비 교육에 관한 연구. 호서대학교 대학원 박사학위논문.

최성재(1986). 노인의 생활만족도 척도 개발에 관한 연구. **한국문화연구원논총**, 49.

______(2017). 2016 노인일자리 통계동향. 한국노인인력 개발원.

최성재·장인협(2006). **노인복지학**. 서울 : 서울대학교출판부.

______________(2008). 노인복지학. 서울 : 서울대학교출판부.

최신덕(1995). **노년사회학**. 서울 : 경문사.

최운실·송성숙·최하영 외(2017). **노인교육론**. 경기 : 양서원.

최은주(2014). 웰다잉(Well-dying)을 위한 죽음준비교육이 여가태도와 삶의 질에 미치는 영향. 경기대학교 대학원 석사학위논문.

최준식(2009). **사후생**. 서울 : 대화 문화 아카데미.

최태복(2011). 노인교육 프로그램의 발전방안에 관한 연구. 대전대학교 대학원 박사학위 논문.

최현식 · 하정철(2012). 노인의 삶의 질과 삶의 만족도에 관한 연구. 한국데이터정보과학지, 23(3).

최혜경 · 백지은 · 서선영(2005). 노인들의 인식을 통한 한국적인 성공적 노화의 개념, 23(2).

최혜경 · 정순희(2001). 노인과 실버산업. 서울 : 동인.

최홍식(2011). 고령화 사회의 노인 정보화 증진방안에 관한 연구. 사회과학논총, 27(1), 53-85.

최희경(2010). '신노년' 정책 담론에 대한 비판적 재검토. 한국사회정책, 17(3).

통계청(2011). 2011년 사회통계조사결과.

______(2011). KOSIS 국가통계포털, 서비스업조사(9차개정).

______(2013). 2013 고령자통계.

한경혜(2000). 신 노년층 문화와 성공적 노화. 한국가족학회 춘계학술대회 자료집.

한국교육개발원(2016. 12). 교육개혁의 전망과 과제(I).

____________(연구보고 RR2016-21). 21세기 글로벌 교육개혁 동향분석 : 고령사회 대응을 위한 평생교육체제 구축.

한국보건산업진흥원(2011. 12). 고령친화 금융산업 : 고령친화산업 실태조사 및 산업분석.

한국여성정책연구원(2012). 성인지 통계.

한국정보화 진흥원(2013). 2013국가 정보화 백서.

한국주택금융공사 주택연금부 보도자료(2017. 1. 17).

한동우(2015). 사별 사실 경험자들을 위한 목회 돌봄과 죽음준비 교육에 관한 연구. 호남신학대학교.

한동효(2008). 고령화 사회의 노인범죄의 추이와 영향요인 연구. 지방정부연구, 12(2). 한국지방정부학회.

한숭희(2004). 평생교육론 : 평생학습사회의 교육학. 서울 : 학지사.

______(2011). 울산광역시 동구 평생학습 발전전략 컨설팅회의. 울산 : 울산평생교육진흥원.

한정란 외(2005). 노인교육의 이해. 서울 : 학지사.

한정란(2001). 교육 노년학 : 노인을 위한, 노인에 관한, 노인에 의한 교육. 서울 : 학지사.

______(2005). 노인교육의 이해. 서울 : 학지사.

한준상 외(1999). 21세기 한국노인교육의 장기정책 발전연구. 교육부 정책연구과제 보고서.

한준상(1998). 사회교육과 사회문제. 서울 : 청아출판사.

허정무(1993). 교원의 정년퇴직 준비과정과 퇴직 후 사회적응에 관한 연구. 한국교원대학교 대학원 박사학위논문.
______(2000). 노인교육론. 충북 : 협신사.
______(2002). 노인교육 이론과 실천방법론. 서울 : 학지사.
허준수(2010). 노인복지연구. 서울 : 도서출판 신정.
현영섭(2015). 평생학습 주민활동가의 활동 요구분석. 평생교육학연구, 21(1), 1-25.
______(2016a). 제주특별자치도 평생교육기본계획 수정. 제주 : 제주특별자치도 평생교육진흥원.
______(2016b). 장애인 평생교육 : 전문인력 양성의 문제. 2016년 한국평생교육학회 교육과정위원회 워크숍 자료집.
현외성(1992). 비교사회정책연구. 경남 : 성은출판사.
______(2012). 노인복지학 신론. 경기 : 양서원.
홍기형 외(1998). 평생학습사회와 노인교육. 교육부 정책연구과제 보고서.
홍숙자(1999). 노년학개론. 서울 : 도서출판 하우.
홍현방 · 최혜경(2003). 성공적인 노화 정의를 위한 문헌연구. 한국가정관리학회지, 21(2).
황기돈 외(2012). 생산직 베이비부머 퇴직지원 프로그램 개발. 고용노동부 · 한국고용정보원.
황남희(2014). 노년기 평생교육 현황과 정책과제. 보건 · 복지 Issue & Focus, 233. 한국보건사회연구원.
황상민 · 김도환(2004). 한국인의 라이프스타일과 세대의 심리적 정체성 : '세대 차이' 연구를 위한 심리학적 모델. 한국심리학회지 : 사회 및 성격, 18(2).
황진수 외(2011). 노인복지론. 경기 : 공동체.
황진수(2001). 노년학의 이해. 한국노년학회.
황철수(2002). 노인의 죽음불안에 대한 교회의 죽음준비 교육에 관한 연구, pp. 30-31.
히구치 가츠이쿄(1995). 죽음에의 대비교육. 이원호 역. 서울 : 문음사.

Atchleta(1976). *Adults as Learners-Increasing Particpation and Facilitating*. San Francisco : Jossey-bass Inc.
Baltes, M. M., & Lang, F. R.(1997). Everyday functioning and successful aging : the impact of resources. *Psychology and Aging, 12*(3).
Baltes, P. B., & M. M. Baltes(1990). Psychological Perspective on Successful Aging : the Model of Selective Optimization with Compensation. In P. B. Baltes & M. M. Baltes(Eds.), *Successful Aging : Perspectives from the Behavioral Sciences*. New York : Cambridge University Press.
Baltes, P. B., & Smith, J.(2003). New frontiers in the future of aging : From successful aging

of the young old to the dilemmas of the fourth age. *Gerontology, 49*.

Bassuk, S. S., T. A. Glass, & L. F. Berkman.(1999). Social Disengagement and Incident Cognitive Decline in Community-dwelling Elderly Persons. *Annal of Internal Medicine, 131*(3).

Becker. C.(2004). *Death and Dying*. NY : Wiley Medical Publication.

Bhatnagar, S., & Joshi, S.(2013). A Good Death- Sequence(Not Stigma), to an Enigma Called Life : Case Report on End-of-Life Decision Making and Care. *American Journal of Hospice & Palliative Medicine, 30*, 625-627.

Charbonneau-Lyons, D. L., P. M. Mosher-Ashley, & M. Standford-Pollock(2002). Opinion of College Students and Independent-living Adults Regarding Successful Aging. *Educational Gerontology, 28*.

Charles A. Corr, Clyde Nabe, & Donna M. Corr(2000). *Death and Dying, Life and Living*. Belmont, CA : Wadsworth, pp. 89-94.

Chou, K. L., & I. Chi(2002). Successful Aging among the Young-old, Old-old, Oldest-old Chinese. *International Journal of Aging and Human Development, 54*(1).

Corr, C. A., & Nabe, C. M.(2000). *Death & Death & Dying, life & Living*. Wadswoth.

Crosnoe, R., & G. H. Elder(2002). Successful Adaptation in the Later Years : a Life Course Approach to Aging. *Social Psychology, Quarterly, 65*(4).

Cross, K. P.(1988). *Adults as learner*. Jossey-Bass.

D. Schunk, P. Pintrich, & J. Meece(2010). *Motivationin Education*(3rd ed.). Upper Salle River, NJ : Pearson, p. 4.

David E. Bloom, et al.(2011). Population Aging : Facts, Challenges, and Responses.

Deeken, A.(1972). *Growing old and how to cope with it*. NY : Paulist.

_________(2003). Psychology of death & dying. *Hospis, 10*, 50-65.

DeLeire, T., & Kalil, A.(2010). Does consumption buy happiness? Evidence from the United States. *Internationnal Review of Economic, 57*(2), 163-176.

Durlak, J. A.(1994). Changing death attitudes through death education. *Death anxiety Hand Book : Research, Instrumentation, Andapplication*. Washington, DC : Taylor & Francis.

E. J. Boone(1985). *Developing Programs in Abult Education*. New Jersey : PrenticeHall, Inc.

Erikson, E. H.(1963). *Insight and Responsibility*. New York : Norto Publishers.

Eustis, N. J. Greenberg & Patten, S.(1984). Long-Term Care for Older Persons. A Policy Perspective. *Brooks/ Cole Publishing Company, 7*.

Fisher, B. J., & D. K. Specht.(1999). uccessful Aging and Creativity in Later Life. *Journal of Aging Study, 13*(4).

G. T. Henry, & K. C. Basile(1994). Adult Education Quarterly. *Understading the Decision to Participate in Formal Adult Conseptualization, 40*(3), 64-82.

H. L. Miller(1967). Participation of Adults in Education : A Force Field Analysis. Boston : Center for the Study of Liberal Education for Adults. *Boston University, 36*(2), pp. 1-30.

Hagestad, G., & Heugarten, B.(1985). Age and life course. In R. H. Binstodk & E. Shanas(Eds.), *Handbook of Aging and the Social Sciences*(2nd ed.). New York : Van Nostrand.

Harris, D. K., & Cole, W. E.(1985). *Sociology of Aging*. 최신덕 역. 노년사회학. 서울 : 경문사.

Havighurst, R. J.(1963). Successful Aging. In R. Williams, C. Tibbits & W. Donahue(Eds.), *Processes of Aging*(Vol. 1). New York : Atherton Press.

____________(1968). *Middle age and aging*. Chicago : The Univ. of Chicago Press. Review of the Literature and an Agenda forfuture Research.

____________(1968). Personality and patterns of aging. *The Gerontologist, 38*.

Hendriks Jon(2003). Structure and Identity-Mind the Gap : Toward a Personal Resource Model of Successful Aging. In S. Biggs, A. Lowenstein & J. Hendriks(Eds.), *The Need for Theory*. Baywood Publishing Company Inc.

Jarvis, P.(1990). Trends in education and gerontology. *Educational Gerontology, 16*(4), 401-409.

Kahn, R. L.(2003). Successful Aging : Intended and Unintended Consequences of a Concept. In L. Poon, S. Gueldner & B. Sprouse(Eds.), *Successful Aging and Adaptation with Chronic Diseases*(pp. 55-69). New York : Springer Publishing Company.

Kane, R. A., & R. C. Kane(1987). *Long-Term Care : Principles, Programs, and Policies*. New York : Springer Publishing Company.

Kaplan, M.(1960). *Leisure in America*. New York : John Wiley & Son Inc.

Kubler-Ross, E.(1969). *On Death and Dying*. A Touchstone Book. Macmillan.

____________(1970). Five Stages a Dying Patient goes throuth. *Medical Economics*, sep, 272-292.

L. K, George(1980). Paced and Self-Learning in young and Elderly Adults. *Journal of Gerontology*.

Leviton, D.(1977). The scope of death education. *Derth Education, 1*, 41-56.

Marshaii, V. W.(1975). Socialization for impending death in a retirement vetirement village. *American Joural of Sociology, 80*, 1124-1144.

Mary Jane Oakland(1988). Follow-up : The value of death education in their curriculum. *Journal of the American Dietetic Association*.

Moody, H. R.(2005). From successful aging to conscious aging. In M. L. Wykle, P. J. Whitehouse, D. L. Morris(Eds.), *Successful Aging Through the Life Span : Intergenerational Issues in*

*Health*(pp.55-68). New York : Springer Publishing Company.

Mozaffarian, D., Wilson, P. W., & Kannel, W. B.(2008). Beyond established and novel risk factors lifestyle risk factors for cardiovascular disease. *Circulation, 117*(23), 3031-3038.

O'eilly, P., & Caro, F. G.(1994). Productive aging : An overview of the literature. *Journal of Aging & Social Policy,* 6(3).

P. S. Cookson(1986). Adult Education Quarterly. *A Framework fer Theory and Research on Adult Education Participation, 36*(2), 132.

Peterson, K. A.(1983). *Facilitating Education for Older Learners.* San Francisco : Jossey-Bass.

Pincus, L.(1974). *Death and the Family*. NY : Random House.

R. Benn(1995). Studies in the Education of Adults. *Strangers in a Strange Land : Participation and Withdrawals on University Certicates, 27*(2), 187-199.

Riddick, C. C.(1986). Life Satisfaction Precursors. *Journal of Leisure Research, 18*(4).

Rosenberg, M.(1965). *Society and the Adolescent Self-image*. Princeton, NJ : Princeton University Press.

Rowe, J. W., & Kahn, R. L.(1998). *Successful Aging*. NY : Dell publishing.

Strawbridge, W. J., Wallhagen, M. I., & Cohen, R. D.(2002). Successful Aging and Well-Being : Self-Rated Compared With Rowe and Kahn. *The Gerontologist, 42*.

United Nations, Department of Economic and Social Affairs, Population Division(2015). World Population Ageing 2015(ST/ESA/SER.A/390).

Walker, A., & Maltby, T.(2012). Active ageing : A strategic policy solution to demographic ageing in the European Union. *International Journal of Social Welfare, 21*.

Warren, W. G.(1989). *Death Education and Research : Critical Perspectives*. Washington : The Haworth Press.

Wass, H.(1980). Viewsand opinions ofelderly persons concerning death. *Educational Gerontology,* 2(4), 15-26.

Weg, R. B.(1996). Sexuality, sensuality and intimacy. In J. E. Birren et al.(Eds), *Encyclopedia of Gerontology*(vol.2). New York : Academic Press.

[네이버 지식백과] 노인교육[老人敎育, the olders' education](교육학용어사전, 1995. 6. 29., 하우동설)

[네이버 지식백과] 사회교육[社會敎育](한국향토문화전자대전, 한국학중앙연구원)

[네이버 지식백과] 실버산업[silver industry, 一産業](두산백과)

[네이버 지식백과] 여가교육[leisure education](사회복지학사전, 2009. 8. 15., Blue Fish)

[네이버 지식백과] 평생교육법[平生敎育法](한국민족문화대백과, 한국학중앙연구원)[시행 2017. 7. 26] 법률 제14839호, 2017. 7. 26., 타법개정

2014년도 고령친화산업 육성산업(2014. 12). 보건복지부 · 한국보건산업진흥원.

2016년 제29호 국민연금 통계연보

고령친화산업 진흥법[시행 2017. 7. 26] 법률 제14839호, 2017. 7. 26., 타법개정

고용노동부(2017. 8). 5060 신중년 3모작 기반구축계획. http://www.the-pr.co.kr/news/articleView.html?idxno=19202

교육부(2013b). 제3차 평생교육진흥기본계획. www.moe.go.kr/web/100026/ko/board

교육부(2016b). 성인 문해교육, 배움의 기회를 활짝 열린다. 교육부 보도자료. http://www.moe.go.kr/web/100026/ko/board/view.do?bbsId=294&pageSize=10&currentPage=0&encodeYn=N&boardSeq=62421&mode=view

교육인적자원부(2008). 국가인적자원개발기본계획의 실행을 위한 평생학습진흥종합계획. www.nhrd.net/board/download

국가법령정보센터(2016). 평생교육법. http://www.law.go.kr/lsInfoP.do?lsiSeq=169512&efYd=20160328#0000

금융감독원. http://www.fss.or.kr

더피알. http://www.the-pr.co.kr/news/articleView.html?idxno=19202

매일경제(2015. 7. 17). KDI의 경고 … 5년뒤 고령화 충격 온다.

미래 에셋 은퇴연구소의 은퇴리포트 NO.30(2016. 11. 8). http://retirement.miraeasset.com/show.do?page=web_report_list

보건복지부 보도자료(2008.7. 20). 고령친화산업 활성화 본격추진.

보건복지부 제2차 새로마지플랜 고형사회 보안계획 확정(2012. 10. 16).

보건복지부(2016). 노인복지시설 현황.

보건복지부 · 고령화 및 미래사회위원회(2005; 2006). 고령친화산업 활성화 전략 1, 2.

사)사전의료의향서 실천모임. http://www.sasilmo.net

이찬승(2016). 2030년 바람직한 미래학교 구상(5) : 학습의 자기책임, 다양성. http://www.huffingtonpost.kr/Gyobasa/story_b_9835640.html

저출산고령사회위원회(2015). '제3차 저출산 · 고령사회 기본계획(2016~2020)' 브릿지 플랜 2020 수립.

전기통신금융사기 피해 방지 및 피해금 환급에 관한 특별법(약칭 : 통신사기피해환급법)[시행 2017. 7. 26] [법률 제14839호, 2017. 7. 26., 타법개정]

통계청. 2015 생활 실태조사. http://kostat.go.kr/wnsearch/search.jsp

통계청 · 금융감독원 · 한국은행(2016. 12. 20). 2016년 가계금융복지조사 결과 보도자료.

학점은행제 홈페이지. http://www.cb.or.kr

한국노인인력개발원 홈페이지. http://kordi.go.kr

한국보건산업 진흥원(2017. 6. 16). ICT 기반 고령친화산업 혁신을 위한 해외사례분석 및 시사점. 이영찬. 국내현황부문, 27-28

한국정보화 진흥원(2016. 5. 3). [ICT Viewer] 2004~2015 정보격차지수를 통해 살펴본 우리 사회의 정보격차 개선 추이.

한국죽음학회. http://blog.naver.com/ksinlee/120045414896

cafe.naver.com/funnyedu

cafe.naver.com/social86

CNBC(2016. 4. 18). 블루슈머로 떠오른 실버시장… '액티브 시니어'를 잡아라.

e-나라지표(2016). http://www.index.go.kr/potal/main/EachDtlPageDetail.do?idx_cd=2766

http://news.kbs.co.kr/news/view.do?ncd=3527686&ref=A 2017.8.4. kbs

http://retirement.miraeasset.com/show.do?page=web_report_list

http://www.moel.go.kr

저/자/약/력

■ 김진숙
숙명여자대학교 대학원 문학박사
대구한의대학교 중등특수교육과 교수

■ 여익구
경희대학교 대학원 사회복지학과 석사
중앙신학대학교 사회복지학과 박사
서울폴리텍평생교육원 전임교수

■ 박희숙
사단법인 행복을나누는사람들 대표이사
한국정보정책연구회 수석부회장
경복대학교 복지행정과 교수

■ 김미숙
궁전어린이집 원장
궁전요양원 대표
칼빈대학교 대학원 외래교수

# 노인교육론

**|공저자|** 김진숙 · 여익구 · 박희숙 · 김미숙

**|1판 1쇄|** 발행 2018년 3월 9일

**|발행인|** 김 동 훈
**|발행처|** 공 동 체

**|주소|** 경기도 고양시 일산동구 호수로 358-39, 동문타워 I 905호(백석동)
**|전화|** 031) 920-8305(대표)
**|팩스|** 031) 920-8308
**|e-mail|** compub@naver.com
**|출판등록|** 2005년 10월 6일
**|등록번호|** 제396-2005-36호

**|ISBN|** 979-11-6105-201-4
정가 18,000원

메모

메모